48 DÍAS

Prologo de **Dave Ramsey**

Libro en lista de Mejor Vendidos de *The New York Times*

DÍAS

HACIA EL TRABAJO QUE AMA

Preparándose para la nueva normalidad

DAN MILLER

NEW YORK

LONDON • NASHVILLE • MELBOURNE • VANCOUVER

48 Días Hacia el Trabajo que Ama

Preparando para la nueva normalidad

Publicado en Nueva York, Nueva York, por Morgan James Publishing. Morgan James es una marca registrada de Morgan James, LLC. www.MorganJamesPublishing.com

Morgan James Speakers Group puede traer autores a su evento en vivo. Para obtener más información o para reservar un evento, visite The Morgan James Speakers Group en www.TheMorganJamesSpeakersGroup.com.

ISBN 9781683509349 libro de bolsillo
ISBN 9781683509356 eBook
Número de Control de la Biblioteca del Congreso: 2018930761

Diseño de portada e interior por:
Chris Treccani
www.3dogcreative.net

En un esfuerzo por apoyar a las comunidades locales, crear conciencia y fondos, Morgan James Publishing dona un porcentaje de todas las ventas de libros por la vida de cada libro a Habitat for Humanity Peninsula y Greater Williamsburg.

¡Participe hoy! Visite
www.MorganJamesBuilds.com

CONTENIDO

NOTA DEL AUTOR

El lugar de trabajo ha continuado siendo asolado por los cambios desde la primera edición de *48 días hacia el trabajo que ama*. Hemos visto el colapso de las principales instituciones financieras, los fabricantes de automóviles, empresas inmobiliarias, y miles de pequeñas empresas de todo el mundo. Pero con esos cambios también hemos visto el despliegue de un nuevo fenómeno. Obligados a buscar trabajo, muchas personas han experimentado un llamado de atención, dándose cuenta de que podían elegir o crear un trabajo que es algo más que un cheque. Han descubierto la emoción del trabajo que mezcla su mayor talento, sus rasgos de personalidad, y sus sueños y pasiones.

Sí, muchos de los viejos modelos de trabajo están siendo eliminados, para nunca regresar. Pero no, no hay menos oportunidades; sólo se ven diferentes. Estos dramáticos cambios están creando oportunidades nuevas y emocionantes que no habría sido posible incluso hace cuatro o cinco años. El mundo se ha aplanado—lo que significa que usted puede aplicar para posiciones con organizaciones que no están siquiera en el mismo país donde usted elige vivir. Las posibilidades de tener un "trabajo" con un sueldo y beneficios garantizados están disminuyendo, pero nunca ha sido más fácil definir nuevos modelos de trabajo que permiten aumentar el tiempo, la libertad, y los ingresos.

Y no, el proceso de encontrar el trabajo que "encaja" y es la aplicación de nuestra "vocación" no ha cambiado. Como se indica en el original de *48 días hacia el trabajo que ama,* yo creo que el 85 por ciento del proceso de determinar la orientación a la carrera adecuada proviene de mirar hacia adentro—15 por ciento es la aplicación a el trabajo que se ajuste. Ese proceso de mirar hacia dentro de nosotros mismos no ha cambiado. Todavía sigue siendo un proceso comprobado que consiste en encontrar sus talentos únicos, creando un enfoque claro, y luego encontrar—o crear—la aplicación adecuada para un trabajo significativo, satisfactorio, con propósito y rentable.

Así, con esta edición revisada veremos las tendencias cambiantes y el impacto de los cambios recientes en el lugar de trabajo. El proceso de encontrar un trabajo que "encaje" no es un evento de una sola vez. Ya sea que usted tenga dieciocho o sesenta y ocho años, un trabajo satisfactorio requiere una continua comprensión de quiénes somos y en quienes nos estamos convirtiendo. Cada punto de transición en la vida (aunque inesperada y no bien recibida) nos brinda una nueva oportunidad para alinear nuestras actividades diarias con el fin de abrazar nuestra continua madurez y nuestra capacidad para contribuir eficazmente.

Les solicite a los lectores y escuchas de *48 días hacia el trabajo que ama* que me enviaran sugerencias para esta edición revisada. Recibí más de 165.000 palabras—más de dos libros enteros si las hubiese incluido todas. Las sugerencias fueron perspicaces y muchas han sido incluidas en lo que está a punto de leer. (Muchas más están incluidas en nuestros recursos adicionales en www.48Days.com/worksheets.) Usted verá varias preguntas de la vida real y soluciones con relación a los retos y oportunidades en el mundo de hoy. Muchas gracias a todos ustedes que con tan buena voluntad compartieron sus experiencias de vida.

Prepárese para la nueva normalidad.

PRÓLOGO

En mi trabajo con aquellos que están luchando financieramente, escucho un tema repetido a menudo—la lucha para hacer que un trabajo fatigoso produzca ingresos suficientes. Como verá en los testimonios reales en este libro, *48 días hacia el trabajo que ama* sigue siendo un recurso popular para cambiar esa ecuación. Si bien no es un libro acerca de las finanzas, el resultado natural de tener una clara comprensión de destrezas y habilidades, personalidad, tendencias y pasiones es para coincidir estos aspectos con el trabajo que es satisfactorio, significativo—*y rentable*.

La visión de Dan y la implementación practica y real del descubrimiento y desarrollo de una vocación ha influido en la vida de miles y miles de personas, incluyendo la mía y la de muchos miembros de mi equipo. La implementación es la clave. En los últimos años he sido muy inspirado por ser "salvaje de corazón" y tener una "vida impulsada por el propósito" y soy un gran fan de esos libros que impactan la cultura (por John Eldredge y Rick Warren, respectivamente). Estoy aún más emocionado por *48 días hacia el trabajo que ama* porque viste los conceptos. Usted puede ser como yo; a veces necesito que alguien me ayude a poner los conceptos en acción. El conocimiento sin acción es personificado en aquel súper educado vaciado y quebrantado que deambula indiferente entre nosotros.

Las páginas siguientes le llevan a implementar un plan paso a paso para mostrar al mundo su propósito y su corazón de una manera más satisfactoria. Es satisfactoria no porque usted nunca va a enfrentar la adversidad o cometer errores en el proceso ni porque su carrera se proyectará hacia adelante y nunca desfallecerá. Usted caerá, usted cometerá errores, y su carrera no tomará un camino perfecto. No, este material es satisfactorio y cambia la vida porque usted tendrá las herramientas para descubrir una parte clave del plan que Dios tiene para su vida. Este material es satisfactorio porque cuando usted comience a descubrir y *aplicar* este plan, usted tendrá un sentido de poder dado por Dios que le propulsará a través de la adversidad y los errores. Este nuevo poder dado por Dios le dará la energía necesaria para reconocer que incluso giros equivocados le pueden beneficiar al resultado final.

En los últimos años, al reunirme y pasar tiempo con personas que se han vuelto extraordinariamente exitosas, he observado varios rasgos comunes entre ellos. Dos de esos rasgos se destacan. Uno de ellos es que tienen una vocación, que han descubierto y están aplicando. La otra es que han cometido montañas de errores en el proceso de convertirse en "exitosos." La montaña reluciente de éxito es en realidad un montón de basura—un montón de los errores que hemos cometido. La diferencia entre el exitoso y el atormentado no está en vivir libre de errores; está en que al descubrir e implementar la vocación de la vida, el exitoso se para encima de su montón de errores mientras que el atormentado se sienta debajo de ellos.

La mayoría de nosotros pasamos demasiado tiempo de nuestras vidas en el miedo paralizante, la vergüenza, culpabilidad y el temor cuando se trata de nuestro trabajo. El trabajo se ha convertido en la rutina diaria en lugar de la gran aventura que debería ser. La belleza de este material es que a medida que usted lo implemente, disminuirá gradualmente sus emociones negativas y avanzará hacia una vida de trabajo próspera. Como alguien que vive este material cada día, sé que aún experimentará duda, miedo y errores. Sin embargo, buscando y funcionando en su vocación o llamado, usted crecerá cada vez más en la confianza de que usted fue puesto aquí para ganar a pesar de esas cosas, no sin ellas.

Estoy emocionado por usted porque abriendo estas próximas páginas usted está encendiendo un fuego. ¡La madera puede ser vieja y húmeda, pero tiene la capacidad de convertirse en una fogata enfurecida! Este es un libro acerca de implementación, ¡hágalo!

Dave Ramsey
Presentador de Radio sindicado nacionalmente

INTRODUCCIÓN

Muy temprano en la vida, comenzamos a determinar qué queremos ser cuando crecemos. Usted puede recordar la rima musical de la infancia: "Hombre rico, hombre pobre, hombre mendigo, hombre ladrón, médico, abogado, comerciante, jefe. "Añadimos otros títulos a eso y empezamos a imaginar la vida como bombero, profesor, empresario, o dentista. Pero al comenzar la escuela y empezamos a crecer, hay una transición sutil pero importante de ¿quién quiero ser?" a "¿qué voy a hacer?" En los estados unidos de américa estamos definidos y valorados por lo que hacemos. Desafortunadamente, el camino de *hacer* algo a menudo elude las preguntas básicas acerca de ser algo.

Este libro abordara "quien quiere ser" como el punto de partida para "¿qué quiere hacer?" Cuanto más se conozca, más confianza puede tener acerca de hacer un trabajo que le guste. Y cuanto más sepa acerca de sí mismo, más puede reconocer la libertad de elegir un trabajo que sea significativo, con propósito y rentable.

Tener la libertad de elegir nuestro trabajo significa que podemos elegir entre los modelos populares—empleado, contratista independiente, consultor, trabajador de contingencia, trabajador independiente, temporal, empresario, autónomo, trabajador inmigrante electrónico y más. Curiosamente, la teoría detrás de la mayoría de los sistemas gubernamentales es que "el pueblo" no quieren libertad. Ellos quieren cheques garantizados, salarios, beneficios médicos, compensación de trabajadores, beneficios complementarios y un plan de jubilación. Y a cambio de esos resultados, la gente da la libertad para encontrar o crear un trabajo que es una mezcla de sus talentos, sueños, y llamado espiritual.

Para muchas personas, el trabajo se ha convertido en nada más que un sueldo y beneficios. Es una postura aceptada para odiar a nuestros trabajos y a menospreciar el jefe y la empresa, mientras que nos damos palmaditas en la espalda por ser "proveedores responsables" para nosotros mismos y nuestras familias. Renunciar a su libertad y tendrá dos coches en el garaje, una buena casa, unas buenas vacaciones una vez al año, y ya no tendrá que sufrir la agonía de la elección.

Pero espere un minuto. ¿No es eso de lo que crecer se trata? ¿Acaso, no toda persona responsable se olvida de sus sueños y pasiones a cambio de conseguir un cheque de pago? ¡Absolutamente no! Permítanme asegurarles que no tiene por qué ser así en absoluto. Cada uno de nosotros, sin importar la edad que tengamos o qué tipo de trabajo estamos haciendo, podemos aprender a llevar a nuestro trabajo la misma emoción que hemos experimentado en llevar al juego cuando éramos niños. Creo que cada uno de nosotros podemos perseguir un trabajo que sea un reflejo de nuestro mejor yo—una verdadera aplicación de nuestra vocación en la vida.

Reconocer la libertad que tenemos para elegir nuestro trabajo también trae consigo la responsabilidad de aceptar los resultados de ese trabajo. El sentido del cumplimiento de nuestro trabajo, el cheque de pago proporcionado y la certeza de que nuestro trabajo está haciendo del mundo un lugar mejor son todos aspectos que podemos escoger. Nadie está atrapado en los lugares de trabajo de hoy en día. Tenemos que elegir.

Para muchos de ustedes, *48 días hacia el trabajo que ama* presentara un proceso de despertar los sueños, pasiones y visiones que tenía cuando era un niño. Para muchas personas, las fusiones, los recortes de personal, despidos, retiros forzosos y otras formas de cambio inesperado en el lugar de trabajo en los últimos años han servido como un clarín despertador de sueños que se habían quedado latentes. Muchas personas tuvieron la oportunidad de echar una mirada a "¿Quién soy y por qué estoy aquí?". En el momento en que usted expresa el deseo de obtener algo más que un trabajo repetitivo, y sin sentido, algo más que simplemente marcar tarjeta, en el momento en que se da cuenta de que el trabajo significativo, con propósito, y rentable es una posibilidad, ya ha dado un paso importante para despertar los sueños y pasiones que usted pudo haber tenido cuando era niño. De repente, la complacencia y la miseria "cómoda" se vuelven intolerables. La idea de poner su vocación en la estantería se vuelve intolerable. No sólo tenemos la oportunidad, tenemos la responsabilidad de pasar nuestras horas de trabajo en la obra que nos elevará a nuestra máxima vocación y transformará el mundo que nos rodea.

Yo crecí en una granja lechera en la zona rural de Ohio. Mi padre era agricultor y el pastor de la Iglesia Menonita en nuestro pueblo pequeño con un semáforo de precaución, lo cual me dio una perspectiva única en el mundo. Cumplir la voluntad de Dios significaba honrar a mi padre y mi madre, asistir a la iglesia al menos tres veces a la semana, no jurar como lo hacían mis amigos de la ciudad, y mantener mi palabra. Ir a juegos de pelota, nadar, fiestas de graduación, bailes, y tener tiempo libre, no estaba incluido. Los vehículos de lujo, televisores, modas actuales, y otras posesiones "mundanas" estaban absolutamente prohibidas. El trabajo fue una actividad constante, los siete días de la semana. Las vacas necesitaban ser ordeñadas dos veces al día, los 365 días del año. El maíz debía ser sembrado, el heno tenía que ser cegado, y los gallineros necesitaban ser limpiados.

Yo tenía poca libertad para considerar qué tipo de trabajo quería hacer o fui llamado a hacer. Cualquier deseo, necesidades, sueños, o llamados fueron presionados por las realidades de la vida —el trabajo tenía que hacerse simplemente para sobrevivir. El lujo de "disfrutar" del trabajo no fue discutido. ¿Acaso el trabajo no es sólo algo que hacemos para pasar el tiempo a través de esta vida terrenal hasta llegar a nuestra recompensa celestial? ¿Luego la Biblia no nos dice que el trabajo es la maldición que resulto de que Adán comiera del árbol de la vida?

*"La tierra es maldecido por causa de ustedes. Comerán de
ella por medio de trabajo doloroso todos los días de sus
vidas. Producirá cardos y espinas para ustedes, y ustedes
comerán las plantas del campo. Podrán comer el pan
con el sudor de su frente hasta que vuelvan a la tierra, ya
que fueron tomados de allí. Porque son polvo y al polvo
volverán"*
(Gn. 3:17-19)

Ahora, yo entendí esa parte de "el sudor de su frente"—sólo el trabajo físico importaba. Aquellas personas que "trabajaban" en la ciudad, en los bancos, oficinas y centros comerciales tenían trabajos suaves y fueron separados de la vida real. Sin embargo, en el campo nada podía detener mi mente de vagar, imaginando un mundo que nunca había visto. Quería hacer más, ir a más, tener más, y ser más de lo que estaba viendo.

Y como yo seguía leyendo la Biblia por mi propia cuenta, empecé a notar una nueva perspectiva del trabajo. Si el trabajo era un castigo para el mal, ¿por qué la Biblia nos dice continuamente que disfrutemos nuestro trabajo? Aun Salomón en sus momentos más pesimistas nos dijo "también es el don de Dios cuando alguien come, bebe y disfruta de todos sus esfuerzos" (Ecles. 3:13). En Colosenses 3:23 se nos dice "Todo lo que hagan, háganlo con entusiasmo, como algo hecho para el Señor y no para los hombres." Y Dios incluso parece estar prometiendo el trabajo como recompensa en la eternidad. ¡Sorpresa! Los salvos "construirán casas y vivirán en ellas; plantarán viñas" y "se beneficiarán plenamente de la obra de sus manos" (Isa. 65:21-22). Y en Génesis 8:21 encontramos que después de la inundación, Dios elimina esa maldición de la tierra de la cual leemos en el capítulo 3.

Aunque se esperaba que yo continuara en la granja de agricultura familiar cuando terminé la escuela secundaria, mi propio deseo de trabajar que parecía mejor para mí, me llevó a la universidad a ampliar mis opciones. Las desventajas de haber crecido en un ambiente legalista y pobre fueron útiles en forzarme a mirar más allá de las expectativas familiares para llevar una vida más satisfactoria. Comencé una trayectoria del estudio personal implacable junto con requisitos académicos de varios grados en psicología y religión. Quería ver si podía fusionar una vida dedicada a Dios con una vida de trabajo significativo.

Y qué emocionante viaje ha sido este. A lo largo del camino, he trabajado como terapeuta adjunto en un hospital psiquiátrico, enseñe psicología en el nivel universitario, vendí carros, fui propietario de un centro de salud y deporte con cuatro mil miembros, construí un negocio de accesorios para autos, pinte casas, corte pasto, fui consejero en la iglesia, administre un negocio de una máquina expendedora de nueces, y vendí libros y productos informativos en el Internet.

Pero esas experiencias me dieron la preparación para trabajar con personas que están pasando por sus propias e inevitables cambios de carrera. En los últimos veinte años he tenido el privilegio de trabajar como autor, orador y entrenador de carrera. Los principios fundacionales que leerás en este libro provienen de la experiencia personal y muchos años de estudiar y entrenar con aquellos que, como yo, han encontrado su vocación.

Comenzando

48 días hacia el trabajo que ama esboza un nuevo proceso de mirar lo qué va a ser cuando crezca. ¿Cómo lo ha dotado Dios exclusivamente en (1) *habilidades y aptitudes,* (2) *tendencias de la personalidad, y* (3) *los valores, sueños y pasiones?* Desde estas zonas podrá ver patrones claros para hacer decisiones de carrera y trabajo. Estos patrones crean una brújula, proporcionando una sensación de continuidad en medio de los inevitables cambios en el trabajo y en la imprevisibilidad en el lugar de trabajo. Mirándose interiormente, proporciona el 85% del proceso de encontrar la dirección correcta; el 15 por ciento es la aplicación para la elección de carrera.

El trabajo no es una maldición de Dios, pero una de las ventajas de vivir en esta tierra. Encontrar *el trabajo que usted ama* no es un objetivo egoísta; *es un componente necesario para cumplir su verdadera vocación.*

Ustedes se preguntarán, ¿porqué *48 días?* Pues bien, la Biblia es muy clara en que Dios considera 40 días para un período de tiempo significativo espiritualmente. De hecho, en la Biblia, muchas veces cuando Dios quería preparar la gente por algo mejor, el duró 40 días.

- La vida de Noé y el mundo se transformaron en 40 días de lluvia.

- Moisés era un hombre diferente después de pasar 40 días en el Monte Sinaí.
- Los espías israelitas rastrearon la tierra prometida durante 40 días.
- Elías corrió más de doscientas millas en 40 días con una comida para llegar a un lugar donde podía oír de Dios de nuevo.
- Goliat pasó 40 días desafiando al ejército israelita mientras Dios preparó a David a enfrentarlo.
- El pueblo de Nínive se transformó en 40 días después del desafío de Dios para cambiar sus caminos.
- Jesús fue facultado para el ministerio al pasar 40 días en el desierto.
- Los discípulos fueron transformados por pasar 40 días con Jesús después de la resurrección.
- Hay 40 días entre el miércoles de ceniza y la pascua (sin contar los domingos).

Le estoy dando ocho días libres en el proceso para crear su propio plan. Tómese un descanso los domingos y un par de sábados. No se desanime; solo permanezca comprometidos con este marco de tiempo, para evitar las demoras habituales.

Los próximos 48 días, pueden transformar su vida. Y sí, creo que 48 días es un tiempo adecuado para evaluar dónde está especialmente dotado, identifique sus características más fuertes, obtenga el consejo de asesores competentes, examine las opciones, elija la mejor ruta para un trabajo significativa y satisfactorio, crea un plan de acción y actúe. *(Consulte www.48Days.com/worksheets para ver el famoso calendario 48 días y para guiarle en su propio plan de 48 días.)*

Este es un libro donde usted puede contar el final. Usted decide si el personaje principal es una víctima de las circunstancias, incapaz de elevarse por encima de las fuerzas opresoras de su crianza, las expectativas de la familia actual, y las limitaciones permitidas por el gobierno y la empresa. Pero también puede escribir el final donde el personaje principal diseña una vida completa con trabajos que importan, tiene dinero mucho más allá de las necesidades personales, construye relaciones que nutren el alma, y deja un legado para el resto de la historia. Si bien puede no ser el encontrar un caballo blanco y montarlo en el atardecer, es realmente mejor. Puede elegir.

Creo que he sido creado con un propósito, encomiendo los próximos 48 días para una nueva claridad y un plan de acción para encontrar o crear trabajo que sea significativo, satisfactorias y rentables.

Nombre _____

Fecha _____

CAPÍTULO 1

¿Qué es el trabajo?

El maestro en el arte de vivir hace poca distinción entre
su trabajo y su juego, su trabajo y su ocio, su mente y
su cuerpo, su información y su recreación, su amor y su
religión. Él apenas sabe cuál es cuál. Él simplemente
persigue su visión de excelencia en todo lo que hace,
dejando que otros decidan si está trabajando o jugando. Él
siempre está haciendo ambas cosas.
—James Michener

¿Es el trabajo un mal necesario que consume el tiempo entre nuestros breves períodos de disfrute de los fines de semana? ¿Es principalmente un método de pagar las facturas y demostrar responsabilidad? ¿O una forma de probar a nuestros padres que el título universitario era una inversión razonable? ¿O la ruta más corta a la jubilación? ¿O es más?

Parece que algunas personas creen que el trabajo es un compromiso para el disfrute. Que el trabajo sólo se realiza para producir un cheque de sueldo. Aquí está otro mito común: que cuanto más ingreso genera una persona, mayor es su nivel de estrés. No, cuando se combinan el trabajo y la pasión, el dinero fluye mucho más fácil. Usted puede estar

1

devengando $10 la hora y estar muy estresado, o puede estar devengando $123,000 al año y amar lo que está haciendo. La cuestión no es cuánto dinero se está generando sino, cuánto le "encaja" el trabajo.

El diccionario Oxford define trabajo como:

1. Actividad de esfuerzo físico o mental realizado a fin de lograr un objetivo o resultado,
2. Actividad física o mental como un medio de ganar ingresos; empleo,
3. El empleo, como en algún tipo de industria, especialmente como un medio de ganarse la vida, o
4. El lugar donde se trabaja.[1]

Nos parece que esta definición de trabajo contrasta con la de juego. Ciertamente, podemos escapar del trabajo para pasar el tiempo en juego. El mismo diccionario define jugar como:

1. Participar en (un juego o actividad) para disfrutar,
2. Divertirse a sí mismo a través del pretexto imaginativo, o
3. Ser parte de un equipo, especialmente en una posición especificada, en un juego.

Trabajar es llevar a cabo los deberes de un puesto laboral; jugar es hacer algo agradable. Pero ¿qué pasa si ha encontrado algo que realmente disfrute y que también suministre su ingreso necesario? ¿Sería trabajo y juego lo mismo? ¿No es razonable esperar que nuestro trabajo sea una actividad agradable? ¿Es esa realmente una idea imposible? ¿Qué pasaría con sus planes de "jubilación" si estuviera haciendo un trabajo valioso y rentable ahora? ¿No es nuestra idea de la jubilación el poder salir de este trabajo desagradable y ser capaz de hacer algo divertido cada día? Qué idea tan novedosa.

A menudo la gente me pregunta si estoy viviendo la vida de la que estoy hablando. Y yo les digo que vengan a pasar un par de días conmigo para luego decidir por sí mismos. Puede ver el calendario de eventos aquí (www.48Days.com/liveevents). En la parte posterior de nuestra propiedad tenemos un viejo granero que hemos rescatado y convertido en mi oficina, un centro de eventos, y cuartos de huéspedes. Mi viaje en la mañana es libre de semáforos, cornetas, pitos, mal estado de las carreteras, y de personas malhumoradas que luchan por llegar a su lugar de trabajo. Fuera de la ventana de mi oficina veo una cascada y alimentadores de aves que atraen pájaros coloridos y pavos salvajes a lo largo de todo el año. También veo la plataforma de una línea de deslizamiento "tirolesa" que pusimos en marcha hace unos años y que corre 350 pies de mi oficina hacia abajo sobre el camino de la naturaleza, pasa por mi pequeño granero rojo y derecho a la puerta posterior de nuestra casa. Mis nietos son libres de venir y jugar en cualquier momento.

Encontrar o crear el entorno de trabajo que mejor se adapte a usted es un proceso muy individualizado. Dependiendo de su personalidad usted podría aburrirse fácilmente con mi espacio de trabajo. Crear, soñar, imaginar y escribir es mi trabajo. Si usted es una persona sociable y extrovertida, mi entorno de trabajo probablemente le haría sentirse solo y aislado. Esa es la belleza de saber cómo podemos orientar nuestras opciones para que se adapten a lo que sabemos acerca de nosotros mismos. Usted puede elegir lo que combine su talento, personalidad y pasiones.

¿Qué pasa si revisamos otras palabras que están incluidas en el trabajo y el juego? *tiempo libre (leisure en inglés) es* "tiempo en el que usted no está trabajando: tiempo en el que puede hacer lo que usted quiera."[2] La palabra proviene de un término en un viejo dialecto francés -*leissor*-, que significa "permiso" o literalmente "permitido."

Veamos cómo nuestras frases comunes confirman que "trabajo" es algo que tenemos que hacer, mientras que el "juego" es algo que podemos hacer. "Gracias a Dios es viernes" refuerza la idea de que por fin podemos escapar de la maldad de trabajar y hacer algo que realmente disfrutamos. "Oh no, es lunes" refuerza claramente el mensaje del grupo musical "the Mamas and the Papas" con la canción del año 1966 "no podemos confiar en ese día." Nuestra anticipación de la jubilación implica que finalmente podemos salir de esta cosa llamada trabajo y dedicar nuestro tiempo a hacer sólo lo que nos gusta.

Pero eso plantea la pregunta: ¿Qué llamaría a su actividad diaria si realmente la disfrutara? ¿dejaría de ser "trabajo"?

Si el único objetivo de nuestro trabajo es acumular suficiente dinero para dejar de trabajar, entonces esto confirma la imagen de que el trabajo es sólo una píldora amarga para soportar hasta el momento en que usted pueda escapar de ella. Pero a medida que usted se mueva hacia el trabajo de su elección y diseño, labor que integre sus talentos y dones más enérgicos, experimentará una alegría que normalmente no se conecta con el "trabajo". Y usted encontrará que su deseo de dejar de trabajar y moverse hacia el estado en blanco de la jubilación disminuirá significativamente.

La definición de *jubilarse* es ...

1. dejar un trabajo o carrera porque ha alcanzado la edad cuando no necesita o desea trabajar más
2. retirarse de acción o peligro
3. dejar un lugar, posición o forma de vida e ir a un lugar de menor actividad, o
4. retirarse de uso habitual o servicio.[3]

¿No es eso lo que está implícito cuando la gente habla de su jubilación? ¿Cuándo puedo *dejar este estúpido trabajo y empezar a hacer lo que realmente me gusta?* ¿Realmente quiere dejar de participar en actividades cotidianas? ¿O retirarse del servicio? En lugar de ello, ¿por qué no espera el poder disfrutar en su trabajo diario?

Los frutos de una vida plena—felicidad, confianza, entusiasmo, propósito y el dinero— son principalmente subproductos de hacer algo que nos gusta, con excelencia, en lugar de cosas que podemos buscar directamente.

En su popular libro *La Mente del Millonario*, Dr. Thomas J. Stanley, examina las características de las personas más ricas de estados unidos de américa, tratando de identificar sus rasgos distintivos. ¿Es su coeficiente intelectual (IQ), notas promedias (GPA), universidad, la oportunidad de la familia, o la selección de negocio? Sorprendentemente, ninguno de estos temas parece predecir su extraordinario éxito. La característica que los millonarios tenían en común es que estaban haciendo algo que amaban. El Dr. Stanley concluye, "Si usted ama, absolutamente ama lo que está haciendo, lo más probable es que usted tendrá éxito."[4]

Nuestras primeras ideas de trabajo tienden a considerarlo como algo menos que deseable y agradable. Tom, un joven fuerte de veintisiete años, vino a mi oficina queriendo confirmación de que él estaba en el camino correcto. Recientemente se había graduado de la universidad (habiendo terminado el plan de siete años) y había tomado una posición de ventas con una compañía de equipos de oficina. Cada mañana se ponía su traje y hacia sus llamadas. La compañía lo amaba, pero él estaba más aburrido de lo que creía. Le pregunté por qué había tomado esta ruta, y su respuesta transmitió una percepción común. Tom dijo que había disfrutado la universidad— viajando, practicando el snowboard, asistiendo a los juegos de pelota, y pasando tiempo con sus amigos. Después de la graduación, él consideró que era el momento de "crecer" y formar parte del "mundo real". El asumió que eso significaba conseguir un trabajo que odiaba para probar así su responsabilidad.

Me reí y le pregunté quién le había vendido ese cuento. Examinamos cuidadosamente sus habilidades, rasgos de personalidad, valores, sueños y pasiones. En la actualidad, Tom es co-propietario de una tienda de snowboard en Breckenridge, Colorado. En una noche iluminada por la luna usted podría alcanzar a verlo bajando una colina, probando uno de sus nuevos diseños.

Síndrome de esposa maltratada

No, este fragmento no es realmente acerca de esposas maltratadas, pero un cliente usó ese término recientemente al describir sus repetidos regresos a un trabajo insatisfactorio de su formación profesional. En su opinión, había un patrón sorprendentemente similar. Se separaba del trabajo que despreciaba por algo mucho más gratificante, experimentaba un desafío o contratiempo, y volvía al temido trabajo, sabiendo que era donde podía hacer los ingresos más predecibles.

¿Usted hace su trabajo solo por su cheque de pago? ¿Desea salirse para encontrar algo mucho más gratificante? ¿Ha intentado otro camino sólo para volver a lo que le es más familiar? Muchas personas a menudo quedan atrapadas en estos patrones de volver a situaciones negativas y abusivas. Las emociones y los problemas de autoestima pueden ser complicados y confusos. Sin embargo, las apuestas se reducen dramáticamente con un trabajo.

Un trabajo no debe definir qué o quién es usted. Usted debe ser capaz de salir hoy y no cambiar el propósito general o la dirección de tu vida. Su vocación es un concepto mucho más amplio de lo que hace diariamente para crear ingresos.

Oportunidades de trabajo pueden ir y venir—la dirección de su vida debe permanecer constante.

¿Por qué trabajamos?

Al hacer esta pregunta, normalmente obtengo las siguientes respuestas:

- para pagar las facturas
- para alimentos, vestimenta y vivienda
- debido a las expectativas de los demás
- para combatir el aburrimiento
- por autoestima
- para estimulación social
- porque es un lugar para ir

Me encuentro con un gran número de personas que dejan sus empleos tradicionales porque quieren hacer algo más significativo. Una mujer, quien acaba de renunciar a su trabajo de $74.000 dólares por año, dijo que quería hacer algo "noble". Muchos dicen que quieren hacer la diferencia, hacer del mundo un lugar mejor, y hacer algo con significado *espiritual*.

Ahora hay otra palabra que vale la pena revisar—*espiritual, que significa...*

1. de o en relación con el espíritu de una persona
2. interesado por los valores religiosos[5]

¿Quiere decir que el trabajo normal no conecta nuestra mente, espíritu temperamento? Quizás podamos crear una definición de *trabajo* que incluye algo más que completar los deberes por un cheque de pago. ¿Qué pasaría si pudiéramos crear un modelo de trabajo que incluya labor, juego, esparcimiento y componentes espirituales?

¿No sería razonable esperar encontrar un trabajo satisfactorio, gratificante, espiritualmente significativo y que genere ingresos?

En su libro *Oración*, Richard Foster dice, "La obra de nuestras manos y de nuestras mentes es una oración, una ofrenda de amor al Dios viviente."[6] Kahlil Gibran agrega, "el trabajo es amor hecho visible."[7] Usted siente acerca de su trabajo—¿Qué es una ofrenda de oración a Dios? ¿Qué es una expresión directa de cómo ama a los demás? ¿O está pensando que quizá Dios mira hacia otro lado cuando va a trabajar?

¿Cómo es posible que nuestro trabajo sea una forma de oración? Esto puede parecer desafiante mientras pensemos en la oración como algo que sólo hacemos de rodillas, con las manos cruzadas y los ojos cerrados. Pero si reconocemos la oración como un tiempo de estar presentes con Dios, entonces se deduce que nuestro trabajo puede ser una forma de involucrar a nuestros corazones y espíritus en una forma que nos coloca en su presencia. Cualquier cosa menos sería un uso cuestionable de nuestro tiempo, talento y recursos.

Vivimos en una época que nos da el lujo de ver los beneficios de trabajo que vaya más allá de la simple provisión de un cheque. El dinero nunca es suficiente compensación para invertir su tiempo y energía. Debe existir un sentido de propósito, significado y realización. Recuerde la famosa jerarquía de necesidades del psicólogo Abraham Maslow:

1. En primer lugar, necesito *comida, agua, aire, descanso*, etc. (Necesidades fisiológicas básicas)
2. En segundo lugar, necesito *protección* y *seguridad*. (¿Tengo estabilidad y estructura?)
3. Necesito *pertenecer* y sentirme *amado*. (¿Le gusto a alguien?).
4. Luego viene la *autoestima*. (¿Me siento competente y apreciado?)

5. Por último, necesito de *autorrealización*. (¿Estoy haciendo lo que estoy adecuado para hacer/en lo que soy talentoso?)[8]

La mayoría de nosotros no estamos preocupados por encontrar comida esta noche, pero lo que nos preocupa es si estamos gastando nuestro tiempo haciendo algo significativo. Tener un trabajo que ofrece nada más que protección y seguridad no es muy satisfactorio.

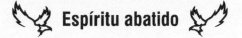 **Espíritu abatido**

Recientemente vi a un caballero de sesenta-y-un años que perdió su empleo hace nueve meses. Cuando ha pasado un largo período de desempleo, siempre sospecho que más problemas de la vida se esconden en los márgenes. Efectivamente, su esposa lo dejó hace cuatro meses, su hija ("la alegría de mi vida") se casó y se mudó hace cinco meses, sus inversiones ahora valen menos de la mitad de lo que eran hace tres años, su lugar de empleo de treinta y seis años lo dejo ir con un pequeño paquete de indemnización, esta desconectado de su iglesia, y se siente "rechazado por todos lados". Él hizo el último pago de la hipoteca hace tres semanas en su casa de ensueño, que ahora debe ser vendida para resolver el divorcio antes de mudarse a un apartamento en la ciudad.

¿Hacia dónde vamos desde allí? proverbios 18:14 nos dice que "el espíritu del hombre puede soportar la enfermedad, pero ¿quién puede sobrevivir al espíritu quebrantado?" o en la Biblia Viviente, "¿qué esperanza queda?".

Cada área de nuestra vida nos obliga a hacer depósitos de éxito. Retiros minúsculos sin depósitos conducirá a la quiebra física, espiritual y emocional en relaciones, trabajos y finanzas.

En tiempos de crisis, el área de mayor dolor obtiene la mayor atención, pero al hacer depósitos adicionales en otras áreas, podemos recuperar el éxito en nuestras cuentas más agotadas.

Mi consejo: reservar tiempo para el ejercicio físico vigoroso. Caminar tres millas cuatro o cinco veces a la semana—la sensación ayudará a liberar la tensión y estimulará la creatividad. Busque un mentor inspirador. Gran parte del éxito de Alcohólicos Anónimos ha sido de asistentes que tienen a otra persona a quien llamar en los momentos más bajos. Leer material inspirador al menos dos horas diarias. Hacerse voluntario para una buena causa—ayudar a alguien necesitado es una gran manera de aliviar el dolor interno. Conseguir un trabajo, incluso si no es el trabajo de sus sueños o un gran paso en su carrera laboral. Entregar pizzas o trabajar en el departamento de jardinería en Home Depot para moverse en una dirección positiva, mientras continúa construyendo para el éxito a largo plazo.

Lamentablemente, algunas pérdidas son irrecuperables y algún dolor es debilitante. ¡Si usted reconoce demasiados retiros en su vida, tome medidas drásticas para detener la hemorragia hoy!

¿Cómo elegimos el trabajo?

Las oportunidades en los entornos de trabajo de hoy en día son infinitas. Mientras que, en las generaciones anteriores, los niños adoptaban las carreras dictadas por sus padres, los jóvenes de hoy tienen poca o ninguna orientación que los dirija hacia un camino de trabajo. Entran en el lugar de trabajo con poca experiencia laboral y poco conocimiento de diversas carreras, llevando a la toma de malas decisiones en la dirección de sus vidas. A menudo, la decisión de una carrera se hace sin pensarlo mucho y con menos planificación que la que se pone en decidir dónde ir para las vacaciones de primavera. Cuando le pregunté a un joven graduado de la universidad cómo escogió la justicia penal como su carrera, él dijo, "el primer día de colegio enviaron a todos los estudiantes de primer año a una sala grande. A continuación, anunciaron, "Si va a la contabilidad, siga esta dama en el pasillo. Carrera de publicidad, ir por este camino." Miré hacia abajo en la lista [de carreras], cerré mis ojos, y golpeé la página con mi dedo. La justicia penal se convirtió en mi campo elegido".

No se ría. Es un proceso frecuentemente utilizado. ¿Quién sabe cómo elegir la carrera correcta? Muchos estudiantes de la carrera de administración de negocios descubrieron durante su penúltimo año que la manera más rápida de graduarse era declarando esa carrera. Ahora estoy empezando a ver graduados con títulos en estudios universitarios. ¿Fue demasiado difícil decidir sobre cualquier enfoque? Luego tendremos un título en "asistencia". Es por eso que diez años después de la graduación, el 80 por ciento de los graduados de universidades están trabajando en algo totalmente ajeno a su carrera universitaria. Y eso está bien. La universidad es una experiencia amplia que raramente fuerza a alguien hacia un túnel estrecho y sin escapatoria. Usted puede cambiar de rumbo varias veces en la vida sin sentirse como si estuviera descarrilado o comenzando de nuevo, si tiene un sentido de la vocación para actuar como una brújula constante. Más sobre esto en el capítulo 3.

"Las aguas poco profundas de la avaricia"

Una pregunta sobre mi formulario de solicitud de entrenador es "describir brevemente su situación laboral actual." Aquí está la respuesta de un joven de treinta-y-tres-años:

"Antítesis de mis expectativas personales y profesionales. Incumpliendo en múltiples niveles: falta de significado y propósito;

una persecución miope del dólar todopoderoso; un viaje parásito e interminable en las aguas poco profundas de la avaricia".

Guau. Qué poderosa y elocuente declaración de estar fuera de pista y darse cuenta de que el dinero nunca es suficiente compensación para invertir su tiempo y energía.

Él continuó: "Por la necesidad e inmediatez de mi situación... tomé la ruta de menos resistencia, que me ha llevado por una pérfida pica de desilusión y desesperación. Como resultado directo de nuestras obligaciones financieras, me absolví a mí mismo de libertad de perseguir mis sueños por las restricciones opresivas de la deuda." Al sentirse atrapado por las realidades de la vida, él se sintió bloqueado de cualquier intento de seguir sus verdaderas pasiones.

Afortunadamente, nuevas posibilidades son viables. Trazamos un proceso para la obtención de un grado adicional y un plan inmediato para la expresión de sus habilidades únicas de escritura. Él puede caminar, correr una maratón, estudiar fósiles con sus hijos y participar en un club de lectura. La vida no tiene que ser puesta en espera. Siempre hay maneras de hacer depósitos de éxito en áreas que se consideren importantes. Existen pocos obstáculos más allá de aquellos en nuestras mentes si somos creativos en la búsqueda de soluciones. Y recuerde disfrutar del viaje, a partir de hoy. El éxito no es un acontecimiento futuro—es la realización progresiva de metas deseables. Por lo tanto, usted es exitoso hoy o no lo es.

Busque oportunidades para elevarse por encima de las "aguas poco profundas de la avaricia" hoy.

Las expectativas generacionales todavía juegan un papel importante en muchas decisiones de carrera. Históricamente, se ha esperado que cada generación sea más educada y más rica que la anterior. Muchas de las generaciones anteriores tenían los mejores grados, invertían en las empresas de rápido crecimiento, y acumulaban millones. Ahora ¿Qué se supone que deben hacer sus descendientes para superar eso? O aquí hay una situación: ¿Qué pasa si el hijo de un cardiólogo es realmente talentoso como carpintero? ¿Podemos motivar a ese joven para que sea un excelente carpintero, o será avasallado a una carrera "profesional"?

Hace varios años vi a un joven cirujano que había ido a la Escuela de Medicina de Harvard, tal como lo había hecho su padre y su abuelo. Él tenía los mejores carros y oportunidades en el camino. Y, sin embargo, algo andaba mal. En el momento en que vino a verme, estaba inyectándose heroína por los talones de sus pies (siendo los talones las únicas partes de su cuerpo donde no había abusado de las venas). Había sido internado en un hospital psiquiátrico, en un intento por salvarle la vida. Mientras trabajaba conmigo, expreso su sueño de infancia de conducir un camión.

Actualmente trabaja como un médico de la sala de urgencias durante los fines semana y es capaz de generar un ingreso significativo. Durante la semana conduce un camión de entrega de aperitivos. Se ha mudado a las afueras de la ciudad y está poniendo su vida en orden.

Proverbios 22:6 dice, "Enseñe a un joven sobre el camino que debe seguir; aun cuando este viejo, no se apartara de él." Este versículo ha sido tergiversado para justificar el acomodamiento de principios espirituales en niños influenciables con el fin de que esta teología coincida con la de sus padres. Y para obligar a un niño a avanzar académicamente y socioeconómicamente de los padres. Una buena lectura del texto original podría ser: "Instruye al niño en el camino que él está orientado…" El desafío de la crianza de los hijos es descubrir cómo Dios ha dotado exclusivamente a ese niño y cómo los padres pueden ayudarlo a sobresalir en esa área. Por lo tanto, habrá ocasiones en que el hijo de un cirujano será más dotado como un conductor de camión o carpintero o músico o misionero. Los padres bien intencionados, maestros, pastores, y otros en posiciones de influencia pueden fácilmente desviar a un niño influenciable si las oportunidades externas son el único criterio para la elección de su carrera. El poder de la confianza en la elección de una carrera viene de mirar hacia adentro para la adecuación de sus características personales, no de mirar hacia afuera donde "las oportunidades" mienten.

Aquí están algunas influencias más mal dirigidas en la elección de una carrera:

- ¿Qué estará en más demanda? Con industrias enteras que se vuelven obsoletas en cuatro a cinco años, ¿Cómo podemos predecir con exactitud los trabajos del futuro?
- ¿Cuáles son las carreras más "piadosas", "humanitarias" o "socialmente o ambientalmente responsables"? Si bien es honorable, utilizar éstos como criterios externos puede desviar a la persona de hacer lo que es un "ajuste" apropiado.
- ¿Qué es lo más seguro? *La seguridad* es un concepto resbaladizo en el entorno de trabajo actual. Se encuentra poca seguridad en cualquier empresa o trabajo. La única seguridad está en la comprensión de sí mismo—eso proporcionará una brújula o guía para navegar por los cambios que son inevitables.
- ¿Cómo puedo conseguir la posición, estatus y poder? Es probable que esto sea un camino esquivo, lo que conduce a un desgaste rápido.
- ¿Dónde puedo obtener los mayores ingresos? (Similar al punto anterior.) Si busca primero el dinero, es muy probable que permanezca justo fuera de su alcance.
- ¿Qué se anuncia en los boletines de trabajo en línea? Probablemente la peor de todas las influencias, no tiene nada

que ver con su singularidad o una alineación adecuada de su vocación.

Ninguno de estos le ayudará a crear un *plan de vida*. Aunque nos centremos en el aspecto de trabajo de nuestras vidas, sea muy consciente de que conseguir un trabajo es sólo una herramienta para crear una vida significativa.

Las mejores preguntas para hacer con respecto a una carrera o elección de trabajo serían:

- ¿Qué nací para hacer?
- ¿Cuál sería mi mayor contribución a los demás?
- ¿Qué es lo que realmente me gusta hacer (y cuando lo hago, el tiempo simplemente vuela)?
- ¿Cuáles son los temas recurrentes que me atraen?
- ¿Cómo quiero ser recordado?

Cuando no somos fieles a nosotros mismos, a nuestras características únicas dadas por Dios, perdemos el poder de la autenticidad, la creatividad, la imaginación y la innovación. Nuestra vida se convierte a ser basada sólo en el desempeño, estableciendo el escenario para el compromiso en todas las demás áreas de nuestras vidas.

Cuenta regresiva hacia el trabajo que amo

1. ¿Quién le dio su primer trabajo? ¿qué clase de trabajo era? ¿cuánto dinero gano?
2. Al mirar su vida laboral hasta ahora, ¿qué ha sido de mayor valor o mérito?
3. Si su trabajo cambia ¿su *llamado* en la vida también cambia?
4. ¿Cree que su trabajo actual existirá dentro de cinco años?

5. ¿Cuáles serían las características claves de un trabajo o carrera ideal?

6. Cuándo sueña, ¿qué se ve haciendo?

7. ¿Cuáles han sido los momentos más felices y más satisfactorios en su vida?

8. Si nada cambió en su vida en los próximos cinco años, ¿estaría bien?

CAPÍTULO 2

¿Quién me emplearía?

"Usted tiene cerebro en su cabeza. Tiene pies en sus
zapatos. Puede dirigirse en cualquier dirección que elija.
Está a cargo de sí mismo. Y usted sabe lo que sabe. Y
USTED es el que va a decidir a dónde ir..."
-DR. SEUSS,
¡OH, LOS LUGARES A LOS QUE USTED IRÁ!

¿Cómo se convierte usted en un candidato superior en el lugar de trabajo de hoy en día?

¿No son las personas más inteligentes y con los mejores grados las que siempre salen adelante? ¿Es cuestión de suerte el que alguien sea contratado? ¿Por qué algunas personas obtienen múltiples ofertas de trabajo cuando otros están convencidos de que la economía es mala y que nadie está contratando?

Un joven caballero de la industria bancaria me invitó a almorzar. Conocí a John unos diez años antes, cuando él era sólo un cajero y no lo había visto desde entonces. El día de nuestro almuerzo llegó al restaurante en un magnífico carro nuevo marca Infinity, lucía un traje increíble, y me contó sobre su nueva posición como director de la comunidad de un banco muy poderoso. Yo sabía muy poco sobre lo que le había ocurrido en esos últimos diez años—pero yo estaba enterado de que él trabajaba en una industria que había estado luchando con reducciones y despidos muy publicitados.

Sin embargo, es fácil observar por qué este joven ha sobresalido. Observe que en cada encuentro que él tuvo con otra persona fue cortés y positivo. Desde el anfitrión, a los servidores, a la gente caminando por ahí al azar, cada uno recibió una gran sonrisa y un sincero "gracias" por su contribución, sin importar cuán pequeña o insignificante era ésta. No tuve que preguntar acerca de otros grados, certificaciones o favores internos para comprender por qué su carrera se ha disparado. Él no tiene que desear que la economía esté en buen estado para así conservar su empleo. De hecho, me habló acerca de las constantes ofertas que estaba recibiendo de los competidores que habían visto su éxito. Y él estaba haciendo más dinero del que había soñado unos años antes.

Él había garantizado su posición, no a través de la manipulación o afirmación de sus derechos o el tener un contrato, sino por ser una persona que todos quieren tener en su equipo.

Esto suena extrañamente familiar-como si justo saliera de un libro escrito en 1936, justo después de la Gran Depresión.

Seis maneras de hacer que a la gente le guste usted:

1. Interésese sinceramente en los demás.
2. Sonría.
3. Recuerde que, para toda persona, su nombre es el sonido más dulce e importante en cualquier idioma.
4. Sea un buen oyente. Anime a los demás a hablar de sí mismos.
5. Hable en términos de lo que le interesa a la otra persona.
6. Haga que la otra persona se sienta importante y hágalo sinceramente.[1]

No tengo idea si Juan tiene un título universitario. Pero sé cómo sus valores lo situarían por encima de la mayoría de los graduados en maestrías de administración de negocios. Esos seis principios harán más para abrir las puertas de oportunidades que el estar en el lugar y momento adecuado, la suerte, títulos o altas calificaciones. Y afortunadamente, usted no tiene que esperar, sacar un préstamo estudiantil, o conseguir una ayuda del Tío Harry para empezar a usar estos principios en su beneficio.

¿Usted tiene garantizada su seguridad laboral?

He hablado con muchas personas hoy en día que están buscando "protección" y "seguridad". Con estos como sus objetivos usted está casi seguro de perder las mejores oportunidades. Esos términos implican antiguo y predecible—ciertamente no es nuevo, innovador, lleno de potencial con posibilidades abiertas de ingresos. Cuídese de protección y seguridad—le atraparán en la vida común y mediocre. Hablé con un hombre joven quien, con su esposa y su bebé recién nacido, se regresaron a vivir a la casa de sus abuelos. Los abuelos habían dejado claro que querían estar a cargo de criar esa niña— aun expresando que "queremos otra oportunidad de criar a un niño correctamente". Experiencias del pasado nos indican que esta relación sería destructiva—pero el alquiler era gratis. Le recordé al joven padre que siempre hay queso gratis en una trampa de ratones.

¿Ahora el gobierno me garantizará un trabajo?

En un debate presidencial del 2012, una de las preguntas de los asistentes provino de un estudiante universitario de unos veintiún años de edad, llamado Jeremy, quien pidió a ambos candidatos: "Qué me puede decir para asegurarme, pero aún más importante a mis padres, que podré sostenerme suficientemente después de mi graduación?".

Lamentablemente, ambos candidatos dieron respuestas políticas a este joven, jugando con la idea de que el éxito de este estudiante es de alguna manera dependiente de las políticas del gobierno o de quien esté en la Casa Blanca. Un candidato prometió continuar las políticas de préstamos estudiantiles—que han llevado a una deuda insuperable para los graduados y un 25 por ciento de alza en la matrícula. Dijo que el haría más fácil ir a la universidad—un sistema que está convirtiendo a miles de graduados que tienen pocas habilidades comercializables. Él incluso menciono que la mitad de los graduados recientes estaban desempleados o gravemente subempleados. Añadiendo más a este número no es reconfortante—debe ser aterrador.

El otro candidato le prometió a Jeremy que iba a aumentar los trabajos en fabricación y manufactura. Sin embargo, como un entrenador de vida yo no encuentro muchos graduados universitarios que identifiquen como su destino y ensueño el trabajar en una fábrica. La mayoría quiere evitar la vida que vivieron sus padres y seguir caminos que abarquen sus propias pasiones. Quieren ser parte de una causa noble y hacer algo para cambiar el mundo.

Sí, los políticos consiguen ser elegidos diciéndonos lo que van a "darnos", pero Jeremy necesita ser recordado que las "circunstancias"

> *"Jugar a lo seguro es como practicar "surfing" o navegar en dos pies de agua. No se puede ahogar, pero tampoco está lo suficientemente profundo para captar ni siquiera la ola más débil. La estrategia más peligrosa es jugar a lo seguro. En su lugar, los pensadores en "rómpelo" toman riesgos y rompen las reglas desafiando lo convencional, convirtiendo el cambio en un aliado."*
>
> **-Robert Kriegel** [2]

nunca le aseguraran ningún tipo de éxito. La economía puede ser robusta y el desempleo en cero lo cual tiene que ver muy poco con su éxito. Esto es en gran medida es un juego interior—no determinado por factores externos.

La verdadera pregunta es Jeremy, ¿por qué querría alguien contratarlo? ¿Qué ha hecho que aportaría valor a mi empresa? ¿Cuáles son sus tres características personales más fuertes? ¿Qué proyectos ha dirigido en los últimos dos años? ¿Qué le hace una persona notable?

Esto es lo que le diría a Jeremy:

1. Comprenda la necesidad de la *sabiduría* como una adición al conocimiento e información. Usted puede tener conocimientos y grados, pero sepa que la sabiduría es la aplicación significativa de ese conocimiento.

2. Comprenda los cambios en los modelos laborales— miles están encontrando modelos de trabajo legítimo e ingresos extraordinarios como consultores, trabajadores de contingencia, contratistas independientes, trabajadores autónomos y empresarios. Ya se terminaron los viejos días en que se pensaba que la única opción viable era trabajar de 8-a-5, con dos semanas de vacaciones y prestaciones médicas.

3. Haga su vida internacional-conozca nuevos amigos. Busque comprender aquellos con diferentes experiencias culturales, costumbres y religiones.

4. Entienda el poder de las relaciones—el concepto africano de "Ubuntu", donde "ellos" es convertido en "nosotros". No podemos ser plenamente humanos por sí mismos. Busque oportunidades para conectar y ayudar a otros a tener éxito.

5. Sirva a aquellos que le rodean—no espere hasta que se gradúe. Si usted quiere más dinero simplemente averiguar cómo servir a más personas.

6. Tenga una personalidad agradable—sea generoso con sus recursos, mantenga su palabra, sonría fácilmente, escuche bien, y honre la singularidad de cada persona que conoce.

7. Sepa cuáles son sus dones y talentos—qué lo hace notable. No confíe en los títulos solamente para abrir las puertas de la oportunidad.

Sí, Jeremy, siga estos siete pasos, y puedo asegurarle a usted y a sus padres—con confianza—de que usted será capaz de mantenerse suficientemente a sí mismo después de graduarse. Siga esos 7 pasos y usted puede estar seguro de que será capaz de seguir su pasión, crear ingresos extraordinarios, y hacer del mundo un lugar mejor.

¿Una maestría abrirá todas las puertas?

Un lector preguntó: "Dan, tengo treinta-y-dos-años de edad y acabo de comenzar una maestría en la Universidad de Auburn, porque he pasado los últimos cinco años en una posición muy Técnica/Ingeniería en la parte inferior de la escala corporativa. Escogí la ruta de la maestría porque con cada empresa he evaluado que el personal de gerencia superior tenía su maestría. Debido a que mi deseo siempre ha sido el ser líder del mercado, asumí que una maestría sería un requisito. ¿Qué es lo que realmente separa a un currículum vitae de una posición directiva en una compañía reconocida por la revista Fortuna 500? Esperanzada, Tina.

Tina, le felicito por avanzar y no estar satisfecha con el statu quo. Usted tiene razón en preguntarse qué es lo que separa a una persona "currículum" de una ejecutiva. Y nunca es sólo una cuestión de tener los títulos adecuados.

Aquí en 48 días LLC hemos contratado a un director de medios sociales, gerente de producto, administrador del internet, diseñadores gráficos, entrenador de blog, consultor de podcast, entrenador de discurso, director de mercadeo y varias otras posiciones. En ningún caso he pedido una hoja de vida o incluso preguntado por títulos o certificaciones.

Es más probable que voy a buscar:

1. Notas de recomendación de tres personas que conozco y respeto.
2. Un proyecto pasado que pueda revisar.
3. Rumores en los medios acerca de lo que la persona ya ha hecho.
4. Liderazgo de un grupo en un sitio de redes sociales.
5. Un blog que sea convincente y atractivo.
6. Un alto Cociente Emocional (EQ) vs un alto Cociente Intelectual (IQ).

Usted puede decir, "Bien, no tengo ninguna de esas cosas." Entonces eso plantea la pregunta: ¿Por qué alguien la vería como una candidata sobresaliente?

Lamentablemente, la maestría se ha convertido en un título común y genérico. Nadie sabe lo que realmente significa aparte de que usted ha demostrado la disciplina para atender un programa durante un par de años. También es el grado más añadido a una hoja de vida deshonestamente. Rara vez los títulos son verificados y hay miles de personas que han agregado maestría a su currículo, esperando tener un poco más de ventaja.

Le animo a construir su reputación en formas como las que se mencionaron anteriormente, que atraigan la atención y abran puertas a su alrededor. Se acabaron los días en que una impresionante hoja de vida era suficiente. Tiene que sobresalir de otras maneras.

Su diploma ha caducado

He aquí un pensamiento interesante. Reconocemos que muchas cosas tienen una "vida útil"—la cantidad de tiempo dado a los alimentos, bebidas, medicina y otros artículos antes de que sean considerados inadecuados para la venta, uso o consumo. En la "fecha de caducidad", esos artículos se consideran de poco uso, o incluso peligrosos.

Sabemos que mucho de lo que aprende un estudiante de primer año de universidad será obsoleto antes de graduarse. Entonces, ¿por qué nosotros, en un lugar de trabajo que cambia rápidamente, creemos que el valor de un diploma durará para siempre?

La fecha de caducidad de los productos farmacéuticos especifica la fecha en la que el fabricante garantiza la plena potencia y seguridad de un fármaco. ¿Por qué las universidades no especifican cuanto tiempo un grado o título será plenamente aplicables y útil?

Cuando me gradué de la Universidad Estatal de Ohio, me vi obligado a tomar un curso de computación para ser elegible para un título de licenciatura. Tomé FORTRAN. Lo mejor que puedo recordar es que fue desarrollado en 1958 como una versión temprana de la programación. Hoy en día está allá arriba junto al teléfono giratorio en términos de utilidad. Mi diploma debería haber estimado el valor de expiración en quizás diez años.

Imagine que tiene una licenciatura en biología. El conocimiento que tenemos ahora ¿será actual dentro de diez años? Por supuesto que no. Su diploma tiene una fecha de caducidad incorporada—A nosotros simplemente no nos gusta confrontarlo. Las universidades no quieren poner un sello en su diploma—"Bueno para los próximos 15 años." Por lo tanto, pretendemos hacer un gran trabajo con el conocimiento que recolectamos hace veinte o treinta años. Y como resultado, sofocamos la innovación y la oportunidad.

Yo sé, existe la presión de tener un grado para obtener un retorno de la inversión y así justificar los gastos y el tiempo invertido. Pero cada día aparecen nuevas oportunidades. El lugar de trabajo no permanece igual. Usted no es el mismo. Usted puede descubrir y desarrollar habilidades que se presten a la trayectoria de una carrera completamente nueva.

La gente se siente atrapada por "demasiada" educación y debido a que "no es suficiente" la educación. Tengo un abogado amigo que es "demasiado educado para avanzar" a algo que mezcla lo mejor de sus habilidades, talentos y pasiones. Y por supuesto yo he encontrado muchas personas que están convencidas de que no están suficientemente capacitados para ser candidatas para lo que sus corazones les están llamando a hacer.

Necesitamos ampliar nuestra comprensión de lo que constituye la "educación".

El mundo no le paga por lo que usted sabe, pero por . . .

Bueno, voy a seguir adelante y terminar la frase:

El mundo no le pagan por lo que usted sabe, sino por lo que usted hace. Supongo que todos hemos de reconocer esta verdad, y aun así estoy sorprendido por el número de personas a las que encuentro atascadas en el análisis, el aprendizaje, la planificación y la organización, cuando lo que realmente necesitan hacer es tomar acción. Creo que más que nada eso es lo que separa a los ganadores de los perdedores—los ganadores toman acción.

Una vez vi a Jack Canfield demostrar esto en un seminario, el sostuvo un billete de 100 dólares y preguntó, "¿quién quiere este billete de 100 dólares?" La gente por todo el cuarto dijo, "yo" o "por favor escójame" y Jack sólo se quedó allí ondeando ese billete de 100 dólares y continuaba preguntando, "¿quién quiere este billete de 100 dólares?" Finalmente, alguien saltó de su asiento, corrió hacia el frente, y lo tomó de su mano. Entonces él preguntó, "¿Qué hizo ella que nadie más hizo?", correcto, ella tomó acción.

Si usted estuviera en ese salón, podría compartir las razones dadas por aquellos que continuaron en sus asientos:

- "Yo no quería parecer que o necesitaba tanto."
- "Yo no estaba seguro de si realmente me lo daría."
- "Pensé que alguien más llegaría primero."
- "Pensé que debía de haber un truco en algún lugar —que no lo regalaría realmente."
- "Yo no quería parecer codicioso."
- "Yo estaba esperando más instrucciones."

Y entonces Jack señalo sutilmente que las cosas que decimos a nosotros mismos son probablemente las mismas cosas que estamos diciendo y que nos detienen en otras áreas de nuestras vidas. Si tiene cuidado aquí, usted probablemente es cauteloso en todas partes. Si se retiene por miedo al ridículo, probablemente se retiene por temor al ridículo en la mayoría de las situaciones. Si necesita más instrucciones aquí, probablemente encuentre que necesita más instrucciones antes de seguir adelante. Si supone que ya se ha hecho o alguien seguramente le ganara, usted está perdiendo oportunidades únicas.

Henry Ford dijo, "usted no puede construir una reputación sobre lo que va a hacer."[3]

Cualquier éxito que he tenido ha llegado como resultado de hacer algo—La mayoría del tiempo antes de que haya hecho mucha investigación y planeación. La primera versión de *48 Días Hacia el Trabajo que Ama tenía* una portada azul fea y fue impresa en Kinkos, sostenida con una encuadernación en espiral. A continuación, agregamos una grabación en casete independiente que hice en la casa de un amigo. No edición, corrección, no introducciones de música. Pusimos una versión rudimentaria y la gente empezó a comprarla. Si yo hubiera esperado hasta saber cómo hacer todo bien, probablemente me habría perdido el primer millón en ventas.

¿Qué necesita para empezar a HACER?

Los desempleados con educación

Apuesto a que usted puede nombrar a diez personas con títulos universitarios de lujo y que están luchando para encontrar trabajo en este momento. O simplemente se tomaron la dificultad de encontrar trabajo como un motivo para volver y obtener otro grado —seguros que con otro papel alguien les "dará" un trabajo.

¿Sabía usted que la investigación indica que nuestras universidades están graduando exactamente diez veces más personas con títulos en psicología cada año que el número de trabajos disponibles para psicólogos? Pero, están los consejeros de orientación universitaria diciéndole a estos niños con los ojos brillantes, "habrá solo un trabajo por cada diez de ustedes. El resto de ustedes tendrán que buscar alguna otra forma de pagar sus préstamos estudiantiles y ganarse la vida." Por supuesto que no. Motivamos aún más para conseguir ese grado en psicología, ciencias políticas, diseño gráfico o para aquellas personas crónicamente indecisas —"estudios universitarios".

Por supuesto, si usted no está seguro acerca de un enfoque claro, usted puede tomar clases (sí, todas estas son verdaderas clases que ofrecen) en *el arte de caminar, el jarabe de arce, la vacación americana, encontrar fechas que vale la pena conservar, o el asombroso mundo de las burbujas.*

No es de extrañar que tenemos un número creciente de desempleados "educado" en nuestras filas. Recientemente, una profesional de RRHH me dijo que ella ha entrevistado a más de mil cien personas en los últimos doce meses. En sus propias

Oh sí, tengo una licenciatura en psicología y una maestría en psicología clínica. Estudios muy agradables y aprendí mucho sobre mí mismo. Luego de ello tuve que descubrir cómo ganarme la vida.

De su formación o experiencia, ¿Qué lo hace "emplearle"? ¿Qué valor aporta a la empresa si tiene o no un título?

"Sobre calificado"

No quiero herir sus sentimientos así que tan sólo voy a decir que esta "sobre calificado".

Nunca he rechazado un candidato porque sentía que él o ella era excesivamente calificado, y francamente, no creo que nadie lo haga.

Se me acercó un joven recientemente tras una presentación. Su pregunta fue: —*"¿Qué hace cuando está excesivamente calificado para cualquier trabajo disponible?"* Él procedió a decirme que tenía un grado de maestría en salud pública y que le habían dicho en varias entrevistas que estaba "sobre calificado".

Ahora piense en la realidad aquí—¿en qué escenario estaría usted "sobre calificado" para que lo eliminaran de cualquier consideración? Si mi mecánico obtiene la certificación adicional voy a decirle, ¿"no quiero que trabaje en mi auto—me temo que usted es demasiado inteligente"? Si se presenta a un simple examen físico y descubre que el doctor es un cardiólogo, ¿se retiraría porque él es excesivamente calificado? Si usted está eligiendo un terapista de masaje y descubre que un competidor tiene un doctorado en anatomía, ¿eliminaría usted a esa persona? Si usted necesita una recepcionista con una gran personalidad, ¿rechazaría a la candidata que más le gusto si descubre en el último minuto que tenía un máster en Literatura inglesa? ¿enviaría lejos a un carpintero porque tenía demasiada experiencia?

Como en cualquiera de estas situaciones, la única justificación para decirle a una persona que esta "sobre calificada" probablemente se encuentre en esta lista:

- Creemos que esta sobre vendiendo sus habilidades.
- No pensamos que sea un buen miembro de nuestro equipo.
- Usted no nos gusta.
- No confiamos en usted.
- Usted quiere demasiado dinero.
- Creemos que es demasiado arrogante y condescendiente.
- Sospechamos que usted se iría tan pronto encuentre algo mejor.

Por favor, escuche mi sutil consejo—que le digan que usted "es demasiado experimentado" o "excesivamente calificados" es simplemente una forma políticamente correcta de decirle que no están convencidos de que lo quieren en su equipo de trabajo. Esta declaración es un *disfraz*—y una forma segura para que parezca que la persona lo está felicitando. Pero realmente no tiene nada que ver con sus calificaciones, conocimientos y talentos. Es un término sin sentido que protege a la empresa de ser sincera acerca de la verdadera razón por la que no lo ven como una buena opción. Olvídese de sus grados—trabaje en habilidades de una entrevista que hacen que la gente le guste usted, confíe en usted, y quieran estar a su alrededor.

Para ayudar a mantener nuestra propiedad, contratamos a un joven como nuestro "gerente de embellecimiento de la yarda." solo estábamos buscando a alguien para mantener nuestros jardines de flores y mantenerlos libres de malezas. Yo tenía de treinta y cinco a cuarenta personas que aplicaron y que podrían sacar la mala hierba y que sólo querían un trabajo. Este joven tiene un grado en horticultura, tiene licencia y está vinculado al estado de Tennessee, el hizo caso omiso de mi oferta salarial por hora, y me entrego una propuesta de cuatro páginas en la que ofrecía el cuidado durante todo el año. ¿Lo rechacé porque estaba claramente "sobre calificado" con respecto a los otros candidatos? No, me encantó su profundo conocimiento. Pero lo que realmente incline la balanza fue que tanto a Joanne como a mi simplemente nos gustó como persona. Nos sentimos cómodos con él, agradecimos su respeto y su concentración en hacer que nuestra luzca Hermosa en lugar de en cuánto tiempo se le pagaría.

Por cierto, el joven que mencione anteriormente y quien estaba convencido de estar "sobre calificado" estaba muy a la defensiva, convencido de que se trataba puramente de su brillantez, calificaciones y capacidad superior lo que hizo que las personas se sintieran inferiores a su alrededor y que él era impotente para cambiar esa realidad. Yo descanso mi caso.

¿Alguna vez alguien le ha sugerido que usted estaba "sobre calificado"? ¿Cuál fue el mensaje que sintió en sus entrañas?

Si está escuchando esta frase mucho en sus entrevistas, busque la verdadera razón por la que no está obteniendo oportunidades. Estoy seguro de que está en consonancia con uno de los puntos anteriores. No hay tal cosa llamada "sobre calificado".

El reto del cambio

"¿Aún hay tiempo de hacer que mi vida cuente?" Recientemente me encontré con un joven de veintisiete años quien me hizo esta misma pregunta. "Por favor dígame", continuó, "que sólo porque empecé como un abogado no significa que mi vida este archivada… Anímeme a encontrar un deseo motivador una vez más. Creo que lo he perdido." ¿es demasiado tarde para este joven confundido?

¿Cuándo llegamos al punto de no retorno y tenemos que conformarnos con la vida que hemos elegido o que haya sido elegida para nosotros?

Cada vez hay más personas que dicen, "todavía no sé qué quiero hacer cuando crezca." y esto viene no sólo de las personas que están en sus veinte años de edad, sino también de los que están en los cuarenta y cincuenta. La gente suele decir esto con vergüenza, pero la búsqueda de un significado claro debe ser una constante para cada uno de nosotros. Es saludable en cualquier punto el trazar la línea en la arena y preguntar, "¿Quién soy?" y "¿Por qué estoy aquí?" Si usted todavía vive su vida basada en decisiones tomadas cuando tenía 18 años, tiene motivos para estar preocupados. Las cosas han cambiado. Usted ha cambiado.

¿Por qué alguien permanecería en una posición que evidentemente no le gusta? ¿Es ser responsable el continuar día tras día en el trabajo que no abarca nuestros talentos y pasiones? ¿Es un compromiso con la responsabilidad o un miedo lo que nos mantiene en una situación como ésta? Creo que es el miedo. Cuando ofrezco un seminario sobre el cambio de empleo o el iniciar empresas, la pregunta que más surge es, "¿Cómo puedo superar mi temor de avanzar en una nueva dirección?" y luego la gente se pregunte, "¿Qué pasa si intento algo nuevo y fallo? ¿Cómo podría posiblemente empezar de nuevo?".

"Fracaso exitoso"

"Dan, me gustaría oír más de sus reflexiones sobre el fracaso. Dado que la mayoría de nosotros probablemente vamos a fallar varias veces, ¿qué aspecto tiene un 'fracaso exitoso'? ¿Cuánto deberíamos arriesgar en la búsqueda de nuestros sueños? Como usted suele decir, no debemos sentirnos paralizados por el miedo al fracaso, pero dudo que usted sugeriría que arriesguemos nuestro matrimonio, salud, vivienda, etc., mientras alcanzar nuestros objetivos. ¿Cuál cree que es el justo equilibrio en esta área?" Gracias, Evan

Buena pregunta, Evan. y creo que realmente hay "fracasos exitosos" en la vida. Eso no es un oxímoron. Napoleón Hill dijo una vez: "El fracaso parece ser el plan de la naturaleza para prepararnos para grandes responsabilidades."[4]

Por lo tanto, parte de la cuestión es—¿usted quiere hacer algo grande en cualquier área? Si está contentos con la mediocridad en su vida, entonces usted va a tratar de protegerse de cualquier fallo. Sólo reconozca el intercambio.

Pero aquí hay una distinción importante: no es sólo lo que se hace en un puesto de trabajo o su negocio, que le identifica como un éxito o un fracaso.

No tener "noches de citas" o decir "te amo" a diario pondrá su matrimonio en riesgo de fracaso.

Pasar sesenta y cinco horas a la semana en su trabajo pondrá su bienestar emocional en el riesgo de fracaso.

Comer Twinkies y Big Macs y no hacer ejercicio pondrá su salud en riesgo de fracaso.

El financiamiento de un auto o pagar más del equivalente de un mes de ingresos en efectivo pondrá su salud financiera en riesgo de fracaso.

Pasar menos de una hora al día en el desarrollo espiritual y personal lo pone en riesgo de fracaso.

Esperar que una compañía continúe dándole un cheque le pone en riesgo de fracaso.

Estas son las maneras en que la gente se prepara automáticamente para el "fracaso" totalmente al margen de si su objetivo es una opción de trabajo adecuado. La contraparte de esto es, si tienen éxito en todas las áreas mencionadas anteriormente, entonces el "fracaso" en un trabajo o negocio no es agobiante. Es simplemente un área para reajustar y empezar de nuevo. He oído que Richard Branson no invertirá en ninguna empresa, a menos que la persona responsable haya fallado por lo menos dos veces. Estoy convencido de que si no hubiera tenido un gran fracaso en el negocio de hace unos años—dejándome con una pérdida de 430.000 dólares—yo habría continuado con una visión no realista de mi toque de oro. Creo que necesitaba esa experiencia para abrir mis ojos—no para hacerme cínico, sino para ayudarme a crear una estructura empresarial más sólida en el futuro.

También estoy totalmente convencido de que alguien que comete suicidio tras perder un empleo o negocio ha descuidado la excelencia y éxito en las áreas más importantes de la vida. Tener sustanciosos depósitos en las relaciones, el bienestar espiritual, salud y conexiones sociales actúan como un amortiguador en llevarle a través de cualquier fracaso temporal en los negocios. Si usted tiene un trabajo, es voluntario de su tiempo, o iniciar el próximo Microsoft—ninguno de estos determinará por si solos el éxito de tu vida.

Por lo tanto, esto es lo que recomiendo para arriesgarse en las áreas de trabajo de nuestras vidas:

- Asumir la responsabilidad de donde está—ya sea Buena o mala.
- Continúe haciendo depósitos de éxito en las áreas de desarrollo físico, espiritual, personal, y en las relaciones de su vida.
- Perseguir la labor que involucre sus pasiones, así como sus habilidades.

- Sopesar los requisitos financieros muy cuidadosamente. Personalmente, tengo siete áreas diferentes de generación de ingresos en mi pequeño negocio. De este modo, si una "falla" no es devastador.

- Reconocer que una pérdida financiera temporal no necesita ser el fin de su empresa. Probablemente es sólo una llamada de atención, que le ayudara a hacer reajustes para conseguir mayores éxitos en el futuro. Realice los ajustes y sepa que usted está ahora más cerca de su éxito final.

Así que, Evan, reconozca que muchas personas "corren el riesgo de fracasar en sus matrimonios, salud, vivienda, etc.", mientras tratan desesperadamente de aferrarse a un "trabajo real". Identificar su pasión, crear un minucioso plan de acción, y moverse hacia una nueva aventura laboral pueden ser lo que le reduce riesgo e incrementa sus oportunidades hacia el verdadero éxito. Gracias por preguntar.

¿Intentar y fallar? ¿O no tratar en absoluto?

Aproximadamente cada año me gustaría ver la película *Leones por corderos*. En esta película, un alumno brillante pero apático le pregunta a su profesor (interpretado por Robert Redford), " ¿Hay alguna diferencia en intentar, pero fallar, y sencillamente no intentar— si se termina de todos modos en el mismo lugar?" Él estaba tratando de justificar tomar en el camino seguro, nunca realmente tomar una postura o intentar algo grande.

¿Qué piensa usted? ¿se restringe de intentar o hacer algo debido a la posibilidad de fracaso? ¿qué pasa si intento obtener la promoción, pero fallo en lograrla, comenzó un negocio, pero perdió su inversión, o intento un sistema de mercadeo multinivel pero no logro nada más que un garaje lleno de vitaminas —¿está usted mejor de alguna manera? ¿Habría sido mejor tu vida si hubiera evitado la molestia y la decepción?

Sí, yo escucho a diario de gente que intentó algo y fracasó. Un caballero perdió 11 millones de dólares en un negocio de gas y petróleo. Otro, había recibido una herencia de su abuela por 3.2 millones de dólares y los perdió en un negocio fallido de ropa al por menor. Un amigo cercano perdió $24 millones en un fallido desarrollo inmobiliario. Las investigaciones demuestran que, si usted es menor de 30 años, hay un 90 por ciento de probabilidades de que sea despedido en algún momento en los próximos veinte años. Bernie Marcus fue despedido de un trabajo como gerente del Handy Dan Improvement Center, y después de ello inicio la empresa Home Depot. Hace algunos años experimente un "fracaso" horrible en un negocio— teniendo que pedir prestado un carro para manejar y generar ingresos nuevamente. ¿Debería haber evitado el dolor y la angustia tomando un camino más seguro, o fue esa experiencia el catalizador necesario para aprender los principios que lanzaron el éxito que disfruto hoy? *Mi teoría es que usted será una persona más brillante y mejor por intentar algo grande- incluso si "falla".*

No puedo encontrar la cita que escuche una vez así que voy a improvisar, pero esencialmente es esta:

"Si el fracaso no es una posibilidad entonces ganar no es tan dulce." Piense en esto: cuando usted juega un partido de fútbol, la posibilidad de perder es lo que hace el ganar tan gratificante. ¿No es cómo es con casi todo? Escucho a la gente cada día que tienen sueldos buenos y garantizados—y están aburridos mentalmente. Es la gente que navega en aguas desconocidas las que consiguen la emoción de la victoria.

Estoy totalmente convencido de ello: Si no está intentando algo ahora donde tiene una fuerte posibilidad de fracaso, su vida es aburrida. Quiero probar cosas nuevas constantemente donde tengo

50/50 posibilidades de éxito. Todas las cosas importantes que estoy haciendo este año tenían el potencial de no funcionar—y el jurado todavía está en algunas.

¿Su experiencia de vida le ha enseñado a intentar cosas grandes? ¿Ha aprendido a mantener un perfil bajo para evitar el fracaso? ¿O ha encontrado que el "fracaso" conduce a mayores éxitos?

Cuando hay cambio, hay semillas de oportunidad

¿Usted ve el cambio como un proveedor de nuevas oportunidades o como una amenaza a la seguridad esperada? ¿Qué es la "seguridad"? ¿Es un futuro garantizado? ¿Una empresa que proporciona beneficios médicos, tiempo de vacaciones, y un plan de jubilación? Ya no. Hoy en día no es probable que la seguridad proceda de un trabajo, una compañía o el gobierno. El General Douglas MacArthur dijo, "La seguridad radica en nuestra capacidad para producir."[5].

Al contrario de la definición de MacArthur está la de George. George ha estado con la misma empresa por 23 años, pero odia su trabajo. Él se ha perdido muchas experiencias en la vida de sus hijos, trabaja los días en que su esposa tiene descanso, y su salud se está deteriorando. Pero él no puede imaginarse la idea de dejar la seguridad" de su trabajo.

Ahora permítanme decirles cómo atrapar monos en África. Los nativos toman un coco y en un extremo cortan un agujero lo suficientemente grande para que un mono pueda introducir su mano. Al otro extremo del coco le atan una cuerda larga. A continuación, tallan el interior del coco y ponen dentro unos cacahuetes. Luego, colocan el coco en un área visible y se esconden en los árboles sosteniendo el otro extremo de la cuerda. Los monos alrededor olfatean los cacahuetes y alcanzan a meter la mano en el interior del coco y agarran un puñado. Pero ahora, con un puñado, su mano es demasiado grande para retraer a través del pequeño orificio. A continuación, los nativos tiran la cuerda y llevan al mono tonto al cautiverio porque el mono no deja ir esos pocos cacahuetes que él pensó que deseaba. ¡Ay! ¿Suena eso como una política de empresa?

La única "seguridad" es saber lo que usted hace bien. El conocer sus áreas de competencia le dará la libertad en medio de las políticas corporativas y despidos inesperados. Una vez le preguntaron a Wayne Gretzky por qué él era un gran jugador de hockey. Él respondió con un elocuente bocado de sabiduría: "Simplemente me dirigí hacia *donde iba a estar* el disco" Un jugador promedio se iría a donde estaba o está el disco.

El cambio es inevitable, pero hay ventajas del cambio. Los incendios forestales limpian la maleza y así protegen del peligro a los árboles más altos. Muchos ambientalistas han estado obsesionados con la prevención de cualquier incendio controlado para eliminar la maleza, y consecuentemente, hemos visto grandes incendios forestales en los últimos años. Toda esa maleza proporciona un escenario perfecto para un desastre incontrolable cuando llega el inevitable incendio. Quizás necesitamos los pequeños fuegos de cambio en nuestras propias vidas periódicamente para mantenernos menos vulnerables a los cambios importantes.

¡Muévase del clavo!

Un vecino vio un perro viejo acostado en un porche de entrada. Al oír al perro gemir suavemente, el vecino se acercó al porche. Le pregunto al propietario por qué el perro estaba quejándose. El propietario dijo, "está acostado sobre un clavo." El vecino preguntó: "Bueno, ¿por qué no se mueve?", a lo que el dueño contestó, "Supongo que todavía no le duele lo suficiente".

Mucha gente es como ese perro viejo. Se quejan y gimen sobre su situación, pero no hacen nada. ¿Qué tan malo tiene que ser el dolor para que usted se levante y haga otra cosa? Si está en medio de un ambiente negativo, dese una mirada fresca a sí mismo, defina a donde quiere estar, y desarrolle un plan de acción claro para llegar allí.

El cambio, aunque incómodo, nos obliga a reevaluar cuáles son nuestras mejores opciones. Los tiempos de las transiciones son grandes oportunidades para buscar patrones recurrentes en su vida y hacer los ajustes necesarios para construir sobre lo bueno y reducir lo malo.

Nosotros nos convertimos fácilmente en criaturas de hábito. Un tren crea una gran cantidad de impulso para seguir moviéndose por la misma vía. Se necesita una fuerza inusual o inesperada para redirigir ese tren. Por eso es que, sin cambiar en alguna forma, somos propensos a seguir el mismo camino.

A menudo, el trabajar con profesionales, me recuerda lo difícil que es para ellos el ver las cosas de nuevas maneras. Se vuelven tan acostumbrados a hacer las mismas cosas de la misma forma que cualquier cambio es percibido como una amenaza para la vida, aun si la situación actual es frustrante o negativa. Ellos tienen tanto entrenamiento en pensamiento estrecho que algo diferente es intimidante.

Tratar con obstáculos en nuestro camino

En tiempos antiguos, un rey, queriendo probar sus súbditos, coloco una piedra en la carretera principal que conduce a su ciudad. Luego se escondió y miró para ver las reacciones de la gente. Algunos de los comerciantes más adinerados del rey y cortesanos vinieron y simplemente caminaron alrededor de la piedra. Muchos culparon al rey abiertamente de no mantener los caminos claros. Ninguno hizo algo para remover la piedra grande del camino. Entonces, vino un campesino quien llevaba una carga de verduras. Acercándose a la roca, el campesino puso su carga e intentó mover la piedra al lado de la carretera. Después de empujar y esforzarse, finalmente lo logró. A medida que el campesino recogia su carga de verduras, noto una cartera situada en el camino donde había estado la roca. La bolsa contenía muchas monedas de oro

> *"Los obstáculos son esas cosas aterradoras que usted ve cuando quita su mirada de la meta."*
> **– Hannah More** [6]

y una nota del rey que indicaba que el oro era para la persona que moviera la roca de la carretera. El campesino aprendió lo que muchos otros nunca entienden. Tomar la iniciativa presenta recompensas inesperadas.

Si usted le pregunta a un grupo de niños de segundo grado, "¿Cuántos de usted puede dibujar, cantar o bailar?" Cada mano se levantará a medida que cada niño clame por una oportunidad para probar sus múltiples habilidades. Pregúntele al mismo grupo cuando estén en primer año de secundaria y quizás la mitad de ellos reclamaran cualquiera de estas habilidades. Pregunte al mismo grupo cuando estén en la edad de treinta y cinco años, y usted encontrará quizás dos o tres que se desempeñan adecuadamente en cualquiera de estas áreas. ¿Qué ha sucedido? ¿Todos ellos perdieron las habilidades anteriores? No, nos acostumbramos a caminos muy familiares en nuestras vidas y eliminamos muchas posibilidades a lo largo del camino.

Gran parte de mi éxito como un entrenador de vida es en ayudar a la gente a ver una vez más nuevas posibilidades; para pelar las capas de la vida y liberar esos sueños de la infancia o para considerar soluciones que nunca han contemplado. Un cambio inesperado puede ayudar a iniciar este proceso.

Preguntas comunes de Carrera

1. *¿Debo encontrar un trabajo y permanecer en él hasta que me jubile?*

El trabajo promedio en los Estados Unidos para alguien entre los dieciocho y cuarenta y dos años de edad tiene una duración de 2,2 años, y el trabajador norteamericano promedio tendrá de catorce a dieciséis trabajos diferentes en su vida de trabajo. Usted debe desarrollar un sentido de lo que puede contribuir que va más allá de sólo una empresa u organización. Una trayectoria de carrera hoy probablemente requerirá pasar de una organización a otra, creando una imagen de trabajar su manera a través de un laberinto, más que subir una escalera vertical. De hecho, un ascenso vertical dentro de una organización es muy probable que le lleve lejos de sus áreas de competencia más fuertes.

2. *¿Tengo que lidiar con el cambio?*

El cambio es inevitable. Es implacable y no discriminatorio. Nuestra única opción es cómo vamos a responder a éste. Si conoce sus competencias más fuertes, está preparado y tiene un enfoque claro, usted tendrá un sentido de continuidad—no una sensación de empezar de nuevo cada vez que se enfrenta a un cambio de empleo.

3. *¿Cómo puedo evitar que el trabajo controle de mi vida?*

Primero, decida qué tipo de vida desea, a continuación, planifique su trabajo en torno a esa vida. Asegúrese de construir en prioridades equilibradas. Intercambie su tiempo por prioridades de valor que van más allá de simplemente más dinero. Apártese de la idea de que más tiempo equivale a más éxito. Si usted trabaja más de cuarenta y cinco a cincuenta horas a la semana en su trabajo (incluyendo tiempo de transporte), está limitando el éxito en otras áreas de su vida. No espere que todo su satisfacción, plenitud, valor y significado provengan del trabajo que realiza. Asegúrese de estar haciendo depósitos de éxito en las siete esferas de su vida (véase el capítulo 4).

4. *¿Qué pasa si no quiero otro trabajo corporativo? ¿Tengo otras opciones?*

Muchas personas están cambiando a los nuevos modelos de trabajo. Hay muchas variedades de modelos de trabajo disponibles: consultores, trabajadores autónomos, los trabajadores temporales, contratistas independientes, etc. Además, hay muchas opciones para las empresas que puede ejecutar usted mismo (véase el capítulo 11).

5. *No tengo una educación universitaria. ¿Qué puedo hacer?*

Reconocer que el 85 por ciento de la razón por la cual la gente logra promociones y oportunidades en las empresas es debido a sus habilidades personales—la actitud, el entusiasmo, la autodisciplina y experiencia interpersonal. El 15 por ciento de la razón por la cual la gente sube es debido a razones técnicas o a las aptitudes pedagógicas y credenciales. Los entornos de trabajo actuales crean un campo de juego nivelado. Si usted tiene las habilidades personales y "emocionales de inteligencia" puede hacer cualquier cosa que desee.

6. *Mi currículum me tiene en una ruta de la que no puedo salir. ¿Qué puedo hacer?*

Reconstruya su hoja de vida, destacando sus áreas de competencias transferibles en lugar de sólo enumerar sus descripciones de puestos de trabajo. Mostrando su pericia en administración, planificación, ventas, marketing, formación, supervisión, análisis financiero, etc.

Estas habilidades son transferibles de una industria o profesión a otra (véase el capítulo 6).

Abordar el cambio

Es posible que usted se esté formulando algunas preguntas difíciles:

- ¿Esto es realmente todo lo que hay?
- ¿Estoy haciendo lo que Dios quiere que haga?
- ¿Tiene mi vida un propósito?
- ¿Hice un giro equivocado en alguna parte?

¿Estás listo para el cambio?

La mejor manera de enfrentar el desafío del cambio es estar preparado para responder.

En primer lugar, mírese a usted mismo. Cuanto más se comprenda, más puede avanzar con valentía y confianza.

Cuando llegue al cielo, Dios no va a preguntarle por qué no fue más como la Madre Teresa. Es probable que le pregunte por qué no fue más como usted. Su responsabilidad y la verdadera fuente de la libertad y éxito es descubrir quién es. Dirija con sus propios talentos y personalidad única. Sea auténticamente usted y deje que Dios lo use.

El poder de conocerse usted mismo actúa como una brújula a través del cambio. Usted necesita ese núcleo inalterable, sabiendo cómo Dios lo ha dotado a usted y a lo que valora en forma única. Con ese conocimiento se puede forjar a través del cambio con una orientación clara y un propósito inquebrantable.

Encontrar un empleo es un proceso carente de sentido hasta que se desarrolle un enfoque claro que es apropiado para usted.

Sólo porque tiene la *habilidad* de hacer algo no significa que sea adecuado para usted. Este es un punto muy importante que no se puede enfatizar lo suficiente. Muchas personas han sido mal dirigidas porque tenían la capacidad de hacer algo bien. En esta etapa de su vida, probablemente tenga la capacidad de realizar con éxito de una a dos cientos de cosas diferentes en términos de carrera.

Dennis es un dentista de cuarenta y tres años. El año pasado hizo más de 300.000 dólares. Su práctica está creciendo, y su "éxito" se refleja en su hermosa casa y las vacaciones que él y su familia toman. Sin embargo, él también está siendo tratado por depresión y está sobrepasado cada vez más por los ataques de pánico y el temor de ir a la oficina. Al trabajar a través de este proceso, hemos descubierto que mientras Dennis tiene la capacidad de ser un dentista, él está viviendo el sueño de sus padres, no la suya. Ahora él ha vendido su práctica odontológica y ha regresado a la escuela para obtener su grado en asesoramiento familiar.

Genialidad es la capacidad de visualizar claramente el objetivo.

"¡Todos los comienzos son esperanzadores!"

Esto es realmente una cita del presidente de la Universidad de Oxford, pronunciada a estudiantes de primer año en 1944 en medio de una guerra mundial. En mi asesoría a gente que está pasando por cambio, a menudo me veo sorprendido por su desánimo, frustración y resentimiento. He venido a reconocer, sin embargo, que esos sentimientos revelan que la persona está mirando hacia el pasado. Hacia algo que ya ha ocurrido. Tan pronto como seamos capaces de crear un plan claro para el futuro, esos sentimientos se disipan y se sustituyen por la esperanza, el optimismo y entusiasmo. En todos mis años de entrenamiento, nunca he visto a una persona que tenga un plan claro y metas para el futuro y que también esté deprimido. Simplemente no pueden ir juntos.

Viktor Frankl, en su librito maravilloso El *hombre en busca de Sentido*, relaciona sus observaciones en personas en campos de concentración alemán. La edad, la salud, la educación o la capacidad no podrían predecir quién sobreviviría las atrocidades cometidas allí. Más bien fue actitud- sólo aquellos que creían que había algo mejor en el mañana fueron capaces de sobrevivir y, en última instancia, se alejaron de esos campamentos.[7]

¿Se siente desalentado? ¿Miserable en tu trabajo? ¿Acaba de perder su negocio? Regálese un nuevo comienzo mañana. Todos los comienzos son esperanzadores. Y sí, las empresas están esperando para contratarlo a usted—si usted es una persona que ellos quieren en su equipo.

Cuenta regresiva hacia el trabajo que amo

1. Responder a la declaración, "todo progreso requiere cambiar, pero no todo cambio es progreso".
2. ¿Ha garantizado usted su seguridad en el empleo?
3. ¿Cuál cree usted que es la «vida útil» de su diploma?
4. De su entrenamiento o experiencia ¿qué haría emplearle? ¿Qué valor aportaría—independiente de si tiene o no un título?
5. ¿Ha experimentado ningún «fracaso» en tu carrera? Si es así, ¿a qué conllevo?
6. ¿Cuáles son tus metas y ambiciones de infancia? ¿Cuáles ha podido realizar?
7. ¿Quiénes son dos o tres personas que usted conoce que parecen haber cumplido sus sueños? ¿Qué recuerda acerca de sus logros?
8. ¿Cómo se imagina usted su retiro?

Visite www.48Days.com/worksheets para obtener más información sobre ser una persona otros conocen, les gusta y en quien confían.

CAPÍTULO 3

Sí, tengo una "Educación"

Dos caminos se bifurcaban en un bosque amarillo,
Y apenado por no poder tomar los dos
Siendo un viajero solo, largo tiempo estuve de pie
Mirando uno de ellos tan lejos como pude,
Hasta donde se perdía en la espesura;
Entonces tomé el otro, imparcialmente,
Y habiendo tenido quizás la elección acertada,
Pues era tupido y requería uso;
Aunque en cuanto a lo que vi allí
Hubiera elegido cualquiera de los dos.
Y ambos esa mañana yacían igualmente,
¡Oh, había guardado aquel primero para otro día!
Aun sabiendo el modo en que las cosas siguen adelante,
Dudé si debía haber regresado.
Debo estar diciendo esto con un suspiro
En algún lugar de aquí a la eternidad:
Dos caminos se bifurcaban en un bosque y yo,
Yo tomé el menos transitado,
Y eso hizo toda la diferencia.
-Robert Frost, "EL CAMINO NO ELEGIDO"

Nick creció en Columbus, Ohio, en una familia donde el papá era abogado y su madre era maestra. Él nunca ha tenido un trabajo porque sus padres querían que se concentrara en sus estudios. Ellos contrataron a un entrenador para ayudarle a prepararse para el examen de admisión a la universidad y para el deleite de cada uno fue aceptado en una prestigiosa universidad donde consiguió un puntaje de 3,7 y un título universitario en inglés. Él ahora está buscando un trabajo.

Chuck también creció en las afueras de Columbus, Ohio. Su mamá era soltera, así que el busco maneras de ganar dinero desde que tenía seis años, entregando volantes en el vecindario, luego lavando y encerando los carros de los vecinos, haciendo y vendiendo su propia marca de raspado de hielo dulce, y a continuación, convirtiéndose en el número uno en entrega de pizza tan pronto como tuvo la edad suficiente para conducir. Tuvo dificultades en la escuela, pero a los diecisiete años su talento como corredor de bicicleta le consiguió un lugar en el equipo de competencias BMC, donde recibió entrenamiento y viajo internacionalmente.

Tanto Nick como Chuck tienen ahora veintidós años y están buscando trabajos. Si usted tuviera una empresa en crecimiento, ¿a cuál de los dos le gustaría tener en su equipo de trabajo?

¿Nick tienen una "educación", mientras que Chuck no?

Nuestras ideas acerca de la educación están siendo sacudidas. Las principales compañías se están alejando de un enfoque en puntajes de exámenes de admisión (SAT, GPA, en estados unidos de América), nombres de las instituciones universitarias, y de las credenciales. En su lugar, están mirando ¿cómo ésta persona piensa, resuelve problemas, lidera y gestiona el fracaso. Reflexione sobre cómo el "aprender" tuvo lugar incluso hace veinte años. Usted pasó mucho tiempo con la misma gente semana tras semana. Dependiendo de donde usted vivía, estos podían incluir el encargado de la estación de gas, el propietario de la tienda de comestibles local, sus padres, un profesor o dos, y niños que fueron sus amigos del vecindario. El "aprendizaje" tuvo lugar en la escuela con un profesor responsable de su clase. Si usted era de una familia privilegiada, puede haber sido lo suficientemente afortunado como para tener una enciclopedia británica en su casa—dándole acceso a una gran cantidad de información. Las opciones después de la escuela secundaria eran claras. Si quería una "educación", usted se trasladaba al lugar donde se controlaba la información adicional— la universidad. Las universidades tenían librerías grandes con los libros y estudios de investigaciones no disponibles para estudiantes de los pueblos pequeños. Pocas personas tuvieron la oportunidad de ir a la universidad ya que era costoso y requería otros cuatro años fuera del campo de trabajo. Estaba claro que los graduados universitarios tenían más acceso al conocimiento y a la información y finalmente obtuvieron mejores empleos e ingresos. Por lo tanto, la aparente causalidad era obvia: si deseaba un mejor trabajo y más ingresos, debía ir a la universidad y obtener un título.

¿Qué significa ser "educados"?

Pero ¿cuál es la realidad actual? Las universidades se convirtieron en grandes empresas con dormitorios, bibliotecas y estadios deportivos para financiar y apoyar. Se necesitaban más estudiantes para sostener los continuos costos de las propias instituciones. Se bajaron los estándares de excelencia para atraer y mantener a más estudiantes. Así mismo, el valor único de un título universitario disminuyó. Pero durante ese tiempo nuestro acceso a la información privilegiada ha cambiado drásticamente. Muchos de nosotros ahora llevamos algún tipo de dispositivo en nuestro bolsillo que nos proporciona acceso instantáneo a toda esa recopilación de conocimientos humanos y nos permite comunicarnos con la élite intelectual y económica en cualquier parte del mundo. Si usted es un niño pobre de Alabama, una hija de padres con altos ingresos de la ciudad de Nueva York, o uno de once hijos de una familia viviendo como ocupantes ilegales en Nairobi, Kenya, usted tiene acceso a esa abundancia de información almacenada y desarrollada diariamente.

Ya no es un privilegio único el tener acceso a esa información y ya no es necesario estudiar, aprender y memorizar lo que está disponible instantáneamente. ¿Desea conocer la capital de Ucrania? Simplemente haga la pregunta en su teléfono y obtendrá la respuesta al instante.

¿Necesita saber la raíz cuadrada de 3.456? No requiere que elaborar procesos complicados en un papel—cualquiera puede acceder inmediatamente a la respuesta de 58.79. Esta no es una mejora gradual o una oportunidad. Este es un salto asombroso, disruptivo y transformador—con enormes consecuencias para la "educación".

Si los empresarios saben que cualquiera tiene acceso a las mentes más brillantes del mundo y la persona más inteligente no es aquélla que ha memorizado la mayoría de la información, entonces ¿qué es lo que están buscando en empleados potenciales para su equipo de trabajo hoy en día? ¿Ha visto alguna vez el término "experiencia equivalente" en un aviso de empleo? Eso es una forma elegante de decir que realmente no nos preocupamos como logro ser calificado para lo que estamos buscando, simplemente queremos saber que pueda aportar valor a nuestra organización. Realmente no nos preocupan esas letras después de su nombre si usted puede probar que puede hacer bien el trabajo. La cuestión clave es la "competencia", no "títulos".

Las universidades ya no son el único lugar donde ocurre la educación. El diccionario define "educación" como el acto o proceso de impartir o adquirir conocimientos generales, desarrollando facultades de razonamiento y juicio, y generalmente de prepararse así mismo u otros intelectualmente para la vida adulta.[1] La educación en el sentido más amplio es cualquier experiencia o acumulación de conocimientos que tiene un efecto formativo en la mente, el espíritu, el carácter o la capacidad física de un individuo. La palabra educación se deriva del latín educare, que significa "educar", "sacar a la luz" o "sacar lo que hay dentro." Estoy seguro de que ha tenido muchas experiencias que le han ayudado a lograr esos resultados. La educación es un proceso continuo. Ciertamente no puede comenzar ni terminar con la finalización de cualquier programa académico. El aprendizaje continuo es la clave de la vida continua. Si usted deja de aprender efectivamente ha dejado de vivir. Afortunadamente, se nos presentan oportunidades cada día para aprender y mejorar nosotros mismos. Y esa mejora abre la puerta a un nuevo trabajo, carrera y aplicaciones empresariales.

> *"Nunca he dejado que mis estudios interfieran con mi educación."*
> **– Mark Twain**

Ir a la universidad no es el determinante principal de si usted es o no "educado". Cada uno de nosotros debe asumir la responsabilidad de nuestra propia educación y estar dispuestos a demostrar nuestra competencia como resultado. Han quedado atrás los días cuando las empresas valoraban las credenciales más que el ser competente.

Mi jornada de educación

Sí, sostengo rotundamente que cada uno de nosotros necesita una "educación." Pero eso ocurre en muchos, muchos sentidos. Cuando mi hijo mayor Kevin tenía 18 años y estaba participando profesionalmente en carreras de bicicletas en Europa, la gente me preguntaba si yo estaba preocupado de que él no estuviera en la universidad. Mi respuesta fue que él puede optar por obtener un título algún día, pero justo entonces estaba demasiado ocupado recibiendo una educación para detenerse e ir a la universidad. ¿Estás bromeando? ¿Cree que quizás viajar internacionalmente sería añadir conocimiento, información y educación que podrían igualar o superar el sentarse en un aula recitando hechos en los libros de texto?

Y lo emocionante es que para asumir la responsabilidad de nuestra educación hoy en día se nos ofrecen muchas opciones.

Y no, no asuma que estoy desechando la idea de universidad. Creo que es la mejor opción para muchas personas. Yo la veía como mi mejor alternativa al darme otras opciones diferentes a permanecer en el campo. El ordeño de las vacas a las 5:30 de la mañana en el frío amargo de Ohio y el lanzamiento de pacas de heno en el calor del verano me hizo evaluar mis opciones para otros tipos de trabajo. No teníamos radio o TV en nuestra casa, fui a una pequeña escuela rural, nuestra familia no tenía un conjunto de enciclopedias, y la pequeña biblioteca en nuestra ciudad sólo tenía nos pocos libros donados. Yo valoré la variada exposición a la mecánica, fontanería, carpintería, electricidad, carpintería, agricultura y ganado en ese estilo de vida; pero yo vi la vida de los que vestían ropa bonita a diario y trabajaban en lugares interiores y supe que quería ampliar mis horizontes.

Siempre he disfrutado el aprender. Pero mi educación ha entrado en un flujo constante; a veces agregado por estar en un aula, pero sobre todo aprovechando la multitud de posibilidades de aprendizaje enriquecedoras que tenemos a nuestro alrededor.

Sin radio o televisor en casa, encontré mi información en libros y me convertí en un ávido lector. Dividido entre la necesidad de proveer para nuestra familia y el deseo de acoger su llamado espiritual, mi padre trabajaba como agricultor y como pastor de la iglesia Menonita local. Mientras que él era sincero acerca de ser honorable y piadoso, vi que su elección de carrera no se basaba en lo que le encajaba auténticamente, sino simplemente en el deber y la obligación. Su ejemplo me inculco la idea de que el trabajo era sólo un mal necesario, y sólo el aprendizaje o la educación requerida era la necesaria para el éxito de la agricultura básica. Las realidades de esa vida dejaban poco tiempo para cualquier cosa lúdica o placentera.

Francamente, cualquier cosa que proporcionaba disfrute era sospechosa de ser egoísta o impía de todos modos, lo que reforzó la idea de que no existía mérito en seguir aprendiendo. La televisión, juegos de pelota, un buen carro, ropa, y la "educación superior" eran ejemplos de actividades inútiles y peligrosas que probablemente alejarían a una persona de lo que era eternamente importante.

La educación formal le proporcionara un vivir; el autoeducación le proporcionara una fortuna."

– Jim Rohn

El agotador trabajo agrícola era una cuestión de supervivencia; la educación o el trabajo que usted *disfrutaba* demostraba vanidad egoísta.

A pesar de las limitaciones en las cosas que yo podría hacer o los lugares a donde podía ir, nada podía detener mi mente de vagar. Yo recuerdo muy bien que conducía nuestro pequeño tractor Ford en los campos, lejos de toda persona, dándome tiempo para imaginar un mundo que nunca había visto. De alguna manera en ese mundo restringido, cuando yo tenía alrededor de 12 años, pude conseguir una copia del pequeño disco de 33,3 rpm de Earl Nightingale titulado *El Secreto Más Raro"*. En esa grabación escuche a ese hombre de voz grave decir que podía ser cualquier cosa que quería ser simplemente cambiando mi forma de pensar. Habló de seis palabras que podrían afectar dramáticamente los resultados de mis mejores esfuerzos: *"Nos convertimos en lo que pensamos."*[2] reconocí que, si eso era cierto, las posibilidades de lo que podía hacer con mi vida eran ilimitadas.

Si bien este es un principio bíblico ("como él piensa en su corazón, tal es él." Prov. 23:7 nvrJ), sabía que mis expectativas para esa frase no serían bienvenidas en nuestra casa. Mi padre no vería esto como un método aceptable para visualizar y tener más de lo ofrecía nuestra sencilla vida agrícola. Después de todo, estamos solo de pasada, y el querer más abriría la puerta a los peligros de alejarse del contentamiento y la piedad básica. Escondí esta pequeña grabación en mi colchón, sacándolo noche tras noche para escuchar, soñar, e imaginar. Y empecé a planear lo que mi vida podría ser si, de hecho, mi pensamiento me guiaba. Cualquier sentimiento de estar atrapado comenzó a desaparecer al ver mi oportunidad y responsabilidad, de darle dirección a mi vida.

Seguí asistiendo regularmente a la escuela pública y le di la bienvenida a los nuevos mundos que ofrecían los libros y el aprendizaje en el aula de clase.

Me sentí intensamente curioso acerca del mundo y comencé a explorar la manera en que funcionan las cosas, cómo podrían hacerse mejor, y qué posibilidades existen para el cambio y la innovación. Separaba el motor del cortacésped para ver si podía mejorar su potencia y eficiencia. Improvisé nuevas máquinas e invenciones de piezas antiguas que recuperé del vertedero local. Me sentí atraído por las historias bíblicas de Josué, José y Salomón, considerándolas como ejemplos de personas que soñaban con cosas que otros creían imposible y creado planes de acción para hacer sus sueños realidad.

Me convertí en un experto en encontrar nuevas soluciones a los problemas de mi pequeño mundo. El entorno agrícola proporciono la exposición a la carpintería, fontanería, electricidad y sistemas mecánicos, pero yo empecé a reconocer nuevas oportunidades a mi alrededor. Yo podía tomar ordenes de pedidos para tomar los pedidos de tarjetas de Navidad y experimentar la emoción de "las ganancias." Al ver las duras condiciones de nuestro camino de grava, me ofrecí a limpiar y encerar los coches de nuestros vecinos como uno de mis primeros negocios. Al ver nuestro jardín rebosante de productos incito a otras ideas. Después de que mi madre conservara en recipientes todo el maíz dulce que nuestras bodegas podrían sostener, yo me levantaba a las cinco de la mañana, iba y recogía el resto de maíz, y me dirigía hacia la carretera principal con nuestro pequeño tractor y un remolque lleno de exceso de maíz. Con mi aviso casero, vendía mazorcas de maíz por 30 centavos la docena y recolectaba mi creciente durante treinta centavos una docena y recogía mis crecientes ganancias.

Mi primer carro no apareció porque papá me llevó al centro de la ciudad, y escribió un cheque. No, cuando yo tenía 18 años, compre un Ford modelo 1931 por cincuenta dólares. En cuanto iba aprendiendo, lentamente comencé a construir un súper-carro. Las pequeñas ganancias de mis empresas eran destinadas a una pieza a la vez para crear un carro digno de ser admirado en la carretera. Cada vez que me encontraba con cinco dólares extras, en lugar de gastarlos en caramelos o ropa, iba a la chatarrería a comprar un generador o un conjunto de asientos. Aprendí haciendo eso, escuchando y hablando con alguien que supiera más que yo.

En nuestra familia, los coches eran estrictamente para el transporte. Algo que parecía "moderno" con acento o atractivo visual o de alto rendimiento no era más que algo "mundano." Nuestros carros siempre eran negros y aun así nos parecía sentirnos culpables por tener uno. Yo, en cambio, amaba ver los carros brillantes y rápidos cuando hacíamos nuestros viajes periódicos a la ciudad. Después de más de un año de trabajo de romperse-los-nudillos en un antiguo gallinero sin calefacción, salí con un impresionante carro cupé '31 con un motor hemi de Chrysler. Aunque era un simple muchacho de granja, yo había aprendido lo que era necesario para construir un carro que superaba a los de la mayoría de mis amigos.

Al ver que yo podía pensar, imaginar y actuar mis sueños en la realidad, se alimentó mi deseo de vivir nuevas experiencias y obtener más autoeducación. Tras completar la escuela secundaria, las claras expectativas de la familia eran que me dedicaría por tiempo completo a la operación agrícola. Era una obligación basada en lo que era hacer lo responsable y pagar por los años de tener un techo sobre mi cabeza y comida en la mesa. Pero yo quería más y sabía que la Universidad abriría nuevas puertas para mí. Contra los deseos de mi padre, me decidí a seguir clases en la universidad. Aún tenía que ayudar con las labores de la lechería y la agricultura empezando a las 5:30 a.m. Pero no dejé que ese pequeño detalle me disuadiera. Me inscribí en una sucursal del campus de la Universidad del Estado de Ohio, donde pude asistir a clases de 6:00 pm a 10:00 pm.

Elegí psicología como mi área de especialidad. No porque pensé que sería el comienzo de una emocionante carrera, sino simplemente porque yo estaba interesado en comprender por qué hacemos las cosas que hacemos. Al terminar mi licenciatura en la Universidad del Estado de Ohio, me postulé para un primer trabajo como terapeuta adjunto en un prestigioso hospital psiquiátrico. Después de unos cuatro años agradables, experimente nuevamente la inquietud de ampliar mis opciones. Yo había aprendido mucho en esa posición y estaré eternamente agradecido por los psiquiatras y otros terapeutas que me enseñaron voluntariamente. Me dieron una fiesta de despedida y un bonito maletín cuando ingresé en la escuela de postgrado para otra experiencia educativa. Mi esposa Joanne y yo vivíamos en una casa antigua con nuestro niño pequeño cuando intercambié mis habilidades en remodelación por un lugar de alquiler. Mi ayudantía eliminó las tasas de matrículas y vivíamos básicamente de los $200 por mes de estipendio que recibía por enseñar psicología introductoria a los estudiantes universitarios de primer año. Joanne también cosió hermosa ropa hecha a la medida para las mujeres difíciles de acomodar, permitiéndonos así completar este capítulo de nuestras vidas sin la deuda de préstamos estudiantiles. Por cierto, siendo un maestro en el aula me atemorizó inicialmente. Me matriculé en el curso de Relaciones Humanas de Dale Carnegie para ayudarme con mi confianza y hablar en público. Esa ayuda fue tan profunda, que me ofrecieron ser un asistente y tenía el privilegio de continuar con el curso muchas veces más.

Para completar los requisitos para mi maestría en Psicología, yo estaba obligado a escribir una tesis de maestría. Usted sabe el manejo. Hice la investigación, una tesis que fue leída por cinco personas, y me dieron un bonito certificado que cuelga en la pared. ¿esto demostró mi competencia como un "psicólogo" o "terapeuta"? No, en absoluto. Pero yo había cumplido los requisitos de dicho programa "educativo" y yo estaba en mi camino.

Después de trabajar aproximadamente tres meses como terapeuta en el centro de la comprensión humana (¿qué tal el grandioso título?) en Tustin, California, me di cuenta de que estaba aburrido fuera de mi mente al estar sentado en una silla escuchando los problemas de los niños ricos. Rápidamente me retire y regrese a todas las habilidades aprendidas en la granja para proporcionar servicios de reparación a un público dispuesto en el sur de California. Nunca me he preocupado por tener la capacidad de generar ingresos porque he tenido muchas experiencias enriquecedoras que me han preparado con bastantes habilidades comercializables. Pocas de ellas procedían de sentarse en un asiento en un aula de clases.

Después de un corto tiempo de instalar ventiladores de techo, yardas de siega, reparación de inodoros, lavado de ventanas y pintura de casas, me uní a un amigo en su negocio de automóviles usados. Fue una excelente relación. Él compraba los carros, los reacondicionaba, los traía de regreso al lote en una ubicación de primera en Anaheim, California, donde yo era el responsable de venderlos. Sí, algunos miembros de la familia se preguntaban cómo pude "alejarme" de mi maestría recién adquirida. Pero ¿realmente me aleje?

Preparación para la vida real

¿Cómo nos prepara la educación para las oportunidades de la vida real? ¿Mi preparación en ese momento me ubicó solo como un consejero o terapeuta tradicional? ¿Mi única opción era sentarme en una silla con una persona enfrente diciéndome que miserable era? Pensemos acerca de mi papel en la venta de autos usados. ¿Es posible que yo siga utilizando mi "educación" en ese momento? En mi primer mes de venta de automóviles tuve un joven que caminaba por el lote vestido de manera casual y con una camiseta bien gastada. Cualquier vendedor experimentado lo habría prejuzgado con la confianza de que él no era un comprador serio digno de cualquier inversión de tiempo. En ese momento incluso no poseía un automóvil, vestía pobremente, y hablaba con dificultad. Pero yo había aprendido a escuchar, a expresar empatía, y a aceptar a una persona "incondicionalmente". De modo que hablé con este hombre y le mostré cualquier cosa que le interesaba. Rápidamente se sintió atraído por un Corvette realmente hermoso. Por supuesto, ¿nadie podría ser atraído a algo fuera de su alcance? Él preguntó si podía tomarlo para una prueba de manejo, y después de verificar que él tenía una licencia de manejar, accedí a tomar un paseo con él conduciendo. Cuando volvimos le pregunte cómo iba a pagar el carro si decidía comprarlo, el me aseguro de que simplemente lo pagaría. Aunque yo aún no estaba seguro de a dónde llevaría todo esto, regresamos a la oficina, elaboré un acuerdo rápidamente y se lo pase a para que lo firmara. Firmo, se levantó, levanto su camiseta y comenzó a sacar fajos de billetes de 20 dólares. Él pagó la totalidad en efectivo en ese momento. Pero aquí es donde la cosa se pone aún más interesante. En los próximos doce meses, cuando se cuentan los hermanos, hermanas, tías, tíos, primos y sobrinos, he vendido 14 carros a una familia extendida. Todo porque trate a un joven con cortesía, respeto e interés. ¿"Utilice" mi licenciatura en psicología?

Varios años más tarde, decidí estudiar para mi doctorado. Me inscribí en clases y ansiosamente me sumergí con entusiasmo en el proceso de estudio formalizado una vez más. Completé todo el programa con honores. Luego me reuní con mi comité de tesis. Cuatro señores de avanzada edad se reunieron conmigo para describir el proceso. Después de haber pasado a través de un escenario similar con mis anteriores grados, simplemente les pregunté para clarificación. Una tesis doctoral no está hecha para la lectura por parte de la persona común. Debe estar escrito en una versión "académica" con innumerables notas a pie de página y referencias a otras obras. Tras la finalización sería leído por estos mismos cuatro individuos quienes yo esperaba me darían otro trozo de papel para colgar en la pared.

En ese momento yo resumí as opciones como las había visto: (1) podría pasar los próximos dos años investigando y escribiendo ese complicado documento así estos señores estarían lo suficientemente impresionados como para darme ese trozo de papel, o (2) yo podría gastar esa misma cantidad de tiempo y esfuerzo en investigar y escribir un libro que pueda ser leído por la persona promedio y esperando hacer un millón de dólares o algo así como resultado. Muy a disgusto de los cuatro señores, yo elegí la opción #2. El libro resultante fue la edición original de *48 Días Hacia el Trabajo que Ama* y ha hecho exactamente lo que yo pretendía.

Pero haciendo lo que me proponía no ocurrió por accidente. Yo había observado que autores de los libros en las listas de mejor vendidos estaban muy involucrados en el *proceso de venta*. Así que investigué y fui a un evento en la universidad de Mega Book con Mark Victor Hansen (coautor de *sopa de pollo para el alma*) en Los Angeles. Durante tres días, Joanne y yo nos sentamos y escuchamos a Mark y a sus invitados compartir acerca de cómo generar ventas de nuestros libros. Regresé a Tennessee, hice lo que él sugirió, y en los siguientes tres años tomé más de 2 millones de dólares, vendiendo mi pequeña versión de *48 Días Hacia el Trabajo que Ama* en una carpeta de 3 anillos antes de hablar con un editor tradicional.

Entonces, ¿Dónde conseguí mi educación?

Recuerda la grabación de audio que le mencioné, ¿*El secreto Más Raro*? El impacto de ese mensaje continúa moldeando mi vida y mis opciones. Esa grabación se convirtió en el primer producto de la empresa llamado Nightingale Conant, y ellos pasaron a producir cientos de programas inspiradores los que yo llame los capitanes del logro. Me convertí en un cliente ferviente, compré cientos de programas tales como *Dirija el camino, La psicología de ganar, Cómo hacerse rico en América, Nos vemos arriba, La ciencia del logro personal y Semillas de grandeza*. He asistido a seminarios y talleres por los mismos autores y buscó nuevos como Lanzamiento, EntreLeadership (Empresario líder), El mundo del mercadeo en las redes sociales, LeaderCast (Evento de liderazgo), Academia de expertos, y mucho más. Uno de los momentos más importantes de mi vida fue cuando la gente de Nightingale Conant me contactó hace unos años. Yo nunca había hablado con ellos y simplemente era un cliente fiel. Pero dijeron que habían comprado mis materiales, los habían probado en su audiencia, y querían que fuera a Chicago y creara un programa de audio de seis horas con mis principios que podríamos llamar *Trabajo soñado*. Fue una emoción para mi trabajar con ellos en ese proceso y ser incluido en ese grupo increíble de maestros del logro. (Y el *Trabajo soñado* es ahora el tercer mejor posicionado de sus programas, con base en los comentarios de los clientes en toda la línea de productos Nightingale Conant.) He continuado mi amor de toda la vida por leer, escuchar y aprender. Hace unos años hice una práctica de pasar al menos dos horas diarias escuchando o leyendo materiales positivos. Esa práctica me ha dado acceso a los más grandes pensadores del mundo y una educación continua que es actualizada, práctica y vinculada directamente a la generación de ingresos en mi negocio. Mis principales actividades son la escritura, el hablar en público, y el entrenar. Pero nunca he tenido una clase sobre la escritura, el hablar, o entrenar como parte de mis programas de grado académico. Nunca he tenido una clase empresarial, aunque hoy en día mi negocio me permite disfrutar un estilo de vida con muy pocas personas.

Valoro el haber crecido en el campo. Me encantaron las horas que pasé en el aula. Me encantó el momento en que vendí automóviles. Me encantó el momento siguiente donde yo tenía un negocio de accesorios para carros, un gimnasio y un centro de salud, una organización de entrenamiento de ventas y las oportunidades que he tenido en entrenamiento personal, hablar en público y escribir. Ninguna pieza de "educación" me preparó para las oportunidades abundantes que experimento hoy.

Siempre he amado el proceso de estudiar—porque mi objetivo era lograr el conocimiento y el aprendizaje—no para obtener un pedazo de papel con mi nombre. Siempre he visto la "educación" como algo que contribuye a aumentar mis opciones, amplía mis horizontes, y quizás me posiciona como un experto en un determinado campo. Enmarcado como tal, uno puede ver fácilmente que la "educación" puede ocurrir, en muchos sentidos. Sentado en un aula con otras treinta y dos personas, regurgitando información alimentada por el profesor puede en realidad ser uno de los peores métodos para instruirse.

Entonces, ¿dónde cree que obtuve mi "educación"? Si yo dependía de mis grados académicos, ¿estaría realmente calificado para escribir, hablar, y el entrenar?

¿Qué experiencias de vida son parte de su "educación"?

Diez pasos para la educación

Aquí están los diez pasos para la educación. Estas son cosas que usted puede hacer este año para abrir las puertas de nuevas oportunidades y nuevas riquezas.

1. *Lea (o escuche) al menos doce grandes libros.* Tengo una membresía en Amazon.com con envío ilimitado gratis de dos días. Puedo comprar libros liberalmente, y los animo a hacer lo mismo. ¿Quiere saber qué libros recomiendo? Vea una lista completa en www.48days.com/reading.

> *"El hombre que no lee buenos libros no tiene ventaja sobre el hombre que no puede leerlos."*
> **—Mark Twain**

2. *Asista a tres o cuatro seminarios.* Elija lo que le gustaría, pero vaya con una mente abierta. Asisto a muchos seminarios cada año. Mi objetivo no es cambiar mi vida con todo un seminario, sino de aprender al menos una gran idea que puedo usar.

> *"La mente del hombre, una vez estirada por una nueva idea, nunca recupera sus dimensiones originales."*
> **—Oliver Wendell Holmes**

3. *Trabajar en mejorar su inteligencia emocional.* La Inteligencia Emocional (EQ) es la capacidad para utilizar y manejar sus emociones de una manera positiva para aliviar el estrés, comunicarse de manera efectiva, la superación de retos, y atenuar el conflicto. Su habilidad en esta área le permitirá formar relaciones saludables, lograr mayor éxito en el trabajo, y llevar una vida más satisfactoria.

"El aprendizaje es un tesoro que seguirá a su dueño a
donde vaya."
—Proverbio chino

4. *Escuchar a tres o cuatro programas informativos de radio en*
demanda y leer tres o cuatro blogs cada semana. Usted puede ser una
persona que aprende en formato de audio o impreso. Ninguno está
bien o mal—basta con que seleccione lo que funciona para usted. La
información libre no tiene precio.

"El hombre que es demasiado viejo para aprender
probablemente siempre era demasiado viejo para aprender."
—Henry S. Haskins[3]

5. *Tomar dos o tres cursos en las áreas de interés.* Usted no
tiene que ser "aceptado" o atado en miles de dólares en matrícula.
Simplemente explore los muchos cursos que le pueden dar destrezas
comercializables en sitios como:

- www.khanacademy.org.
- www.lynda.com
- www.vtc.com
- www.udemy.com

Estos sitios tienen miles de cursos de vídeo profesional que abarca
casi todos los temas imaginables. Puede acceder a todos los cursos en
el sitio por una pequeña tarifa mensual o una pequeña cuota para
el curso individual. Muchos de estos cursos tienen certificados de
terminación para mostrar una preparación adecuada para la labor en
esa área. Más y más empleadores están aceptando estos certificados
como prueba de entrenamiento.

"Si no está dispuesto a equivocarse nunca podrá
salir con algo original."
—Sir Ken Robinson[4]

6. *Llegar a ayudar a alguien más*. Hay gente de todo el mundo que se han comprometido a vivir una mejor historia. Ayudarlos le ayudará a sentirse conectado a una vida más grande que la que tiene ahora.

7. *Adquirir al menos una nueva habilidad este año*. Cada año elijo un área de interés que no tiene nada que ver con el negocio o hacer dinero. Exclusivamente para la "educación". Imagine eso. Es posible que desee aprender un nuevo idioma, estudiar un instrumento musical, o la observación de aves. El tramo se sumará a su vida de manera inesperada.

"Quien deja de aprender es viejo, ya sea a los 20 o a los 80."
—Henry Ford[5]

8. *Vuélvase cómodo con sus habilidades de presentación*. No importa cuál sea su carrera o negocio, usted debe sentirse cómodo presentando sus ideas. Hará maravillas por su confianza y autoestima. Le resultará más fácil para completar una transacción de ventas, tener conversaciones con familiares y amigos, y encontrar el éxito en su carrera.

9. *Diseñe su propio programa de salud y bienestar*. El éxito no es simplemente acerca de hacer dinero. Si se agotan los recursos físicos, fallará en todo lo demás. Asegúrese de que usted está haciendo depósitos de éxito en esta área cada día.

10. *Planee dos viajes este año*.

• Visite un popular destino turístico durante la temporada baja (Chicago en tiempo de Navidad).

- Usted puede intercambiar casas con alguien en cualquier parte del mundo. Visite www. homeexchange.com o www. homelink.org para ver ideas.
- Usted puede alquilar un lugar único directamente del propietario, como un chalé en Irlanda por $280 a la semana. (Va catión Rentals by Owner: www.vrbo.com)

Estoy seguro de que probablemente podría agregar más ejemplos de experiencias en su vida que le han ayudado a obtener una "educación." Con la tecnología de hoy en día puede escuchar material inspirador y que le motive, mientras limpia la casa o conduce su automóvil. (Hablando de tiempo de conducción de su carro—vincúlese a la universidad del auto. Si conduce veinticinco mil millas al año a una velocidad media de 46 km/h, pasara casi la misma cantidad de tiempo en su carro que un estudiante universitario promedio pasa en el aula de clases. Entonces la pregunta es, ¿qué estás haciendo con ese tiempo? Puede escuchar cualquiera de los miles de programas disponibles y transformar su éxito.) Usted puede tomar una larga caminata y ver realmente su entorno. A menudo me tomo un paseo en nuestra propiedad con clientes de asesoría. Si esa persona extraña a las ardillas, los ciervos, las mariposas, la cascada y la puesta de sol, me da una imagen bastante clara de por qué está también desconectada social, física y espiritualmente.

El 100 por ciento de Admisión Universitaria-Que triste

Un domingo en un paseo de regreso de almuerzo pasamos por uno de los más prestigiosos institutos privados en nuestra zona. Vimos un aviso que lucía orgullosamente en la entrada y decía: "100% de Admisión Universitaria para Nuestros Graduados— Nuevamente".

Tendré que admitir que me encogí al ver eso. Ahora sé que cualquier director de una escuela secundaria que no reclame esto como su meta es probable de ser acusado de no tener en su corazón los mejores intereses de los estudiantes, y también es probable que sea sacado fuera de la ciudad por padres indignados. Pero, personalmente, creo aquí hay un gran elitismo en juego. Y ultimadamente, un montón de esos estudiantes sufren como resultado. ¿Es nuestra meta realmente preparar a cada estudiante para la vida en un cubículo? Al mirar a mis nietos veo a aquellos por quienes lloraría ante tal perspectiva.

El elitismo es la creencia de que cada ocupación seguida por una ruta fuera de la universidad es de alguna manera "inferior" y no una digna búsqueda para estudiantes serios. Nos hemos convertido en una cultura que mira hacia abajo las posiciones laborales y artesanales. Entonces, en realidad, en esta clase que se gradúe ¿no tendremos mecánicos de Ferrari, escultores, especialistas en calefacción y aire acondicionado, ni nadie a quien pueda contactar para que diseñe otra llave de agua, ni carpinteros, albañiles, soldadores, ni sintonizadores de piano?

En la primavera de este año un joven vino a hacer un chequeo normal en nuestros sistemas de aire acondicionado. Sólo un chequeo, no necesitaba partes. Estuvo en mi propiedad por menos de dos horas y mi factura fue de $149. Unos días más tarde mi tractor John Deere fue devuelto con rodamientos nuevos en las ruedas delanteras. Factura total—$2,690.78. La mayor parte de ese trabajo fue mano de obra que se facturó a 70 dólares la hora. Al mismo tiempo, sé de un abogado que trabaja medio tiempo en la fotocopiadora Kinkos y recibe $10 la hora para complementar sus ingresos. El chico de aire acondicionado y el mecánico de tractor están haciendo $70 por hora.

"Un sistema educativo no vale mucho si les enseña a los jóvenes cómo vivir, pero no les enseñan cómo hacer una vida."
-Autor desconocido

En 1943, Joseph Schumpeter escribió que la expansión de la "educación superior" más allá de lo que nuestro mercado laboral exige crea para nuestros trabajadores de cuello blanco "empleo sub estandarizado o salarios inferiores a los de los obreros de trabajos manuales mejores pagos." y luego añadió, "puede crear incapacidad de un tipo especialmente desconcertante. El hombre que ha ido a la universidad se convierte fácilmente en *desempleado* en las ocupaciones manuales sin necesariamente la adquisición de empleabilidad en el trabajo profesional."[6] estoy seguro de que usted conoce a personas que están atascadas en trabajos de $12 una hora y que nunca podrían rebajarse a trabajar en algo como un tractor mecánico.

Sir Ken Robinson, quien ha hecho del estudio de la creatividad en las escuelas el trabajo de toda su vida, dice que, en lugar de alimentar la creatividad y la imaginación, nuestros sistemas educativos realmente las están sofocando. En una de las más populares y divertidas charlas en la historia de TED dijo, "Nos hemos vendido a nosotros mismos a un modelo de comida rápida de la educación, y está empobreciendo nuestro espíritu y nuestras energías tanto como la comida rápida está agotando nuestros cuerpos físicos. . .. La imaginación es la fuente de toda forma de logro humano. Y es la única cosa que creo que nos estamos comprometiendo sistemáticamente en la manera en que educamos a nuestros hijos y a nosotros mismos."[7]

Si valoramos las capacidades innatas de nuestros hijos y realmente queremos lo mejor para ellos, ¿no deberíamos alentar su creatividad e imaginación y considerar una amplia gama de posibilidades laborales?

Debo admitir que he hecho una muy buena vida trabajando con gente que a los cuarenta y cinco años de edad admiten que están viviendo el sueño de alguien más. Al desenmascarar esa incongruencia y comenzar a avanzar hacia una vida auténtica, todo tipo de cosas salen a la superficie como posibilidades de trabajo significativas. Los pastores se convierten en artistas, los dentistas en guardabosques, y los doctores se convierten en jardineros orgánicos.

Tener la *capacidad* de ir a la universidad, no es razón suficiente para hacerlo. Debe haber más que un alineamiento con los valores de una persona, sus sueños y sus pasiones. He trabajado con innumerables profesionales que han probado su *capacidad académica* para crear una vida que ellos detestan.

Muchos de nosotros nos hemos preocupado por el uso liberal de las empresas en servicios de contratación. Muchos de los trabajos para los cuales los estudiantes universitarios han sido entrenados pueden ahora ser subcontratados a China, Taiwán o India. Sin embargo, si necesito mi techo reparado, un sifón desatascado, el pasto cortado, u otra hermosa escultura de un árbol parado en mi propiedad, no puedo tener a alguien en China que me haga esos trabajos. Las personas con esas aptitudes son inmunes a la externalización. O como se ha dicho, "No se puede martillar un clavo a través de la Internet."[8]

Vamos a dejar de privar a nuestros niños de sus mejores opciones. Me gustaría ver ese aviso que dijera—60 por ciento universidad, 10 por ciento escuela de comercio, el 10 por ciento continua el negocio familiar, 10 por ciento empresarios independientes, y el 10 por ciento viaje por todo el mundo para aclarar una trayectoria. Eso me haría querer enviar a mi hijo allí.

¿Está de acuerdo en que el objetivo de lograr un 100 por ciento la admisión universitaria para cualquier clase de secundaria es ridículo?

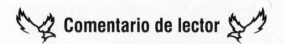

Comentario de lector

"La mayoría de la gente con quien hablo acerca de la educación me consideran una deserción. Tengo un grado de transferencia de AA. Algunas personas me comentan acerca de su BA y cómo han trabajado duro durante cuatro a siete años y se graduaron con honores. Entonces yo les indico el lugar que les falto en la limpieza del inodoro. Yo entreno a todos los limpiadores comerciales para una empresa de limpieza en Springfield, Missouri (una ciudad universitaria relativamente grande en Missouri) y me he cruzado con bastantes graduados que lamentan sus grados. Sus soluciones tienden a inclinarse hacia el regreso a la universidad para obtener otro grado, como si creyeran que el problema es con su elección de carrera, y no con su preparación para la carrera. Por una minúscula fracción del costo de los libros necesarios para un año de universidad, un "estudiante" informal puede obtener las herramientas para encontrar su pasión, estudiarla, y en algunos casos, comenzar una empresa alrededor de esa pasión y promocionar su negocio. ¿Qué opción suena mejor para usted?"—Ryan

Más allá de humillado-atascado en la monotonía

Vi un segmento de noticia donde un caballero ha estado tomando una ruta de tren de 90 minutos hacia Nueva York cada día, donde camina por las calles portando un cartel que dice, "Casi sin hogar; buscando empleo. Muy experimentado gerente de operaciones y administración".

Él dijo que estaba más allá del punto de ser humillado — él sólo necesitaba un trabajo. Él dijo, «cuando se está fuera del trabajo y se enfrenta el no tener nada—quiero decir, no tener ingresos—el orgullo no significa nada. Tengo que cuidar de mi familia.» Su currículum incluía treinta y seis años en la industria del juguete antes de ser despedidos ocho meses antes.

Sé que esta es una sensación demasiado común para mucha gente. Oye, crecí en una granja vieja. Si la vaca es vieja y ha dejado de producir leche, pararse al lado implorando más leche no es una buena solución. Yo estaría buscando algo diferente para tomar y calmar mi sed. Las predicciones son que estamos alcanzando rápidamente el momento en que sólo el 50 por ciento de la fuerza laboral de los Estados Unidos de América será "empleados". El resto serán trabajadores de contingencia, contratistas independientes, trabajadores temporales, trabajadores independientes, consultores, empresarios, inmigrantes electrónicos y muchas otras interesantes descripciones que aparecen cada día. En lugar de tratar de forzar la monotonía de los viejos modelos de trabajo, dirija el camino hacia las nuevas formas de trabajar y generar un ingreso.

Cuando mi papá tenía ochenta y ocho años después de jubilarse como un granjero, conducía su camioneta, acarreando gente Amish a los lugares que querían ir. Él cobraba $2.00 una milla y a menudo manejaba quinientas millas por día, proporcionándoles un servicio valioso y disfrutando la conversación. Tenemos historias que nos llegan cada día de las personas que se mueven de la construcción a la contabilidad, herrero a desarrollador de software, pastor a artista, cubículo a ventas de inmuebles y muchos más.

Si usted está fuera de trabajo-no espere un cheque. Es posible que nunca llegue. ¿Qué es lo que puede hacer que satisface una necesidad que alguien tiene? ¿Cómo podría usted proveer eso de una manera que no depende de un "salario"?

⚜ Buscando durante tres años. ⚜

"Dan, mi marido ha estado buscando trabajo durante al menos tres años, pero parece estar teniendo problemas para superar el obstáculo de no trabajar durante tanto tiempo. (él fue quien renuncio para quedarse en casa y cuidar de nuestro primer hijo, y, durante los últimos años, él ha estado tratando de volver a trabajar.) Recientemente, pasó tres de los cuatro exámenes de CPA y está volviendo a la escuela por su maestría, y esas actividades parecen estar generando algún Interés. Sin embargo, nada llega muy lejos (un montón de hojas de vida, una entrevista aquí o allí, pero siempre alguien más es contratado). Él ha comenzado a llamar a los lugares una o dos semanas después de enviar su hoja de vida, pero eso no parece ayudar mucho." —Sandy

Sandy: Nunca confunda la actividad con el logro. Todo este tiempo fuera de la jugada ocasionara estragos en la autoestima y la confianza de su esposo. Es bastante probable que se trate de mantener ocupado para evitar la realidad de la búsqueda de empleo. Mucha gente "vuelve a la escuela" cuando una búsqueda de trabajo no va bien. Es una forma socialmente aceptable para ocultar y postergar tener que lidiar con la creación de ingresos. No es la economía— pero estos otros factores los que están paralizando a su esposo. Él tiene que ser muy estratégico sobre su búsqueda de trabajo. Comenzar con un objetivo de treinta a cuarenta empresas. Enviar una carta de presentación y, a continuación, carta de presentación y la hoja de vida, luego un seguimiento telefónico—esto debe producir de cinco a seis entrevistas. De esas él debe recibir unas dos ofertas. Si no, cero en esa secuencia práctica que obtiene resultados—incluso en la actual economía.

Visite 48days.com donde se encuentra la programación completa de búsqueda de trabajo—y si, 48 días es un tiempo razonable para el enfoque, la búsqueda, y obtener múltiples ofertas para el trabajo que ama.

Cuenta regresiva hacia el trabajo que amo

1. Si es verdad que *"somos lo que pensamos"*, ¿A dónde está llevando su vida su pensamiento?
2. ¿Cómo ha aumentado su promoción su propia lectura y el asistir a conferencias?
3. ¿Qué has hecho este año para incrementar su inteligencia emocional?
4. ¿Cómo está expandiendo su creatividad e imaginación en este momento?
5. ¿Cree usted que todo el mundo necesita ir a la universidad?
6. ¿Qué experiencias de vida han añadido a su «educación»?

Visite www.48Days.com/worksheets para obtener más información sobre la obtención de una "educación" en el mundo de hoy.

CAPÍTULO 4

Crear un plan de vida

El trabajo es amor hecho visible.

Y si no puede trabajar con amor sino sólo con disgusto,

Es mejor que abandone su trabajo y se siente a la puerta del templo y tome limosna de los que trabajan con alegría.

Si hornea pan con indiferencia, hornear un pan amargo que alimenta el hambre de medio hombre.

Y si reniega en la trituración de la uva, su rencor destila un veneno en el vino.

Y si canta bien como ángeles, y no ama el canto, mufla los oídos del hombre a las voces del día y a las voces de la noche.

Todo el trabajo está vacío salvo cuando hay amor.

Y cuando se trabaja con amor puede obligarse a sí mismo, y el uno al otro y a Dios.

—KAHLIL GIBRAN, THE PROPHET

Como el pastor de una iglesia pequeña, Rob estaba cumpliendo los múltiples deberes de pastor; fue el maestro, motivador, consolador, visitante de hospital, administrador y amigo. Seguramente no podía haber mejor expresión de un piadoso "llamado" de Dios. Viniendo de una familia de cuello azul, Rob tenía el deseo de marcar una diferencia, de conducir a la gente hacia una mejor vida, de ser reconocido en la comunidad y sostener económicamente a su esposa e hijos. Él había experimentado un cambio dramático en su propia vida y eligió el camino que parecía más obvio para ayudar a otros a encontrar respuestas a los grandes interrogantes de la vida. Y, sin embargo, Rob estaba experimentando una tremenda inquietud. Él era colérico en casa y frustrado con las exigencias de su congregación. Con el poco salario proporcionado, las tensiones financieras eran constantes y Rob trabajaba como recepcionista de noche en un hotel local solo para añadir unos cuantos dólares a sus ingresos. Sin embargo, él estaba decidido a aferrarse a lo que seguramente fue su "llamado". ¿No abrir puertas y un claro sentido de hacer lo que es correcto confirma la precisión de su dirección?

¿O lo hacen? ¿Cómo podemos desarrollar un sentido claro de dirección con respecto a nuestras carreras? ¿son las puertas abiertas, la influencia familiar, oportunidad educativa, y las nuevas tecnologías los mejores determinantes de nuestra dirección?

¿Es su trabajo su vocación?

Aquí hay un marco para avanzar hacia las decisiones de lo que hacemos en nuestro trabajo. Hay tres palabras que suelen utilizarse indistintamente— y no deberían serlo. Estas son vocación, carrera y trabajo. Las diferencias son significativas.

Vocación

La vocación es la más profunda de las tres, el concepto más grande, y debe incorporar *llamado, propósito, misión y destino*. Este es el panorama que muchas personas nunca identifican por sí mismos. Es lo que está haciendo en su vida y que marca la diferencia, que construye el significado para usted, y que usted puede mirar hacia atrás en sus años posteriores para ver el impacto que ha hecho en el mundo. Stephen Covey dice que todos queremos "vivir, amar, aprender y dejar un legado."[1] Nuestra vocación dejará un legado. La palabra *vocación* viene del latín *vocaré*, que significa "llamado". Esto sugiere que usted está escuchando algo que le está llamando — algo que es especialmente para usted. Un llamado es algo que usted tiene que escuchar y debe sintonizarse personalmente con el mensaje. Vocación no es tanto perseguir un objetivo como lo es escuchar por una voz. Antes de que yo pueda decirle a mi vida lo que quiero hacer con ella, debo escuchar esa voz decirme quién soy. La vocación no proviene de la voluntariedad sino de la escucha. Y permítame añadir rápidamente—toda persona tiene una vocación o llamado. No es algo reservado para solo algunos pocos que terminan siendo pastores, curas, misioneros o monjes.

Como dijo Thomas Merton, "Un árbol da gloria a Dios por ser un árbol. Porque ser lo que Dios quiere sea es obedecerle."[3] En la misma forma, cumplimos con nuestra vocación por ser

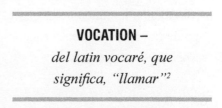

VOCATION –
del latin vocaré, que significa, "llamar"[2]

excelente en todo lo que Dios nos creó para ser. Todo lo que hacemos debería ser parte del cumplimiento de nuestra vocación.

Un lector de mi blog comentó, "El talento no es nada a Dios. Él sólo busca una persona totalmente entregada y obediente." Me permito discrepar. ¿Cómo Dios nos "llama" excepto a través de darnos los talentos y habilidades, rasgos de personalidad y pasiones que nos llevan en una dirección en particular? Pensar que Dios pediría a un "individuo plenamente entregado y obediente" que haga algo donde no hay alineamiento con los talentos naturales abre la puerta a la angustia y la frustración. "Basado en el don que cada uno ha recibido, utilícelo para servir a otros, como buenos administradores de las diversas gracias de Dios" (1 Ped. 4:10).

Me he reunido con muchos pastores, misioneros y profesores que eran obedientes y dispuestos, pero cuyas habilidades naturales no concordaban con sus intentos de hacer algo "piadoso". Muchos confundían "llamada" con la tradición familiar o las expectativas de los demás. Y su trabajo fue frustrante, espiritualmente agotador, y ultimadamente el desencadenador que conducía a una crisis que demandaba cambio.

Cuando hay un alineamiento de nuestras destrezas, habilidades, talentos, rasgos de personalidad, y las pasiones, reconoceremos el "llamado" de Dios. Habremos encontrado nuestro punto dulce y experimentaremos un trabajo que es satisfactorio, significativo, útil y rentable. Por ejemplo, usted puede tener una *vocación* o *llamado* "para ayudar a reducir el dolor y el sufrimiento en el mundo." ¿A qué tipo de trabajo se traduce? La comprensión de la carrera le ayudará a responder a esa pregunta.

Carrera

Si uno mira a las derivaciones de las palabras *vocación y carrera obtendrá* inmediatamente una idea de la diferencia entre ellas. "carrera" es el término que más escuchamos hoy en día. Esa palabra viene de la palabra latina para "carreta (cart en inglés)" y más adelante de la palabra del Francés Medieval para "pista" (racetrack en inglés). La página web Dictionary.com la define como, "correr o moverse rápidamente; ir a toda velocidad."[5] En otras palabras, usted puede ir alrededor una y otra vez, pero nunca llegar a ninguna parte. Es por ello que, en el ambiente de trabajo volátil de hoy en día, incluso los profesionales como médicos, abogados, contadores, odontólogos e ingenieros pueden optar por salir de la esperada pista y elegir otra carrera. La carrera profesional es una línea de trabajo, pero nunca la única manera de cumplir con nuestro llamado. Usted puede tener diferentes carreras en diferentes puntos de su vida. Por el contrario, dos o tres diferentes carreras pueden apoyar su *llamado*.

"Dan, el carrusel de mi vida profesional me ha dejado no más allá de unos pocos pasos de donde me monte y ahora con un estómago débil." Así comenzó la descripción de la vida por parte de un abogado muy "exitoso". Muchas veces una trayectoria de carrera empieza a causa de circunstancias, en lugar de las prioridades. Las expectativas de la familia, acontecimientos fortuitos, un maestro amable, o la búsqueda de dinero puede llevarnos a una carrera profesional insatisfactoria. Es difícil tomar buenas decisiones a los dieciocho años que tengan sentido a los cuarenta y cinco. Recientemente vi a un cliente de 45 años quien comenzó con el comentario, "Estoy cansado de vivir mi vida basado en las decisiones tomadas por un muchacho de 18 años".

> *"Donde el espíritu no trabaja con la mano no hay arte."*
> **– Leonardo Da Vinci**[4]

Si utilizamos el ejemplo anterior de una vocación o llamado para "ayudar a reducir el dolor y el sufrimiento en el mundo", podemos ahora enumerar múltiples carreras que abrazarían esa vocación. Por ejemplo, un médico, una enfermera, consejero, pastor, maestro, terapeuta de masaje, científico, político, empresario social, o un escritor tendrían todo el potencial para encajar perfectamente. Por lo tanto, todos tenemos la libertad de cambiar de carrera en varias ocasiones

> **CARRERA --**
> *"correr o desplazarse a toda velocidad, desplazarse incontroladamente; salir corriendo"*

en nuestras vidas, sabiendo que podemos simplemente revisar nuestra "vocación" y encontrar una nueva aplicación para la próxima temporada de nuestras vidas.

Trabajo—Actividades diarias de uno

Un trabajo es el más específico y más inmediato de los tres términos. Tiene que ver con las actividades diarias que producen ingresos o un cheque. El diccionario define el *trabajo* como "todo lo que se espera que una persona haga o está obligada a hacer; deber; responsabilidad."[6] Como se ha mencionado anteriormente, el trabajo promedio de ahora es de 2.2 años de duración, lo que significa que la persona promedio que acaba de ingresar en el lugar de trabajo tendrá de catorce a dieciséis trabajos diferentes en su vida laboral. Así, el "trabajo" no puede ser la definición fundamental de la propia vocación o llamado. Sin embargo, el trabajo debería ser en realidad una expresión de esa vocación y una integración de nuestro ministerio. Hay una palabra hebrea, *avodah*, de la cual proviene tanto la palabra "trabajo" como "adoración."[7] Para el hombre hebreo, lo que estaba haciendo el jueves por la mañana era tanto una expresión de culto como estar en la sinagoga el sábado. Nada en la Biblia describe la vida cristiana como dividida en partes sagradas y seculares. Más bien, muestra una vida unificada, una de plenitud, en la que todo lo que hacemos es el servicio a Dios, incluida nuestra labor diaria, cualquiera que sea.

Por ejemplo, si tomamos una carrera que se adapta a un llamado "para ayudar a reducir el dolor y el sufrimiento en el mundo" —enfermera—y miramos en cualquier ciudad de Estados Unidos, encontraremos miles de "puestos de trabajo" disponibles. Los trabajos se van y vienen, así que perder un trabajo o tomar la iniciativa de cambiar de empleo nunca debe hacer descarrilar a una persona del cumplimiento de su "llamado." Los momentos de transición inevitables son simplemente oportunidades para tomar una mirada fresca a su preparación y colocación, y luego encontrar una nueva y quizás más plena aplicación en el próximo trabajo o negocio.

La carrera de la rata—mejore su vida; piense como una rata

Hablamos de "estar en la carrera de ratas", pero esto es probablemente injusto. Es realmente humillante para las ratas. Las ratas no van a permanecer en una carrera, cuando es obvio que no existe el queso. El pequeño libro popular ¿Quién movió mi Queso? Mostró cómo incluso ratas Inteligentes buscan rápidamente nuevas rutas a seguir cuando el queso ya no está. Los seres humanos, por otro lado, parece que a menudo se meten en trampas de las que nunca pueden escapar. Algunas investigaciones muestran que el 70 por ciento de los trabajadores de cuello blanco están descontentos con sus trabajos. Irónicamente, ellos también están gastando más y más tiempo trabajando.

Jan Halper, un psicólogo de Palo Alto, ha pasado diez años explorando las carreras y emociones de más de cuatro mil hombres ejecutivos. Ella encontró que el 58 por ciento de aquéllos en la gerencia media sentían que habían perdido muchos años de su vida luchando para lograr sus objetivos. Estaban resentidos por los muchos sacrificios que habían realizado durante estos años.

Las ratas, sin embargo, se mueven una vez que se dan cuenta que el queso ha desaparecido o quizás nunca estuvo allí. Las ratas probablemente se avergonzarían de ser etiquetadas como "estar en la carrera humana" por hacer cosas ridículas como continuar yendo a un trabajo al que odien cada día.

Las buenas decisiones de carrera deben basarse en algo más que una mirada casual a las oportunidades de empleo o de aptitudes de uno. En lo que invertimos nuestro tiempo a diario y semanalmente debe incorporar tres áreas críticas mencionadas en la Introducción: (1) Habilidades y aptitudes, (2) Tendencias de la personalidad, y (3) Los valores, sueños y pasiones. El error más común que la mayoría de la gente comete en la elección de una carrera es hacer algo, simplemente porque son buenos en eso. El contador, que es bueno en matemáticas o la persona de ventas que es persuasiva podrían todavía estar frustrados porque la carrera les obliga a ser gregarios o a promover un producto para el que tienen poco entusiasmo. Recordar los momentos más felices de su vida y los momentos en los que se sentía más satisfecho son mejores indicadores de su vocación que el saber qué es lo que usted tiene la capacidad de hacer. Las circunstancias por sí solas no son buenas predictores del llamado de Dios. Muchas personas respondieron a las circunstancias en las primeras etapas de la vida y a la edad de cuarenta y cinco se dan cuenta de que en su trabajo faltan que los componentes verdaderos de cómo Dios los ha creado.

En el caso de Rob pudimos identificar su pasión por la pintura de bellas obras de arte, sin embargo, el reto de mantener a una esposa y cinco hijos parecía hacer que pintar y el crear arte fuese poco realista o impracticable, otra cuestión que frecuentemente desvía a las personas de sus mejores vocaciones.

Afortunadamente, Rob fue capaz de crear una transición dramática. Durante cuatro años hizo falsos acabados, creando belleza visual mediante el uso de pinceles, esponjas y trapos en las paredes de las casas y oficinas. Ese momento de transición le permitió producir los ingresos necesarios para una familia en crecimiento, y para establecer su reputación como un artista creíble.

Hoy, ya no es un pastor y ya no hace falsos acabados, el crea obras de arte dramático con un tema musical. Sus obras estallan con la pasión espiritual con la que finaliza cada proyecto. Él está devengando ingresos que superan en ocho o diez veces lo que estaba generando previamente y es capaz de "ministrar" de un modo más auténtico y apropiado para él. Él compartió conmigo que, como pastor, la gente sabía qué esperar de él, lo que él pensaría y diría. Ahora él es el artista, teniendo oportunidades únicas de relacionarse con mucha gente. Ellos comparten abiertamente sus heridas, frustraciones y vulnerabilidades de una manera que nunca le hicieron al "pastor". Ahora entiende que un trabajo relacionado con la iglesia no es más "piadoso" si no es correcto para él. Dios regalo a cada uno de nosotros características únicas. Comprender nuestras competencias y habilidades, las tendencias de nuestra personalidad, e igualmente importante, nuestros valores, sueños y pasiones es el primer paso para identificar el trabajo correcto.

"No aconsejo a nadie que entre en ninguna orden religiosa ni en el sacerdocio; de hecho, yo aconsejo a todos que no lo hagan— a menos que se sienta con este conocimiento y entienda que las obras de monjes y sacerdotes, por muy santos y arduos que sean, no difieren una pizca a la vista de Dios de las obras del campesino rústico en el campo o de la mujer que se ocupa de sus tareas domésticas, pero que todas las obras se miden ante Dios por la fe sola... esto tiende en gran medida a la hipocresía, por su espectáculo exterior y sus caracteres inusuales, lo cual engendra la vanidad y el desprecio de la vida cristiana común."

—Martin Luther,
al notar la elevación artificial de aquellos que hacen "trabajo espiritual" y su tendencia a ser orgullosos y en posesión de una vocación más elevada

La carrera o el trabajo que usted tiene no determina la exactitud del "ajuste" con su llamado. Sólo usted puede saberlo. Debe existir un sentido de significado, cumplimiento, paz y realización para confirman que existe una alineación adecuada. Ser misionero en la ausencia de estas características proporcionará el profundo deseo de cambiar y crecer. Ser un agricultor con esos atributos en su lugar proporcionara la confirmación de que está viviendo el llamado exclusivo de Dios para su vida.

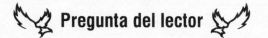 Pregunta del lector

"Cuando tenía dieciocho años lista para ingresar a la universidad, estaba mal preparada en cuanto a la selección de mi carrera perpetua. Después de graduarme de la universidad recientemente con una cantidad considerable de deuda debido a la aceptación de becas específicas de mi carrera (de las cuales más tarde crecí y ahora debo pagar), me siento como si todavía estuviera encontrando mi pasión. ¿Cómo encuentran los adultos sus carreras para siempre?"— Belinda

> *"Y ahora, con la ayuda de Dios, voy a ser yo mismo"*
> —**Søren Kierkegaard**

¡Guau!, que gran pregunta. No hay "carrera para siempre" sólo un llamado para siempre. La aplicación en la carrera puede cambiar repetidamente. Siéntase cómoda al saber que este es un proceso continuo. Es una jornada que debe ser acogida, no un destino al cual deba llegar rápidamente.

La perspectiva de la Biblia sobre el trabajo

La Biblia da dignidad a cualquier trabajo. No hay ocupaciones no sagradas. "Llamados al ministerio" o "servicio de tiempo completo" son simplemente tergiversaciones culturales de la visión de Dios sobre el trabajo significativo. Tenemos que eliminar la jerarquía artificial de la piedad del trabajo. No hay ciudadanos de segunda clase en el lugar de trabajo. Doy gracias a Dios por el talento de nuestro hombre de mantenimiento de césped y me conmuevo cuando veo la belleza que él crea en la hierba, flores y árboles que rodean nuestra casa. Y estoy agotado por obtener una carta más de alguien que de repente descubre que fue llamado al servicio de tiempo completo." Que crea inmediatamente la falsa dicotomía de aquellos que son *llamados* y quienes no lo son. Cada uno de nosotros está llamado a "servicio de tiempo completo", haciendo el trabajo que compromete nuestros talentos singulares y pasiones. No hay vocaciones "superiores"; solo vocaciones "auténticas" que se adaptan a la singularidad de cada individuo.

La mayoría de los estadounidenses evalúan su vida en retrospectiva, sin tener un sentido claro de control, propósito o destino para el futuro. Sin saber a dónde va, usted está condenado a evaluar su vida mirando en el espejo retrovisor.

Aquí están algunas declaraciones no solicitadas pero reveladoras acerca de donde la gente se ve a sí misma:

- Hombre de negocios de cincuenta y un años de edad: *"Siento que he vivido toda mi vida por accidente."*
- La esposa de un profesor: *"siento que hemos ido en caída-libre durante los últimos trece años."*
- Vendedor: *"Me siento como una bola en una máquina de pinball."*
- Hombre de cincuenta y seis años de edad (Doctorado en teología y actualmente conduciendo un autobús): *"Siento*

que me han dado seis segundos para cantar, y estoy cantando la canción equivocada."

- Hombre de negocios de cincuenta y tres años de edad: *"Siento que mi vida es una película que está casi terminado, y ni siquiera he comprado las palomitas de maíz todavía."*
- Agente de cobro: *"He vivido mi vida hasta ahora como si condujera con el freno de estacionamiento."*
- "Exitoso" vendedor de carros de cuarenta y seis años de edad: *"Me siento como una pelota perdida en el algodón alto."*
- Ingeniero de automoción de treinta y nueve años de edad: *"Soy una mariposa atrapada en una tela de araña, con mi vida siendo aspirada lentamente."*
- Especialista en informática, de veintisiete años de edad: *"Soy una caja de piezas y nada encaja."*
- Abogado de treinta y un años de edad: *"La escuela de derecho absorbió toda mi vida y mi creatividad."*
- Dentista de cincuenta y cinco años: *"El fallar en mi practica golpeó el viento de mis velas. Todavía estoy a la espera de que una brisa me lleve."*

Estos sentimientos son frecuentes aún entre la gente "exitosa". Es bastante común y saludable en cualquier momento de la vida, dibujar una línea en la arena y tomar una mirada fresca a quién es usted, qué está haciendo, y a dónde quiere ir.

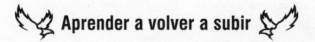

Aprender a volver a subir

A los pocos segundos de que nace, un bebé jirafa luchas a sus pies. Poco después, sin embargo, la madre lo derriba de su tambaleante postura. Este proceso se repite cada vez que el bebé lucha a sus pies hasta que la joven jirafa tiene la fortaleza para permanecer de pie por su cuenta y sin caer. Lo que pareciera ser un acto cruel, es de vital importancia para la supervivencia del animal joven. En realidad, es un acto de amor de la madre hacia su hijo. Para el bebé jirafa, el mundo es un lugar peligroso y debe aprender sin demora cómo rápidamente volver a ponerse de pie.

El difunto Irving Stone, quien dedicó toda una vida de estudio de las vidas de grandes hombres como Miguel Ángel, Vincent van Gogh, y otros, señaló una característica común de todos los grandes hombres: "Usted no pueden destruir estas personas", dijo. "Cada vez que son derribados, ellos se levantan."[8]

Quizás el acontecimiento desagradable que haya encontrado es sólo una oportunidad para ayudarle a saber cómo levantarse más fuerte.

Un claro sentido del propósito proporcionará una sensación de continuidad y satisfacción para llevarlo a través de los cambios inevitables de un lugar de trabajo volátil. Desarrollar un enfoque claro conduce a la confianza, audacia y entusiasmo en la vida. Si no puede visualizar lo que quiere que sea el futuro, es probable que termine sintiéndose víctima de las circunstancias. No diga que nunca ha tenido una oportunidad si no puede definir qué aspecto tendría el éxito para usted. Si sabe a dónde va, puede responder a las *prioridades* más que a las *circunstancias* y crear el futuro que desea.

Desarrollar una perspectiva a largo plazo; No sea como el granjero en la fábula de Aesop *El Ganso y el Huevo Dorado*. El granjero, impaciente por haber conseguido sólo un huevo de oro por día decidió cortar el ganso y obtener todos los huevos a la vez. Obviamente, al no entender la anatomía de un ganso, cortó la oportunidad de obtener más huevos de oro. Estamos en una sociedad que hace hincapié en todo instantáneo: mensajes de texto, teléfonos celulares y café instantáneo. El verdadero éxito personal rara vez viene en esa moda instantánea, sino más bien por una planificación cuidadosa para el futuro a largo plazo.

Cuando hablamos de éxito, estamos hablando de más áreas de la vida que sólo una carrera. Demasiadas personas han sacrificado el éxito en las áreas físicas, familiares, espirituales y sociales en sus intentos de éxito en sus carreras. Manténgase comprometido a lograr el éxito en múltiples áreas de su vida. No tiene que elegir— puede tenerlo todo. (Más información sobre este tema en el capítulo 5)

"Un hombre con un dolor de muelas"

Shakespeare dijo una vez, "Un hombre con un dolor de muelas no puede estar enamorado", lo que significa simplemente que la atención exigida por el dolor de muelas no le permite observar otra cosa más que su dolor. En el trabajo con la gente que está pasando por cambio de trabajo, a menudo encuentro que el principio de Shakespeare se confirma. Veo hombres adultos ignorando a sus esposas, escondiéndose para evitar ver sus amigos, viendo demasiada televisión, y comiendo alimentos que ciegan sus mentes. Veo mujeres avergonzadas que después de otro despido dejan de ir a la iglesia, gastar un dinero que no tienen, leen novelas románticas en lugar de material de inspiración, y les pegan a sus hijos cuando hacen una pregunta inocente. El "dolor" de las necesidades de empleo parecen enmascarar la salud, vitalidad, y el éxito que tienen en otras áreas de la vida.

Pasar por un cambio de empleo ofrece una gran oportunidad para dar una mirada fresca a su éxito en otras áreas. Es una oportunidad para no disminuir, sino para hacer depósitos adicionales de éxito en su bienestar físico. La energía y la creatividad que pueden venir de una mente y un cuerpo agudos pueden generar las ideas que usted necesita en este momento. Recoja una pizza en lugar de una costosa cena y disfrute de más tiempo en familia. Organice una cena de olla con un grupo de amigos—se sorprenderá de cómo muchos de ellos están pasando por una experiencia similar y proporcionar un plato le costará no más que comer su propia cena. Recoja un gran libro para leer. Si usted lee sólo diez minutos al día, usted puede leer un libro nuevo al mes, lo que puede transformar su visión y preparación para nuevas opciones. Manténgase conectado espiritualmente. Se dará cuenta de que, en el ámbito de la eternidad, este evento es probablemente un punto diminuto en la línea del tiempo.

Nuestro modelo de trabajo americano común ha sido:

En este modelo, el trabajo es central. Somos a menudo más definidos por *lo que hacemos* que por *quiénes somos*. Cuando encuentro una nueva persona, la conversación normalmente va como sigue: *"Hola, John, soy Dan. ¿Qué hace usted?"* Desde que una breve respuesta, podemos sacar conclusiones acerca de la inteligencia de la persona, la educación, los ingresos y el valor para la sociedad. Con este modelo, tenemos nuestro sentido del valor total de nuestro trabajo. Todos los demás aspectos de nuestras vidas están obligados a encajar alrededor del trabajo, si hay tiempo. Esto lleva al resentimiento, frustración, sentimientos de pérdida de control, y la falta de equilibrio. También deja a uno muy vulnerable en que, si algo le sucede a ese trabajo, ya sea por las circunstancias o por su propia elección, entonces la pregunta se convierte en, *"¿Quién soy yo?"*. *Esto es* lo que sucede cuando el total de su identidad y sentido de valor están en su trabajo.

Lo que necesitamos es un cambio de paradigma a:

Sí, su *vocación/trabajo/Empleo/carrera* ha de incorporar como Dios lo ha dotado a usted, lo que desea lograr y cómo desea ser recordado. Sin embargo, necesita el éxito igualmente en esos otros ámbitos. Usted necesita un plan de vida que integra el trabajo con los elementos igualmente importantes de una vida exitosa. Aunque es importante, tenemos que recordar que un trabajo es simplemente UNA herramienta para una vida exitosa.

La próxima vez que se encuentre con alguien, trate de preguntar, *"¿Cómo está haciendo del mundo un lugar mejor?"* en vez de la normal, *"¿usted qué hace?"*.

Nuestra meta debe ser planificar nuestra *labor* en torno a nuestra *vida*, en lugar de planificar nuestra *vida* alrededor de nuestro *trabajo*. Ya sabe cómo acontece normalmente: papá obtiene una oferta de trabajo en alguna ciudad remota seis estados de distancia e inmediatamente desarraiga a la familia, los amigos, la escuela y la comunidad para asegurar una pieza del "éxito" magnificada artificialmente. A menudo los sacrificios realizados en otras zonas dejan heridas imprevistas en otros miembros de la familia. Sugiero en primer lugar determinar la vida ideal, incluyendo en donde seria geográficamente, con la plena confianza de que el trabajo significativo se puede encontrar (o crear) en cualquier lugar en el que usted elija para vivir.

Mirar áreas distintas a la carrera puede ayudarle a desarrollar patrones claros y puntos comunes que ayudan a definir lo que su empleo/ vocación/trabajo/carrera debe ser. Esto es realmente un proceso inverso, pero uno que lleva a la verdadera satisfacción. Muy a menudo, la gente elige una carrera o una línea de trabajo porque el tío Bob lo hizo o porque escucharon que podría ganar mucho dinero haciéndolo.

🦅 Yo solo trabajo por el dinero 🦅

"Nunca he sido feliz practicando la ley." "Nunca he tenido un sentido de propósito." "Me siento destinado a hacer algo grande, pero no tengo idea de por qué o qué." "Yo trabajo sólo por el dinero".

Estas son las declaraciones de un joven abogado que en su último cargo había estado enfermo durante seis meses, "desencadenado inicialmente por el estrés." Pero una "nueva oportunidad" de carrera se presentó y él ahora está trabajando en una posición de prestigio con una empresa de la lista Fortune 500. Lamentablemente, la enfermedad está retornando, comenzando con los síntomas de una sensación de ahogo y dificultad para respirar.

Hemos dicho antes, pero el dinero nunca es suficiente compensación para invertir nuestro tiempo y energía. Debe existir un sentido de significado, propósito y realización. Nada que no mezcla nuestros valores, sueños y pasiones nos causará en algún nivel, una asfixia. Una vida bien vivida debe ir más allá de simplemente lograr un cheque de pago de sueldo— incluso si se trata de uno muy grande.

La Biblia nos dice en Eclesiastés 5:10, "El que ama el dinero nunca está satisfecho con el dinero, y el que ama las riquezas nunca está satisfecho con los ingresos. Esto también es inútil." Si el dinero es la única recompensa de su trabajo, usted comenzará a ver el deterioro en otras áreas de su vida físicamente, emocionalmente, espiritualmente, y en sus relaciones.

La alineación apropiada para hacer el trabajo que amamos no significa que nuestra familia va a comer arroz y frijoles. De hecho, la alineación apropiada no sólo libera una sensación de paz y logro, pero es probable que el dinero se muestre en formas inesperadas. Me he sorprendido al ver los depósitos en mi cuenta como resultado de recomendar grandes conferencias a mis lectores y, a continuación, obtener comisiones por remisión.

En resumen:

• Reconocer que su carrera no es toda su vida. Es simplemente una herramienta para una vida exitosa.
• No ponga todas sus energías en un área. Comprométase a lograr el éxito en todas las esferas de la vida.
• Nuestra salud física tiene una relación directa con la energía y la creatividad que aportamos a nuestros trabajos.

- Una alineación profesional adecuada afectará directamente nuestras finanzas.
- Nuestro éxito en las finanzas y las otras zonas nunca exceden nuestro desarrollo personal y espiritual.

"El éxito nunca es un accidente. Comienza típicamente en imaginación, se convierte en un sueño, estimula una meta, crece en un plan de acción—que entonces inevitablemente se reúne con oportunidad. No se quedes atrapado en el camino."
—Dan Miller

"Fuego en las entrañas"

Santiago escribió, "Constantemente me cuesta unir un estilo de vida creativo con la seguridad financiera.

Personalmente, lucho para mantenerme fiel a mi creatividad y no caer ante mi miedo a la seguridad. Busco constantemente esa inspiración que une mi vida. Si, inspiración. Sé que tengo el espíritu de Dios corriendo a través de mí y que cada movimiento de mi vida es guiado. Recurrir a esa fe y avanzar es el reto al que me enfrento. Me he enfrentado a él y superado, pero definitivamente es una obra de fe. Sólo necesito no perder de vista el "fuego en las entrañas" que lo fortalece todo. Esto es cierto, tanto espiritual, física y mentalmente. Enséñeme a tener fe en mi propia existencia. "

James-sí, aférrese a ese "fuego en las entrañas". Demasiadas personas ignoran ese fuego para ser prácticas y realistas y terminan tratando de hacer algo de lo que no disfrutan. Usted puede ser creativo, artístico e innovador y seguir generando ingresos extraordinarios. He aquí un ejemplo: Se nos dice que el 95 por ciento de los autores nunca hacen más de $40.000 al año. Así que, si quiero hacer mucho más que eso, tengo que buscar maneras de hacer lo que el 95 por ciento de los autores no están haciendo. Puedo tomar mi mensaje central y presentarlo en libros tradicionales, pero también puedo compartir ese mensaje a través de recopilaciones de audio, manuales de instrucción, eventos en vivo, programas de afiliados, charlas, libros electrónicos, cursos en línea y grupos de membresía. De esta manera me posiciono en la categoría del 5 por ciento. Si usted es un artista, escultor, fotógrafo, diseñador de interiores, músico, atleta, comediante o mamá que se queda en casa, puede hacer lo mismo. Simplemente busque las cosas que el 95 por ciento de los demás en esa área no están dispuestos a hacer, y evitará la falta financiera comúnmente esperada en su área de experiencia.

Un plan de acción claro lo separará del 97 por ciento de las personas que conoce. Todo el mundo tiene sueños, pero muy pocos los convierten en objetivos. La diferencia entre un sueño y una meta es que una meta tiene una línea de acción de tiempo establecida.

Cuenta regresiva hacia el trabajo que ama

1. En el entorno de trabajo de hoy en día, que cambia rápidamente, ¿es realista esperar que un trabajo ofrezca algo más que un cheque de pago?

2. ¿Ha tenido alguna vez un sentimiento de «vocación» en su vida? ¿Cómo escucho ese llamado?

3. ¿Dios llama sólo unas pocas personas?

4. ¿Es razonable esperar que nuestro trabajo sea parte del cumplimiento de nuestra "vocación"?
5. ¿Puede decirme qué significa el éxito para usted este año?
6. ¿Se encuentra usted donde pensaba que estaría en esta etapa de su vida?
7. ¿Usted va a casa por la noche con un sentido de significado, propósito y logro?
8. ¿Si quiere resultados diferentes el próximo año, ¿qué está dispuesto a cambiar en lo que está haciendo ahora?

Visite www.48Days.com/worksheets para obtener más información sobre la creación de un plan de vida.

CAPÍTULO 5

El éxito es más que un trabajo

*El trabajo, en realidad, debe considerarse como una actividad
creativa realizada por el amor al trabajo en sí; y que el
hombre, hecho a imagen de Dios, debe hacer las cosas como
Dios las hizo, en aras de hacer una cosa que vale la pena...
El trabajo es el ejercicio natural y la función del hombre— la
criatura que está hecha a la imagen de su creador.*
-Dorothy L. Sayers, ¿Porque Trabajar?

El pastor Jones se sentó en mi oficina, agachado hacia abajo en
la silla grande y luchando por retransmitir los acontecimientos
de los últimos días. Después de 19 años de fiel servicio como
pastor, había sido informado que su contrato no sería renovado. No
importa cuán suave fue la entrega, el mensaje le gritó —que había
sido despedido. ¿Cómo le pudo suceder esto a un hombre de Dios?
A un hombre que dedicó su vida a servir a Dios en la trayectoria
de servicio más reconocida socialmente. La ira y el sentimiento de
traición salieron a la luz cuando comenzamos a explorar sus opciones
para salir adelante.

El retrato de los años precedentes, sin embargo, transmitió una
serie de banderas rojas que habían sido ignoradas. El pastor Jones

estaba de sobrepeso al haber ahogado algunas de sus frustraciones en el comer. Él tomaba medicamentos para la depresión y estaba siendo tratado por una úlcera sangrante. ¿No eran estos signos claros de una vida fuera de balance? Al cuestionar a este hombre gentil y piadoso acerca de su vida actual, descubrí su ingenua visión teológica. Él simplemente pensaba que, si estaba comprometido con Dios, de alguna manera todo saldría bien. Él dijo que era culpable de "ignorancia santificada". Desde entonces, me he recordado de esa patética frase cientos de veces al trabajar con personas con esta misma creencia errónea.

Ignorancia Santificada

Ignorancia Santificada, la creencia de que si amamos a Dios y sometemos a Él nuestras vidas todo funcionara, es una teología inmadura. Si se levanta cada mañana con una pizarra limpia, abierto a lo que ocurra ese día, va a vivir una vida de mediocridad. No es el camino de la realización, de la excelencia, de maximizar nuestro impacto y testimonio. El camino de menor resistencia—justo por donde parece más fácil ir—crea corrientes muy torcidas y gente muy frustrada. Realmente la vida piadosa es una enfocada en su propósito, teniendo, como el apóstol Pablo, una meta definida y un plan creado para su logro.

Conocer la voluntad de Dios no es un juego pasivo de adivinanzas. Más bien es tomar lo que Dios ya nos ha revelado y desarrollar un plan de acción. Y esa revelación viene a través de nuestros cuerpos, mentes, corazones y espíritus. Sí, somos sumisos a la voluntad de Dios, pero Dios no es un enojado administrador de tareas. Él no le obliga a ser miserable día tras día. El secreto para la creación de una carrera es alimentar tanto el alma como el bolsillo, como dijo el teólogo Frederick Buechner, encontrar donde "su profunda alegría y el hambre profunda del mundo se encuentran."[1] Allí va a encontrar un trabajo, una profesión, un negocio y una vida que valga la pena. No podemos hablar de hacer algo que no disfrutamos intrínsecamente, no importa cuán spiritual ese algo puede parecer a aquellos que nos rodean.

El pastor Bob había resentido la resistencia de su congregación durante años. Parecían lentos para actuar y sólo apoyaban moderadamente sus ideas para el crecimiento y el cambio. Su resistencia se reflejó en su falta de apoyo financiero. Él tenía dos rutas del periódico, exigiéndole comenzar cada domingo por la mañana a las 3:30 a.m., entregando los periódicos por tres horas antes de dar su mensaje. Su esposa trabajaba en una posición estresante para aportar a los escasos ingresos. Y, sin embargo, todo esto se justificaba porque él estaba "sirviendo a Dios". Su interés temprano en la ingeniería había sido descartado basado en una persona influyente que declaraba que Bob fue *llamado* a predicar. Incluso sin ninguna afirmación en su trabajo, él aún estaba luchando para cumplir la expectativa de otra persona.

¡Qué triste panorama! Ciertamente Dios no nos llama a este tipo de vida. *La ignorancia santificada* no es ninguna excusa para una vida fuera de la alineación, carente de alegría, satisfacción y un claro sentido de realización. Si usted es un barrendero de calles, entonces hágalo con alegría. Si usted es un panadero, entonces prepare cada pan nuevo de tal manera que haga cantar a los ángeles. La Biblia no clasificar la piedad de ocupaciones, sin embargo, personas bien intencionadas a menudo lo hacen. Mire cómo Dios lo ha dotado exclusivamente en sus destrezas y habilidades, rasgos de personalidad y valores, sueños y pasiones. Es en ellos donde encontramos el auténtico camino diseñado por nosotros para vivir una vida de propósito.

La rueda de mi vida

Cada una de las categorías en la rueda en la siguiente página representa una parte de nuestras vidas. Sombree en cada sección el grado en el que está alcanzando el éxito en esa categoría, (Un puntaje de 10 es excelente, mientras que una puntuación de 1 le pone en el centro de la rueda y significa que necesita trabajar en esa categoría).

¿Usted sabe qué hace una rueda desequilibrada? Se desvía y destruye el trayecto general del carro. Una vida desequilibrada hace lo mismo. Nadie quiere estar en el hospital con un ataque al corazón incluso teniendo 5 millones de dólares en el banco. Y nadie quiere estar en muy buen estado físico, pero ha sido rechazados por su familia y amigos. No se puede justificar el éxito en un área a expensas del éxito en otra. Tome la decisión ahora para tener éxito en las siete áreas, como se detalla más adelante en este capítulo. Aprenda a reconocer cuando usted está haciendo un retiro o un depósito físicamente, espiritualmente, en sus relaciones, etc. sin objetivos claramente definidos en cada una de estas áreas., Las actividades de su vida reflejará los deseos de aquellos que le rodean.

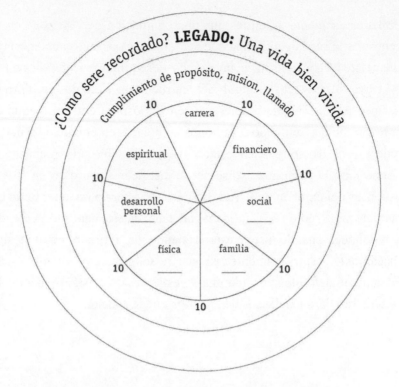

¿Necesita orar al respecto (o es sólo indecisión)?

Con frecuencia en mi jornada como consejero, me doy cuenta de que las personas están paralizadas en la vida debido a la indecisión. Recientemente, un caballero me dijo que había estado con su compañía durante 17 años y que había odiado su trabajo durante 16 años y once meses. Mi pregunta obvia fue, "¿Por qué sigue ahí?" Pero el temor de tener que tomar una nueva decisión era simplemente demasiado intimidante para él. Por consiguiente, la indecisión le mantuvo en un trabajo que detestaba. Una respuesta común de los buscadores espirituales cuando se enfrentan con cualquier decisión que deban tomar es, "Voy a tener que orar acerca de esto". Aunque ciertamente admirable desde un punto de vista espiritual, yo creo que esto a menudo no es nada más que un método socialmente aceptable de no tomar ninguna decisión. Días, semanas y meses pasan con situaciones y opciones sin resolver. Como todos sabemos, es una locura el seguir haciendo lo que siempre se ha hecho y esperar resultados diferentes. Continuando la indecisión y esconderse detrás de una cortina de humo espiritual no conduce a resultados diferentes ni a mayores niveles de éxito. ¿Puede vivir con los resultados de su propia inacción? Hay que reconocer que incluso no tomar ninguna decisión es una decisión.

Un reciente estudio de la Escuela de Negocios de Harvard preguntó, "¿Cuáles son las principales características de las personas con alto rendimiento?" Por supuesto, la lista de respuestas incluía, la educación, la inteligencia y la actitud. Pero en la parte superior de la lista, una característica sobresalió: *velocidad de ejecución*— tener la capacidad de actuar con rapidez. Las conclusiones indican que el 80 por ciento de las decisiones deben tomarse de inmediato.

> *El hombre mejora así mismo en cuanto sigue su camino; si se queda quieto, esperando a mejorar antes de tomar una decisión nunca se moverá*.
> **–Paulo Coelho**

Jim Rohn habla de esta cuestión en su libro *Enfrentando los Enemigos Internos*: "La indecisión es el ladrón de la oportunidad y de la empresa. Se roba las posibilidades para un futuro mejor. Tome una espada hacia este enemigo." [2] *En Pensar y Crecer Rico* (*Think and Grow Rich*), Napoleon Hill dice, ¡"la indecisión es la semilla del miedo!... ¡La indecisión se cristaliza en duda, las dos se mezclan y se convierten en miedo!"[3]

La Biblia agrega su sabiduría en Santiago 1:6-8: "Pero pida con fe, sin dudar. Para el que duda es como la oleada del mar, impulsada y sacudida por el viento. Esa persona no debe esperar a recibir nada del Señor. Un hombre indeciso es inestable en todos sus caminos".

La indecisión es una característica paralizante. Indecisión en una zona llevará sus efectos negativos a otras áreas de la vida. He visto a la par que los padres que no están seguros acerca de la selección de la escuela de su hijo se vuelven incapaces de funcionar durante meses, agonizando sobre su decisión.

"El perfeccionismo no es tanto el deseo de excelencia como lo es el temor al fracaso, amparado en la procrastinación"
-Dan Miller

La decisión. He visto trabajadores frustrados que permanecen en toxicas culturas corporativas porque son incapaces de decidir en seguir adelante. Y he sido testigo de empresas autónomas que fallan lentamente, ya que los dueños se sienten incapaces de tomar la decisión de detener el creciente agujero en el que se encuentran.

Mi esposa, Joanne, y yo hemos utilizado un proceso conciso para todos los años de nuestro matrimonio. Cuando nos enfrentamos a una decisión, permitimos un máximo de dos semanas para llegar a una decisión. Bien sea a dónde mudarnos, qué tipo de carro comprar, hacer una carrera o una decisión de negocios, o cómo manejar una relación difícil con un pariente, nos acercamos al proceso como sigue:

1. Estado del problema.
2. Obtener el asesoramiento y las opiniones de otros.
3. Listar las alternativas.
4. Elegir la mejor alternativa.
5. Actuar.

Y evitamos el tremendo poder de la indecisión. Sí, este pro- ceso debe ser bañado en la oración. Pero el caminar a diario de integridad y carácter debe proporcionar confianza en la mayoría de cualquier decisión. Usted también puede afrontar eficazmente el desafío de tomar decisiones sólidas. No sea indeciso e inestable en todos sus caminos. Por el contrario, camine en la fortaleza, confianza y audacia que provienen de una acción decidida.

El poder de tener un objetivo

Evidencia considerable indica que las expectativas de su futuro, en realidad, tienden a crear su futuro. Parece razonable entonces el dedicar algún tiempo a la determinación de expectativas específicas y valiosas que harán que su vida sea más significativa. Tenga en cuenta que sólo alrededor del 8 por ciento de la población general pueden identificar metas claras y sólo alrededor del 3 por ciento realmente las anota. Estas son metas concretas, y no sólo la de "Quiero una casa más grande y un mejor carro". Con este proceso, usted puede rápidamente ponerse en la categoría del 3 por ciento, señalando que ese 3 por ciento, en última instancia, logra más que el 97 por ciento restante.

> *La indecisión y la renuencia a tomar medidas se describen a menudo como la paciencia o "esperando en Dios".*
> **– Dan Miller**

Recuerde, en este proceso de planificación de carrera y vida- usted identificara sus:

1. Destrezas y habilidades
2. Tendencias de la personalidad
3. Valores, sueños y pasiones

Es en la mezcla de estas tres áreas que podemos crear un enfoque claro e identificar el trabajo que nos dará un sentido, cumplimiento y abundancia financiera.

El siguiente paso después de aclarar estos tres ámbitos es el definir metas en las siete zonas de logro de la vida. A medida que se identifican las metas, la imagen de la vida ideal emergerá. Y, en última instancia, el éxito es *la realización progresiva de metas deseadas.*

Jardinero maestro de su alma

Nuestras mentes son como jardines; ellos crecen todo lo que permitimos que se arraigue.

"Al igual que un jardinero cultiva su parcela, manteniéndola libre de malezas, y cultivando las flores y frutos, lo que él requiere, así mismo el hombre puede cuidar el jardín de su mente, echando fuera todos los pensamientos erróneos, inútiles e impuros y cultivando hacia la perfección las flores y frutos de pensamientos correctos, útiles y puros. Aplicando este proceso, un hombre descubre tarde o temprano que es el jardinero maestro de su alma, el director de su vida. Él también revela, en sí mismo, las leyes del pensamiento, y entiende, con cada vez mayor precisión, cómo funcionan las fuerzas del pensamiento y los elementos mentales en la conformación de su carácter, circunstancias y destino."[4]

Controle su propio destino al controlar lo que pasa dentro de su mente. Los libros que lee, los pensamientos que piensa, la televisión que ve, las conversaciones en las que participa, la gente con quien se asocia, y la música que escucha se combinan para crear su futuro. ¿Está sembrando las semillas de la vida que usted quiere de aquí a cinco años?

Para que su propósito en la vida se cumpla, debe establecer metas en varias áreas. El éxito no es sólo financiero o relacionado con la carrera; la familia, su estado físico y espiritual son aspectos de logro igualmente importantes. Ellos son parte del mismo conjunto. Este es todo el concepto de la persona- de *48 días hacia el trabajo que ama.*

El tiempo es el único recurso que nunca podrá recuperar. ¿Está gastando o *invirtiendo* su tiempo? Recuerde: *Una meta es un sueño con un marco de tiempo en ella.*

Chequeo Personal: ¿Dónde estoy ahora?

1. ¿Me falta algo importante en mi vida en este momento?

   ___SI ___NO

2. Sé lo que me apasiona.

   ___SI ___NO

3. Estoy bien organizado, se cómo concentrarme en mis principales prioridades y lograr hacer mucho cada día.

   ___SI ___NO

4. Tengo por escrito, un plan estratégico para mi trabajo y mi vida personal con las líneas de tiempo y mediciones cuantificables.

   ___SI ___NO

5. Tengo mucho tiempo para mi familia y relaciones sociales y me siento bien acerca del equilibrio que he logrado.

   ___SI ___NO

6. Yo invierto de cuatro a cinco días a la semana en ejercicio para restaurar mi capacidad física.

   ___SI ___NO

7. Estoy alcanzando regularmente mis metas de ingresos.

   ___SI ___NO

8. Mi vida refleja mis valores espirituales y estoy creciendo, madurando y ganando sabiduría en esta área.

___SI ___NO

9. He estudiado y desarrollado ideas nuevas y creativas en este último año.

___SI ___NO

10. Creo que estoy cumpliendo con mi misión en la vida.

___SI ___NO

Viviendo mis sueños

Recientemente, durante mi trabajo con un hombre joven, él me expresó este sentimiento: "Mi temor es que yo descubra lo que me gusta hacer, pero que para entonces ya sea demasiado viejo para disfrutar de una vida plena y vivirlo." guau, qué enfoque/evitar el conflicto. ¿Recuerda aquellos de su clase de introducción a la psicología? Usted quiere una galleta, pero sabe que al tratar de coger una recibirá una palmada en su mano.

¿Qué tal el ejemplo anterior? ¿Cuándo cruza usted la línea de edad sabia donde es mejor no querer saber sobre una mejor vida, sino más bien tratar de existir y esperar la tumba? ¿Es a los treinta y cinco, cincuenta o setenta años? ¿Es la ignorancia realmente felicidad después de todo? He tenido personas de veintisiete años de edad que temen que se haya perdido la oportunidad de una vida bien vivida. Esto tiene sentido si su sueño era jugar de estratega en el principal partido de futbol americano (Super Bowl), pero para la mayoría de nosotros, vivir nuestros sueños no es un evento.

Busque temas recurrentes en las cosas que le llaman la atención. ¿Es el arte, la música, los niños, los ancianos, los carros, el cuidado y la crianza de aves, la lectura, volar? No piense que tu sueño debe ser nuevo y revolucionario. Todos conocemos a alguien como Susie quien vende conchas marinas a la orilla del mar, pero la mayoría de las vidas realizadas pueden parecer ordinarias a un observador. Encontramos que incluso aquellos que terminan extremadamente ricos no están necesariamente haciendo algo raro; ¡al contrario, el elemento crítico es que están haciendo algo que en realidad disfrutan!

Su vida soñada integrará sus (1) Habilidades y aptitudes, (2) Tendencias de la personalidad, y (3) Los valores, sueños y pasiones. Confíe su corazón en este proceso. Es más intuición que lógica. Y confíe en que puede vivir sus sueños. ¡No se conforme con menos!

Metas

Cualquier etapa de la vida puede ser un tiempo emocionante con muchas oportunidades o un tiempo triste de confusión y atrapamiento. Puede no ser capaz de cambiar sus circunstancias, pero usted puede decidir que las circunstancias no lo dominen. Usted tiene opciones.

Algo mágico sucede cuando escribe sus metas. He visto a gente transformar sus niveles de éxito casi al instante, simplemente como resultado de la obtención de objetivos claramente definidos y por escrito.

Así que dedique algún tiempo a la determinación específica de expectativas que valgan la pena y que le harán su vida más significativa. Si usted no tiene un plan escrito para su vida, puede sentir como si estuviera conduciendo un carro sin tener las manos en el volante.

El 6 de mayo de 1954, Roger Bannister corrió la primera milla bajo cuatro minutos que se haya registrado en la historia. Los médicos dijeron que no se podía hacer—que el corazón humano podría explotar con tal esfuerzo. Seis semanas más tarde, un corredor australiano duplica esa hazaña. Aproximadamente un año después, ocho corredores universitarios rompieron el récord de milla en cuatro minutos en una competencia de atletismo. ¿Qué ha cambiado? ¿De repente, los seres humanos evolucionaron de tal manera que pueden correr más rápido que nunca antes en la historia? No es probable. Lo que ocurrió es que el nivel de expectativa cambió. Lo que se creía que era imposible se demostró que era posible. La mayoría de nosotros operamos bajo convicciones claras acerca de lo que somos capaces de lograr. Si esas creencias se modifican, los resultados cambian también. Zig Ziglar dijo en una famosa historia sobre el entrenamiento de pulgas: si pone pulgas en una jarra con tapa, estas se golpearán desesperadamente contra la tapa en un intento de escapar y lo harán por unos veinte minutos. A continuación, mientras plenamente convencidas de que no pueden salir de la parte superior de la jarra, usted puede quitar la tapa. Con un claro camino hacia la libertad, esas pequeñas pulgas van a morir de hambre en esa jarra. Intentaron escapar una vez y piensan que no tienen otra opción. He descubierto que muchas personas viven sus vidas dentro de límites que sólo existen en sus mentes.

¿Es usted de los que se propone metas? ¿suele establecer metas el primer día del año? Si no, ¿por qué no? Las metas le proporcionan un punto de partida y un destino. Es la forma más fácil de dar sentido a su vida, la dirección que le libera para utilizar sus talentos eficazmente.

Identifique metas de tres años luego trabaje en forma regresiva para que identifique que es lo que tiene que hacer hoy para que efectué depósitos en las áreas que lo llevaran a donde quiere estar en tres años. Sea específico, cree criterios cuantificables para rastrear sus depósitos hacia el éxito. Decir que quiere ser una mejor mamá, tener un mejor trabajo, o aprender un nuevo idioma es admirable, pero sin enumerar los pasos a seguir cuantificables, de metas específicas, no podrá moverse hacia una acción específica. Luego, otro año pasara sin ningún cambio real.

Si usted puede planear tres años a partir de ahora, usted probablemente se sorprenderá de cómo se empiezan a abrir puertas. Las personas que no pueden ver tres años terminan

> *"La mejor manera de predecir el futuro es crearlo."*
> **– Stephen Covey**

sintiéndose como víctimas de las circunstancias. Sienten que están siendo empujados a lo largo de la vía férrea de la vida con una locomotora justo detrás de ellos.

7 Zonas de logro

1. Financiero: los ingresos y las inversiones (si no puede soñarlo, no va a suceder).

¿Cuánto quiere ganar cada año en tres años?

¿Cuánto desea tener en el banco o en inversiones?

¿Qué está haciendo hoy para avanzar en esa dirección?

> *"La pobreza no es tanto la falta de dinero, como sí es una falta de elección. Pero luego esa falta de elección a menudo es sólo una ilusión—la elección estuvo allí todo el tiempo."*
> **-Dan Miller**

¡Si no puede soñarlo, esto no va a suceder! Nada es realista si no tiene un plan claro.

No deje que el fracaso lo paralice. "Si es débil en el día de adversidad, su fuerza será reducida" (Prov.24:10KJV).

2. Físico: la salud, la apariencia y el ejercicio.

¿toma paseos largos, hace ejercicio o medita regularmente?

¿Está viviendo una vida equilibrada? ¿Esta es un área que merece más tiempo?

¿Puede darse al menos 30 minutos para relajarse?

¿Sabía usted que el ejercicio físico es un proceso de limpieza que puede aumentar drásticamente su creatividad?

¿Qué está haciendo hoy para mantener o mejorar su salud?

La riqueza es difícil de disfrutar si usted ha renunciado a la salud en el proceso de obtención.

3. Desarrollo personal: el conocimiento, la educación y la auto-mejora.

Su éxito financiero y de otra índole, nunca superara su desarrollo personal.

Comience a hacer algo que ha pospuesto debido al riesgo de fracaso.

¿Quiere aprender un nuevo idioma? Hágalo este año.

> *"Las carcajadas son una buena manera de trotar internamente sin tener que salir a la calle."*
> **– Norman Cousins**

¿Cuántos libros se puede leer este año? Se dice que, si usted lee tres libros sobre cualquier tema, usted será un experto en ese tópico ¿Quiere saber qué libros recomiendo? Enviar un correo electrónico a reading@48Days.com y le daré mi lista actual de libros que pueden cambiar drásticamente su nivel de éxito.

Tómese el tiempo para el desarrollo personal, lo cual es la parte de inhalación de la respiración personal sana—si usted no hace nada más que exhalar, podrá volverse azul y desmayarse. Peter Drucker dice, "el conocimiento, por su propia definición, se hace obsoleto cada pocos años."[5] La única cosa que le permite ser un líder en el entorno actual es un continuo aprendizaje. No termine su educación cuando termine la escuela secundaria, universidad, etc.

¿Por qué cree que la ceremonia se denomina *inicio*?

¿Dónde buscar inspiración, mentores y aportes positivos?

¿Qué regalos tiene que no ha venido usando?

¿Hay algún potencial para el logro pleno que necesite ser desbloqueado?

¿Qué puede usted hacer hoy para crecer en su desarrollo personal?

4. Familia: la relación con los demás, el desarrollo de los niños, ubicación del hogar.

En un discurso a los graduados de Wellesley College, Barbara Bush dijo, "cualquiera que sea la época, cualesquiera que sean los tiempos, una cosa nunca cambiará: padres y madres, si tienes hijos, ellos deben venir en primer lugar. Usted debe leer a sus hijos y debe abrazar a sus niños y usted debe amar a sus hijos. Su éxito como una familia, nuestro éxito como sociedad, no depende de lo que suceda en la Casa Blanca, sino en lo que ocurre en el interior de su casa".

> *"Usted no tiene que quemar libros para destruir una cultura. Solo haga que la gente los deje de leer."*
> **- Gandhi**

La segunda ley de la termodinámica es que si las cosas se dejan a sí mismas estas tienden a deteriorarse. Grandes relaciones no suceden simplemente—estas ocurren como resultado de los depósitos hacia el "éxito" que usted desee.

¿Cuál es el tipo y la duración de las vacaciones que tomará este año?

¿Cuál es su objetivo para el tiempo libre con su familia y amigos?

Usted puede tratar de tomar el tiempo que normalmente se dedica a mirar un programa de TV favorito y pasar ese tiempo en su lugar con su cónyuge, un hijo o un amigo.

"La mejor manera de hacer que su cónyuge y los niños se sientan seguros no es con grandes depósitos en cuentas bancarias, pero con pocos depósitos de consideración y afecto en la "Cuenta de amor."
-Zig Ziglar

Para ser una "mejor" mamá, papá, padre o madre, defina qué significa "mejor". Usted puede decidir pasar veinte minutos cada noche con su hijo o un sábado por la mañana una vez al mes haciendo lo que el niño quiere hacer. ¿O que tal programar un evento nocturno con su conyugue cada trimestre del año?

¿Qué puede usted hacer hoy para tener más éxito en su familia?

5. *Espiritual:* buscando, la apertura, la participación, el compromiso personal y el estudio de las Escrituras.

¿Se puede decir que usted está viviendo el propósito de Dios para su vida?

¿En qué forma usted parte de algo que va más allá de sí mismo?

¿cómo ha manejado una crisis en este último año?

¿Se siente cómodo dando pasos de fe, o usted funciona con sólo lo que ya ha sido probado?

¿Confía en sus sueños como inspirado?

¿Cómo va a ser recordado?

¿Qué va a hacer hoy para crecer espiritualmente?

6. *Social:* aumento del número de amigos, participación en la comunidad, etc.

Cambie las viejas actitudes. Deseche lo negativo del pasado. Pida perdón. Haga las paces con la gente a quien usted necesita perdonar o que necesitan perdonarlo a usted.

Elija a alguien que pudiera ouidar o ser un mentor y, a continuación, hacer el esfuerzo para trabajar en esta relación a partir de hoy.

> *"Comience a tejer y Dios dará el hilo."*
> **– proverbio alemán**

Pase tiempo con una persona de edad avanzada y descubra algunos de sus recuerdos favoritos.

¿Dónde tiene que pedir perdón?

¿Qué promesa le hizo a alguien, pero no pudo cumplir?

¿Cómo puede dar aliento a sus amigos?

¿Qué puede hacer hoy para crecer social mente?

Carrera: ambiciones, sueños y esperanzas.

Su Carrera debe ser un *reflejo* de la vida que desee; es un resultado de saber lo que quiere y en las otras seis áreas. Una vez que usted decide sobre la vida que desea, resulta obvio de qué tipo de trabajo abarca eso. Quiero ayudarle a planificar su trabajo en torno a la vida que quiere.

No crea que hay un camino previsible para su carrera ideal.

Sólo usted ha tenido la experiencia y la "educación" que ahora posee. Eso lo puede colocar frente a una oportunidad para la que pocos están preparados.

"El mayor bien que podemos hacer por otro no es solo compartir nuestras riquezas, sino revelarle a él la propia."
- **Benjamín Disraeli**

¿Cómo contribuye su trabajo actual a su sentido de "misión" y "vocación"?

¿En qué consistiría su rutina diaria con el trabajo ideal?

¿Qué le impide avanzar hacia ello en este momento?

¿Qué puede usted hacer hoy para empezar a buscar —o crear— ese tipo de trabajo?

Estas siete esferas están íntimamente conectadas. Pueden levantarse juntas o caerse juntas. Por eso, si alguien ha perdido un puesto de trabajo, recomiendo que, como primera medida, esa persona se dé una caminata de tres millas cada mañana. Luego, pase más tiempo con su cónyuge, juegue con sus niños y sirva de voluntario en su iglesia y comunidad. Hacer Depósitos inmediatos del "éxito" en esas áreas acelerara la velocidad de su éxito en la lucha.

"Si un hombre no mantiene el ritmo de sus compañeros, quizás sea porque escucha un tambor diferente. Permítale que vaya al paso de la música que escucha, cual sea la medida o lejanía."
-Henry David Thoreau

Cuando una persona pierde un trabajo, sabemos que la primera área en ser afectada negativamente es la *carrera*. La próxima es la *financiera*. Con estas dos en problemas, *las* relaciones familiares suelen ser tensas, haciendo que *el desarrollo personal* y la auto-estima se desmoronen. Naturalmente, la persona está avergonzada y no quiere pasar el rato con los amigos *(social)*. Con todo este estrés negativo el lunes por la mañana, en lugar de enfrentar las calles, la pobre persona está sentada en el sofá comiendo papas fritas y viendo las *repeticiones* del programa de Televisión *Seinfeld*. Así que *físicamente* comienza su deterioro y, por supuesto, en todo esto se pregunta, "¿Por qué Dios está enojado conmigo?" *(espiritual)*.

Este no es un escenario poco común. Entonces, ¿cómo se puede prevenir o revertir ese ciclo descendente? Hace varios años vi a un joven que había perdido 3,2 millones de dólares en 18 meses. Era el dinero heredado de su abuela; lamentablemente, hizo algunas malas inversiones empresariales y lo perdió todo. Así que en su carrera y en el área financiera estaba en el hoyo. Yo le recomendé ir al gimnasio lo cual le mantuvo la mente ocupada, su energía enfocada y lejos de la comida chatarra y la televisión. Él consiguió estar en tan buena forma que usted podría haber rebotado monedas del estómago de este hombre. Yo creo realmente que la energía y la vitalidad que explotaron de su bienestar físico lo ubicaron muy rápidamente en un estado de recuperación en las áreas iniciales.

"Es Bueno soñar, pero es mejor soñar y trabajar. La fe es poderosa, pero la acción con fe es más poderosa. Desear es útil, pero el trabajo y la voluntad son invencibles."
– Thomas R. Gaines

Hace unos años experimenté un gran desastre financiero. Yo apalanque un negocio al siguiente y estaba en una posición vulnerable cuando cambiaron algunas regulaciones bancarias. Termine perdiendo todo lo que teníamos financieramente. Noten que no dije que nos estrellamos y quemamos o que fracase en todo lo que hice, pero perdimos todo nuestro dinero. Perdimos nuestra casa personalizada, nuestra ropa, y cualquier otra cosa de valor que la administración general de impuestos públicos (IRS) pudo rastrear. Yo sabía que era una presa fácil para que se arraigara el pensamiento negativo y este creciera rápidamente.

Tome prestado el carro de un amigo. Era un Mercury Zephyr Station Wagon, viejo y feo. Las ventanas no funcionaban, la radio no prendía, y utilizaba un cuarto de aceite cada cien millas. Pero yo llevaba conmigo un reproductor de audio portátil y comencé a escuchar material positivo. Escuche todo lo que podía conseguir que fuera positivo, puro, limpio e inspirador. Yo estaba en el carro la mayor parte del día y me dedique al menos dos horas diarias al proceso de escuchar. Llene todo mi tiempo con pensamientos positivos, dejando poco espacio para los negativos. Y empecé a experimentar éxito en algunas áreas nuevas. Tomé un trabajo en ventas por comisión, experimentando un montón de rechazo a diario, pero con el plan de ingresos más rápido que pude encontrar.

Esas dos horas al día tuvieron un profundo efecto en mi forma de pensar y éxito que nunca las he descontinuado. He descubierto el poder de la primera hora del día, lo que Henry Ward Beecher llamo "el timón del día — la hora dorada".

Tenga mucho cuidado en cómo comienza su mañana. Usted está plantando las semillas de lo que el día tendrá. Si llega tarde, toma una taza de café, se enfurece con los idiotas en el tráfico en su prisa por llegar al trabajo, y cae agotado en su escritorio a las 8:10, usted ha establecido el tono para el resto del día. Todo se siente bajo presión y sus mejores esfuerzos serán muy diluidos. (En un estudio del 2013 se observó que el 44 por ciento de las personas adineradas—ingresos de más de $160.000 — se levantan 3+ horas antes del trabajo, mientras que sólo el 3% de las personas pobres en ingresos —$30.000 —lo hacen).

Sin embargo, si se levanta relajado completamente después de un sueño reparador, puede elegir otro comienzo. No he utilizado un reloj de alarma durante los últimos veinticinco años, porque me voy a la cama a una hora razonable y tengo claro en mi mente de cuando quiero comenzar al día siguiente. Me levanto, hago treinta minutos de lectura meditativa y devocional, y a continuación, voy a mi zona de entrenamiento. Mientras estoy una hora en la caminadora, puedo aprovechar mi extensa biblioteca de audio, de modo que lleno esos sesenta minutos con esfuerzo físico combinado con la expansión mental. La motivación de Earl Nightingale, Napoleón Hill, Michael Hyatt, Dave Ramsey, y Seth Godin; la sabiduría intemporal de las charlas TED; la teología de Andy Stanley, Deitrich Bonhoeffer, y John Maxwell son la primera entrada en mi cerebro cada mañana. Yo nunca leo o escucho las noticias de primera hora de la mañana, no importa cuán importante que parezcan ser. Las noticias están llenas de la violación, el asesinato, la guerra, y el desamor, y eso no es lo que quiere meter en mi cabeza. Más tarde en el día, puedo escanear la noticia para todo lo relacionado con mis áreas de interés y clasificar rápidamente lo que necesito. Pero yo protejo cuidadosamente la primera hora del día, asegurándome de que todas las entradas tengan contenido positivo, creativo e inspirador. Muchas de mis ideas más creativas han provenido de este protegido momento del día, a menudo cuando estoy lleno de sudor. A las 9:00 a.m. estoy vigorizado, motivado y listo para afrontar cualquier cosa que el día pueda traer.

⚡ Nuestras carreras nos mantuvieron apartados ⚡

Yo nunca compro las revistas sensacionalistas en el supermercado. Pero a veces echo un vistazo a los titulares. ¡Recientemente vi otra pareja célebre anunciando su separación con el título "Nuestras carreras nos mantuvieron apartados" ¡Oh por favor!

¿Tienen ellos que hacer una película más para pagar la hipoteca de la casa? ¿una foto de portada para comprar otro Ferrari? ¡No, esto es sólo un ejemplo extremo de prioridades equivocadas! Aquí hay una cita del artículo: "citando las dificultades inherentes en carreras divergentes que constantemente los mantuvo aparte, llegaron a la conclusión de que una separación amistosa parecía mejor para ambos en este momento."[6] Sí, explíquele eso a los niños de seis y ocho años de edad. "Chicos, mami y papi piensan que tener una gran carrera es más importante que el hecho de ser una familia". Con todas las opciones de hoy, es esencial definir sus propias prioridades. Si usted simplemente responde a las circunstancias, cualquier obstáculo lo enviara en una dirección nueva. Las circunstancias no deben determinar nuestras elecciones obstáculo le enviará en una nueva dirección. Las circunstancias no deben determinar nuestras elecciones. Las prioridades bien pensadas nos pueden guiar a través de los cambios inevitables que vendrán en nuestro camino. Las carreras son herramientas para tener éxito en la vida, pero nada más que una pieza de una vida exitosa. Sin éxito financiero, con la familia, socialmente, físicamente, espiritualmente y en el desarrollo personal, el éxito profesional estaría vacío y carente de sentido.

Aquí están algunas cosas que Joanne y yo hemos practicado no sólo para mantener sino para prosperar en nuestro matrimonio y a largo plazo:

- Tratar a los demás con respeto
- Nunca elevar nuestras voces en la ira
- Reservar los viernes en la noche para salir juntos
- Hacer pequeñas cosas solo por consideración del uno por el otro
- Al menos dos abrazos diarios
- Mucha sobadas de espalda
- Tome un crucero una vez al año
- Dedicar tiempo a la mañana del domingo compartiendo lo que estamos leyendo

Me encanta mi carrera como autor y entrenador. Pero si tuviera que elegir entre mi carrera actual y Joanne, yo la elegiría a ella en un nanosegundo. He podido encontrar muchas maneras nuevas de generar hacer un ingreso.

Del comienzo de este capítulo, ¿recuerda el Pastor Jones con su ignorancia santificada? Él está rediseñando su vida también. Los años de estar fuera de la pista no pueden recuperarse completamente, pero él puede redirigir para capturar el valor de sus años restantes. Él está trabajando en una empresa de ingeniería con muchas oportunidades para cambiar su fe y sus valores. Sus ingresos han incrementado gramáticamente, reduciendo así el stress y resentimiento de su esposa e hijos. Él se encuentra en una dieta rigurosa para bajar de peso y está experimentando la satisfacción inmediata de los pequeños pasos para alcanzar el éxito. La visión y la acción divina están reemplazando sus años de *ignorancia santificado*.

Cuenta regresiva para el trabajo que me encanta

1. ¿Usted se fija metas? ¿suele establecer metas en la primera del año? Si no, ¿por qué no?
2. ¿Cómo describiría su enfoque en el trabajo actual?
3. ¿Qué aficiones tiene? ¿qué otras habilidades e intereses tienen?
4. ¿Cómo participa en su comunidad?
5. ¿Cuál fue tu actitud de su padre y madre frente al trabajo y cómo lo ha afectado?

Consulte www.48Days.com/worksheets para obtener un proceso de establecimiento de metas más completo.

CAPÍTULO 6

La cura para el descontento divino

"Oración por la alegría"
Ayúdame, oh Dios,
Para escuchar qué es lo que hace que mi corazón se alegre y
Seguir a dónde conduce.
Que la alegría, no la culpa,
Tu voz, no las voces de los demás, tu voluntad,
No mi obstinación,
Sean las guías que me llevan a mi vocación.
Me ayuden a desenterrar las pasiones de mi
Corazón que yacen sepultadas en mi juventud.
Y ayúdame a pasar por ese terreno una y otra vez hasta
Que pueda sostener en mis manos,
Sostener y atesorar, tu
Llamado en mi vida.

-Ken Gire, WINDOWS OF THE SOUL

Ralph Waldo Emerson habló sobre el concepto de "descontento divino", ese estado de saber que no estamos realmente caminando el plan perfecto de Dios para nuestras vidas. El popular grupo musical "Sixpence None the Richer" tiene un álbum Titulado *Descontento Divino*. Esta es una expresión musical de nuestra justificada insatisfacción con las cosas en esta vida que están causando la disonancia o agitación continua. En *Walden*, Henry David Thoreau dijo que "la mayoría de las personas viven una vida de callada desesperación."[1]

Cuando hay una incompatibilidad de quienes somos y el trabajo que estamos haciendo, experimentamos este "descontento divino". Mirando hacia adentro en su propia singularidad es un punto de partida necesario para buscar orientación profesional adecuada. Identificar nuestros dones y talentos internos y utilizarlos eficazmente en nuestro trabajo son componentes críticos de nuestro bienestar espiritual.

Por lo tanto, mirar anuncios de trabajo o tener la esperanza en que el gobierno o una empresa proporcionará un "trabajo" es revertir el proceso de encontrar su propia vocación. Buscar un trabajo antes de mirar profundamente hacia adentro es probable que cause un cortocircuito en el proceso de búsqueda de su vocación.

Puede estructurar su trabajo en torno a metas y relaciones significativas y su personalidad única, sueños y pasiones. Mire hacia adentro para dar forma al trabajo que es apropiado para usted, y la solicitud aparecerá.

Espere cambio y volatilidad en el lugar de trabajo para aumentar las posibilidades de crear un trabajo significativo. Es a menudo en medio de los cambios y retos que nos encontramos con nuestro verdadero sentido.

Emerson agrega, "una consistencia tonta es el duende de las mentes pequeñas, adorado por pequeños estadistas, filósofos y teólogos. Con consistencia un alma grande simplemente no tiene nada que hacer."[2]

El "humus" en mi vida

Si es un jardinero como yo, usted aprecia el valor del humus—las hojas decaídas y la materia vegetal que alimenta las raíces de sus nuevas plantas. Es interesante observar que la misma raíz de la palabra humus da lugar a la palabra humildad. Esto me ayuda a comprender que los "humillantes" eventos de mi vida, los acontecimientos que dejan "lodo en mi cara" pueden en realidad ser la fertilizante en el que algo nuevo y grande puede crecer.

Hace varios años, experimente la situación empresarial que ninguno de nosotros quiere enfrentar. Las relaciones de apretón de manos con el banco cambiaron y mis notas fueron llamadas. Me vi obligado a vender un gimnasio y centro de salud en una subasta, resultando en más de $100,000 en deuda personal. Esa experiencia "humillante" refinó mi pensar y comprensión de los negocios. Hoy, estoy libre de deuda bancaria, tengo un negocio totalmente fuera de lo tradicional, una increíble sensación de propósito y significado en mi trabajo, y mucho más ingreso que el que generé en aquellos días.

Recuerde, es generalmente en medio de la suciedad y el desorden que las condiciones para el renacimiento se están creando.

Mirando hacia adentro primero es el único camino realista para desarrollar una correcta dirección hacia afuera. Yo le digo a la gente que el 85 por ciento del proceso de contar con la confianza en la dirección correcta es mirar hacia adentro. El quince por ciento es la aplicación de currículo, búsqueda de empleo, entrevistas, etc. Nuestra sociedad nos enseña a poner el carro delante del caballo — conseguir un trabajo y hacer que su vida funcione. ¡incorrecto! Para que tenga un verdadero "éxito" debe conocerse a sí mismo y planificar su vida en primer lugar y, a continuación, planificar su trabajo para abrazar la vida que desea.

> *"El que conoce a los demás es instruido, el que se conoce a sí mismo es sabio."*
> **- Lao-Tse**

Los principios en *48 días hacia el trabajo que ama* no es solamente un proceso de análisis racional o una serie de pruebas para definir sus habilidades. Más bien, los principios enseñan un proceso para que aprenda a ponerle atención a lo que Dios ya le ha revelado—personas, eventos, y actividades que evocan la respuesta más firme en usted. El proceso es más intuitivo que lógico, más un arte que una ciencia. Nuestros corazones tienen que unir nuestras cabezas para encontrar el verdadero sentido de la vida. Las pruebas de carreras siempre han sido artificiales e inadecuadas, buscando principalmente lo que se *puede* hacer. Los tiempos de cambio son una gran oportunidad para prestarle atención a su corazón—para ver temas recurrentes que usted disfruta y hacia los cuales está más inclinado.

Tres áreas clave a considerar

El tiempo que gaste mirándose a usted mismo proporcionará un 100% de rentabilidad en términos de ayudar a crear una dirección correcta. Cuanto más sepa acerca de usted, más confianza puede tener sobre el derecho de elegir el entorno de trabajo.

Cualquier trabajo que tenga deben mezclar las siguientes tres áreas personales.

Destrezas y habilidades

Sí, debe tener la capacidad para hacer su trabajo, pero debe tener en cuenta que la habilidad o capacidad por sí sola no conduce necesariamente a un sentido de propósito y satisfacción. Usted puede tener la *habilidad* para hacer ruedas de madera perfectas, pero puede haber un poco valor en hacerlo. Usted puede ser un excelente dentista y aún estar insatisfecho en ejercer la odontología. Muchas personas han demostrado la capacidad de hacer algo bien y sin embargo se sienten miserables en hacerlo día tras día. Tenga en cuenta que la mayoría de las pruebas de carrera se centra en lo que usted tiene la *capacidad* para hacer. Pero en el momento en que usted alcance la edad de veinticinco a treinta, probablemente tenga la capacidad de hacer 150 a 200 cosas diferentes. Tener la capacidad no es suficiente razón para gastar su tiempo y energía haciendo algo. Tiene que ir más allá.

Las áreas de habilidades podrían incluir marketing, presupuesto, programación de computadores, servicio al cliente, contabilidad, supervisión, asesoramiento, entrenamiento, escritura, organización, diseño, etc. preste atención a esas habilidades que le dan placer y alegría cuando las usa.

Tendencias de la personalidad

Esta es un área que es ignorada a menudo —pero frecuentemente es el fallo fatal en el éxito o fracaso de una persona. ¿Cómo se relaciona usted con otras personas? ¿En qué tipo de entornos te sientes más cómodo? ¿Es una persona sociable, o está más cómodo con proyectos y tareas? ¿es expresivo y visionario, o es lógico, analítico y detallado? ¿Le gusta un ambiente predecible, o busca el cambio, los retos y la variedad? La clarificación le ayudará a identificar su mejor situación en el trabajo.

Desafortunadamente, el éxito en un cargo puede provocar que lo promuevan a una posición que no es una buena opción. El libro clásico *El Principio de Peter*, por el Dr. Laurence J. Peter, aclara cómo la gente en nuestra cultura se promueve con frecuencia fuera de donde funcionan mejor a una posición de incompetencia.[3] un cajero que es amado por sus clientes puede ser "recompensado" con la promoción a gerente de sucursal donde allí tiene que manejar los detalles financieros. Un trabajador de línea puede ser promovido a jefe de turno, convirtiéndole en el disciplinario con las personas que solían ser sus amigos. Un gran vendedor puede será promovido a gerente de ventas donde se espera que supervise la programación del horario de trabajo del personal.

El conocer sus rasgos de personalidad más fuertes deben permitirle que usted permanezca fiel a aquellas áreas que le son auténticas y agradables.

Los rasgos de personalidad comunes se agrupan en cuatro categorías:

1. **Dominancia (conductor) —león-águila:** Toma el control, le gusta el poder y la autoridad, seguro, muy directo, audaz, decidido y competitivo.

2. **Influyente (expresivo) —nutria—pavo real:** Buen lector, extrovertido, divertido, impulsivo, creativo, enérgico, optimista, busca la variedad y es promotor.

3. **Estable (amable) —perro Golden Retriever - paloma:** Leal, buen oyente, calmado, disfruta de rutina, simpático, paciente, comprensivo, confiable, evita el conflicto.

4. Cumplido (analítico) —conejo—búho: Ama el detalle, muy lógico, diplomático, factual, deliberado, controlado, curioso, predecible, resistente al cambio.

Debe ser capaz de identificarse solo de esta lista. Si desea obtener un informe más detallado, consulte mi "Informe de la personalidad de 48 días" en: www.48Days.com/store/personalityprofiles.

Este es un perfil completo de treinta y cinco páginas, personalizado para usted solo (y proporcionamos un proceso fácil para su compra). Recibirá su informe completo inmediatamente; Incluyendo una lista de carreras sugeridas basadas en sus respuestas personales de estilo. Como bono, recibirá un "Juego de carácter Bíblico" y tendrá acceso a mi guía de aplicación paso a paso en formato audio. Este es el mismo perfil que uso como un punto de partida con todos mis clientes de asesoría personal, y cientos de iglesias y empresas que utilizan estos informes para la creación de un equipo de trabajo precisa y coincidente.

Valores, sueños y pasiones

¿Qué es lo que usted encuentra naturalmente agradable? Si el dinero no fuera importante, ¿en qué gastaría su tiempo haciendo? ¿Cuándo encuentra usted que el tiempo vuela? ¿Cuáles son los temas recurrentes que siguen llegando a su pensamiento? ¿Qué disfrutó cuando era un niño, pero quizás le dijeron que era poco realista o práctico para centrarse en una carrera?

Esta es un área difícil para la mayoría de la gente. Hay un mito sutil y espiritual que indica que el seguir nuestros sueños es egoísta y algo por lo cual Dios fruncíría el ceño. Ese tipo de pensamiento implica que Dios está totalmente fuera de nosotros mismos; somos simplemente robots físicos separados de Su mente y de Su corazón. No obstante, fuimos creados a imagen y semejanza de Dios, y como tales somos creadores. ¿Por qué Dios nos ha creado para pensar con imaginación y tener sueños vívidos sólo para aplacar esos sueños por practicidad? Considere la posibilidad de que sus sueños y deseos son la voz de su alma, la voz de Dios dentro de sí, anhelando la expresión a través de su fe y acción. Y en la medida en que usted se mueve hacia sus valores, sueños y pasiones, usted pasara a ser más espiritual y más plenamente lo que Dios quiere que sea.

Parece que somos capaces de comprender si alguien tiene una pasión por la enseñanza, la medicina, la construcción, o el servicio de atención al cliente. Estos conducen a "verdaderos trabajos" con salaries reales y beneficios. Pero ¿qué sucede si sus pasiones no son tan comunes? ¿Es posible seguirlas de todos modos? Hemos visto que las personas desarrollen su pasión por el arte, la música, el teatro, la escultura, el cultivo de hostas, la madera, el hornear, y ayudar a los pobres en un trabajo muy rentable y significativo. No piense que su pasión debe ser enterrada mientras hace algo práctico y realista.

🦅 Soñadores del día 🦅

En Siete Pilares de la Sabiduría, T. E. Lawrence dice, "Hay soñadores, pero no todos los seres humanos sueñan por igual. Algunos son soñadores de la noche, que en los recintos polvorientos de su mente sueñan y despiertan en la mañana para encontrar que era solo vanidad. Pero los soñadores del día son peligrosos porque actúan sus sueños en la realidad con los ojos abiertos."[4]

Hoy en el sofisticado mundo tecnológico, solemos rechazar nuestros sueños como el resultado del exceso de pizza o tener demasiado en nuestras mentes cuando nos fuimos a la cama. No subestime el valor de su sueño nocturno literal para resolver problemas y enfoques creativos para su situación. Y por todos los medios, siga soñando durante el día. Aproveche los pensamientos recurrentes y las ideas que le han seguido por años. Si no puede soñarlo, no es probable que suceda. El éxlto no se esconde de nosotros. Se inicia como un sueño que se combina con un plan de acción claro. Sea un soñador de día y vea como su éxito se dispara.

Encuentro que mucha gente ha desperdiciado sus energías creativas invirtiendo en gran medida en las esperanzas, sueños, planes y expectativas de los demás. Padres, amigos, maestros y pastores, bien intencionados, pueden haber ejercido un control sutil para oscurecer o confundir sus propias direcciones. Suelo encontrar profesionales en sus cuarenta y cincuenta que están descubriendo que la vida que están viviendo no es la propia. El querer apoyo y aliento es muy natural, y buscamos esto primero en nuestro núcleo familiar, luego de un creciente círculo de amigos y gente influyente. Lamentablemente, este aliento rara vez apoya realmente una ruta individualizada, sino las amplias aplicaciones de "doctor, dentista, maestro, abogado, fontanero, ingeniero", etc. La precaución es la respuesta común a algo radicalmente diferente, único o creativo en aplicación. Así, después de agregar los temores de familiares y amigos a los propios, se elige el camino "seguro". Y allí, atrapado entre sueños emocionantes y el miedo al fracaso, nace el camino hacia una carrera aburrida.

"Para saber lo que usted prefiere en lugar de humildemente diciendo "Amén" a lo que el mundo le dice usted debe preferir, es haber conservado su alma viva."
– Robert Louis Stevenson

Por lo tanto, el reto que más a menudo escucho es "todavía estoy tratando de averiguar qué quiero ser cuando crezca." Esto se dice a menudo como una bochornosa auto-revelación de una persona de cuarenta y cinco años de edad, pero es un punto de partida realista y saludable. Es muy difícil ver claramente todas las opciones y tener la auto comprensión necesaria a los dieciocho años para poder hacer las preguntas adecuadas, y mucho menos para poder tomar las decisiones correctas. La creación de la dirección de vida adecuada es un proceso continuo y sí, puede ser intimidante y excitante al mismo tiempo. Valore la experiencia de vida que ha tenido. Incluso en el caso de estar insatisfecha y en el camino equivocado, estas experiencias le ayudarán a proporcionar la claridad con la que ahora se pueden tomar realmente buenas decisiones.

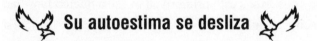 ## Su autoestima se desliza

Si hay un asesino consistente de conseguir un nuevo empleo o para iniciar un nuevo negocio, es la pobre autoestima de la persona que realiza la búsqueda. Aquí hay algunos signos reveladores de que su autoestima puede estar patinando:

- Un mal manejo del tiempo.
- Faltar a las citas o llegar tarde a los compromisos.
- Reducir gradualmente en programas de ejercicio. Nosotros nos encargamos de lo que valoramos y esta es una manera de decir, "No me importa a mí mismo".
- El abandono de la participación de grupo. No tiene tiempo esta semana para el comité escolar, reuniones de la iglesia, de un grupo de estudio, etc.

- Convertirse en una papa de sofá. El peor uso del tiempo—combinación de lo que no es urgente y no es importante. Exceso de TV, etc.
- Deterioro de relaciones.
- Dejar de cultivar amistades y relaciones personales.
- La baja autoestima es un resultado inicial común de la pérdida de empleo.

El ciclo es usualmente uno de ira, resentimiento, falta de perdón, culpa, depresión. La depresión implica "presionando hacia abajo la energía que quiere expresarse". La depresión conduce a una mayor inactividad. Cualquier cosa que le llevará fuera de sí mismo comenzará a disminuir el ciclo. Encuentre una manera de servir e invierta los pasos enumerados anteriormente.

¿Debe todo el mundo encajar en el mismo molde?

Frecuentemente, en el trabajo de orientación profesional con alguien, me doy cuenta de que la persona está tratando de estar en las ventas cuando él es un experto en contabilidad o tratando de sobresalir en la docencia cuando ella es más talentosa en la reproducción de música.

¿Por qué es que tratamos de hacer algo distinto de lo que Dios ha diseñado para nosotros? Parte de la presión es que figuramos el valor de ciertos trabajos o habilidades. ¿Preferiría ser un médico promedio o un excelente carpintero? ¿Preferiría ser una docente mediocre o un destacado paisajista? Creo que necesitamos identificar cuidadosamente los dones especiales que Dios ha dado a cada uno de nosotros y, a continuación, ser excelente en el uso de esos dones.

Permítanme usar una historia para ilustrar la presión que muchos de ustedes sienten al realizar algo en lo que usted puede no estar equipado. Comienza en la escuela.

Érase una vez, todos los animales en un reino especial de animales avanzados estaban muy entusiasmados acerca de la nueva escuela que se estaba formando para sus animales niños. Los administradores modernos organizaron la escuela y adoptaron un plan de actividades que consistía en correr, trepar, nadas y volar.

Todos los animales acudieron a esta nueva escuela progresiva ansiosos en matricular a sus hijos. Después de todo, ellos querían lo mejor para sus hijos. El Sr. y la Sra. Pato inscribieron a su hijo pato Davy, y esperaban grandes cosas de él porque este era un excelente nadador. De hecho, él era mejor que el instructor. Sin embargo, Davy había ido sólo una semana a la escuela cuando los administradores descubrieron que él era bastante pobre en correr, saltar y trepar árboles. Así que lo hicieron permanecer después de la escuela para poner en práctica esos conocimientos. Por último, los pies palmeados de Davy se volvieron tan desgastados de escalar árboles lo cual implico que se volviera promedio en natación. Pero el promedio es aceptable en esta escuela, por consiguiente, nadie se preocupaba por esto excepto pato Davy, quien realmente amaba la natación.

Ahora, Ronnie Conejo fue el primero de la clase en correr, pero terminó con un colapso nervioso debido al trabajo extra que tenía que hacer en natación. Y, Sammy Squirrel fue excelente en escalar hasta que desarrolló calambres por agotamiento y consiguió una C en escalada y una D en marcha.

El águila Ernie era un niño problema y fue frecuentemente disciplinado. En la clase de escalada, derrotó a todos los demás en llegar a la cima de los árboles, pero no siguió los procedimientos de escalada e insistió en llegar a la cima del árbol utilizando su propio método. Él no era un buen jugador de equipo y solía ir por su cuenta. Sus maestros no podían entender su deseo de ver cosas nuevas y lo amonestaron por soñar en el aula de clases. Finalmente, le prescribieron la droga Rizalina para tratar de hacer de él un mejor estudiante.

Al final del año, Freddie el pez dorado podía nadar excesivamente bien y también podría correr, trepar y volar un poco. Freddie tuvo el puntaje más alto y fue elegido como el mejor de la clase.

Los perros de barrio se quedaron fuera de la escuela y lucharon contra el gravamen del impuesto porque la administración no añadiría la excavación y el acarreo en plan de estudios de la escuela. Los perros notaron la tensión emocional de los demás estudiantes y estaban estudiando la posibilidad de iniciar una escuela propia.

Qué triste que a menudo solemos disminuir nuestros mejores dones luchando valientemente por desarrollarnos en el área y habilidad de otra persona. Es mejor centrarse en su singularidad y hacerlo con excelencia que terminar con mediocridad en varias áreas. Utilice la siguiente regla para organizar su estrategia de trabajo:

- Trabaje 80 por ciento del tiempo en lo que usted está más dotado.
- Trabaje 15 por ciento del tiempo en lo que usted está aprendiendo.
- Trabaje 5 por ciento del tiempo en lo que usted es más débil.

El camino satisfactorio se suele descubrir justo en frente de una persona. Normalmente hay temas recurrentes en los momentos de la vida—momentos en que se reconoce estar "conectado" o "en la zona". En la gran película vieja *Carros de Fuego (Chariots of Fire)*, Eric Liddle es aconsejado por su hermana que olvide su pasión por correr y vuelva al digno ministerio de misiones de la familia. Todavía se me hace la piel de gallina cuando escucho la respuesta de Eric, "Dios me hizo rápido, y cuando corro siento Su placer." No ignore sus verdaderas pasiones, incluso si las aplicaciones normales no parecen alinearse con las trayectorias de carrera "prácticas" o producen ingresos "realistas". Un poco de tiempo mirándose así mismo proporcionará una gran retribución en términos de seleccionar y estructurar una oportunidad alrededor de sus dones y fortalezas.

La integración será crítica y le llevará a reconocer patrones claros y coherentes, identificando áreas de oportunidad para la aplicación profesional. Busque la aplicación inusual de su singularidad. Si yo digo "maestro de escuela", la primera cosa que viene a la mente puede ser una escuela metropolitana y con treinta y dos niños en el aula; no obstante, usted podría ser un maestro que trabajaba la para IBM, que vive en Londres, Inglaterra. Todo lo que necesitas es una aplicación única que integra sus (1) habilidades y aptitudes, (2) Tendencias de la personalidad, y (3) Los valores, sueños y pasiones. Este es un proceso muy individualizado. No hay ningún mismo molde de plan para todos, incluso si existen similitudes en el fondo, edad y educación.

"Todo el mundo es un genio. Pero si se juzga a un pez
por su habilidad para trepar árboles vivirá toda su vida
creyendo que es estúpido."
– Albert Einstein

¿Riesgo-peligro u oportunidad?

Escucho con frecuencia a alguien decir que no desea probar un nuevo trabajo, un nuevo deporte, un carro nuevo, o una ruta de diferente para ir a la oficina, debido al "riesgo" que conlleva. Ciertamente, oímos esto especialmente cuando una persona está considerando una nueva carrera o cambiar de posición. ¿Por qué dejar lo predecible por lo impredecible? Y, sin embargo, ese puede ser el núcleo de la cuestión aquí. Si va a Las Vegas y poner la escritura de su casa boca abajo en una tirada de los dados, eso es apostar—arriesgar sin un control o plan razonable.

Sin embargo, si usted está en un entorno de trabajo negativo, ha chequeado sus opciones, y está trasladándose a una organización sólida y con un ingreso más alto, ¿cómo puede llamarse eso "riesgo"? Riesgo implica saltar por un acantilado sin ninguna idea de lo que está en la parte inferior. En los movimientos de negocios o carrera, reducimos considerablemente el riesgo al tener un minucioso plan de acción. Lo llaman "aprovechar la oportunidad" en lugar de "riesgo". A veces el riesgo más grande es no tomar uno.

¿Mi Trabajo Tiene algún significado?

Con frecuencia, alguien me pregunta: "¿Tiene mi trabajo algo que ver con una vida plena?" o "¿realmente debo esperar para disfrutar de mi trabajo?".

Estas preguntas implican, "¿es simplemente egoísta el esperar disfrutar de mi trabajo? ¿no es parte de la vida el tener que trabajar y probablemente no disfrutarlo? Muchos de nosotros crecimos con una fuerte ética laboral americana—se esperaba que trabajáramos en granjas o en fábricas u otro tipo de trabajo intensivo y sin cuestionar si era algo que disfrutábamos. Esa era nuestra obligación. Pero observe lo que ha sucedido al adoptar ese marco de referencia. Comenzamos a tener menos orgullo en el trabajo que estábamos haciendo, esperando solo a que llegara el fin de semana.

"Cuando se escribe en chino, la palabra "crisis" consta de dos caracteres, uno representa el peligro y el otro representa oportunidad."
–John F. Kennedy

Esta actitud sobre el trabajo ha socavado nuestra sociedad estadounidense. Nosotros hacemos el trabajo porque tenemos que hacerlo. Por lo tanto, estamos satisfechos con el trabajo de mala calidad, tratar a los clientes como imposiciones, y buscar excusas para quedarse en casa. Por consiguiente, incluso aquellos que son profundamente espirituales han desarrollado un estilo de vida dualista, ser espiritual el domingo — preocupado por la integridad, el carácter, la amabilidad, y la bondad, pero durante resto de la semana, bueno, eso es sólo el trabajo. Esta compartimentación no aparece bajo ningún punto de vista en la plenitud espiritual.

La Biblia no hace ninguna separación de las diferentes áreas de nuestras vidas, todo es espiritual. La Biblia da dignidad a cualquier trabajo. Cualquier habilidad que Dios le ha dado puede ser usad a para el ministerio. Jesús era un carpintero o albañil de piedra. Pablo trabajó con cuero y hacia carpas, y algunos de los discípulos eran pescadores. Cada uno de nosotros somos llamados al ministerio—y nuestro trabajo único es nuestra mejor oportunidad para compartir con el mundo. Si somos ejemplos de integridad, carácter y bondad, tenemos oportunidades alrededor para aplicar nuestros talentos y hacer del mundo un lugar mejor. Usted realmente no necesita viajar al otro lado del mundo para usar sus dones como una forma de ministerio.

Nunca separe el trabajo de su devoción. Vea lo que hace durante la semana como una forma de adoración. Recuerde, usted está en servicio de tiempo completo, haciendo lo que Dios le ha llamado a hacer conecta sus habilidades únicas, su personalidad, sus sueños y pasiones.

Mi jefe es descendiente de Satanás

No, yo realmente no me invente esta frase. Como de costumbre, las ricas historias de vida que escucho en el trabajo con personas en transición ofrecen suficientes anécdotas que no tengo que ser muy creativo en la búsqueda de frases que describen vívidamente situaciones reales.

Recientemente, una señorita muy exitosa escribió esto en su formulario de pre-entrenamiento: "Mi empresa va en una dirección estrictamente motivada por el dinero, y mi jefe puede muy bien ser de la descendencia de Satanás." Ella valido sus sospechas con una serie de ejemplos que ciertamente me convenció de que estaba en lo correcto.

Cómo saber si su jefe es de descendencia de Satanás:
- No queda moral
- Odio y peleas
- Celos y enoja
- Esfuerzo constante para obtener lo mejor sólo para sí mismo
- Quejas y criticas
- Sensación de que todo el mundo está equivocado excepto aquellos en su pequeño grupo
- Envidia, embriaguez, fiestas salvajes

Esta lista es en realidad una mezcla de las historias de esta señora y otra fuente a la que me refiero a menudo. Si suena un poco familiar, es posible que desee comprobar la lista usted mismo en Gálatas 5:19-23 (La Biblia Viviente).

Afortunadamente, también tenemos una lista de lo que se puede esperar con un jefe piadosos:
- Amor
- Alegría

- La Paz
- Paciencia
- Amabilidad
- Bondad
- Fidelidad
- Mansedumbre
- Autocontrol

No es demasiado difícil decir cuál es la lealtad a su jefe, ¿verdad?

¿Qué habilidades especiales tiene usted? Con frecuencia, me reúno con alguien para mirar su dirección de carrera y ella dice, "Yo puedo hacer cualquier cosa en la que ponga mi mente." En esencia, ella está diciendo, "Sólo debe un trabajo." ¿Sabe usted que poco atractiva es esta actitud para los potenciales empleadores?

Los empleadores no quieren generalistas; quieren personas que conocen su singularidad y están buscando oportunidades que les permitan usar esa unicidad. Nadie está impresionado por las personas que son "generalidades errantes", o gente que realmente no han determinado sus habilidades especiales.

En una situación de trabajo usted puede ser capaz de aprender las habilidades requeridas, pero ¿podría eso solo darle un sentido de logro o significado? No. Usted puede aprender a escribir, tejer, disparar flechas, o hacer una cirugía cerebral, pero eso no significa necesariamente que usted estaría encantado de hacerlo. ¿Qué habilidades especiales le ha dado Dios? ¿Qué deseos especiales ha puesto El en su corazón? ¿Cómo le gusta relacionarse con las personas? ¿le gusta estar en contacto con varias personas, o está usted más orientado a las tareas? ¿le gusta crear, innovar, e ir a donde nadie ha ido antes, o prefieres ser parte de un equipo establecido?

Todas estas son preguntas legítimas, y es en la mezcla de todas estas que usted puede encontrar satisfacción en un trabajo. Tenga la seguridad de que, a largo plazo, nadie está realmente contento de recibir un cheque de pago, no importa cuán sustancial este pueda ser. Además del sueldo, todos queremos un sentido, una sensación de logro en lo que hacemos. Y lo que hacemos profesionalmente es importante; la forma en que gastamos entre 40 y 50 horas a la semana no es un asunto baladí. Nuestro trabajo debe ser un cumplimiento de nuestro ministerio singular; de lo contrario, estamos desperdiciando una gran cantidad de tiempo y energía.

El reto es desarrollar un enfoque claro. Si está simplemente buscando un trabajo, eso es lo que obtendrá, sólo un trabajo. Yo miro cientos de hojas de vida para empresas, y tan pronto detecto que la persona haría cualquier cosa, esa hoja de vida pasa al fondo de la pila. Es la persona que tiene un sentido claro de cómo Dios la ha dotado de habilidades únicas, deseos, valores y pasiones, la que recibe una llamada para una entrevista.

No se desvié, incluso si le presentan algo que parece ser "piadoso", como ir al extranjero o involucrarse con una pastoral juvenil o en un hogar para madres solteras. Si Dios no lo ha dotado a usted en las cosas que requiere, será miserable y también aquellos que le rodean.

Recuerde 1 Pedro 4:10: "Basado en el regalo que cada uno ha recibido, utilícelo para servir a otros, como buenos administradores de las diversas gracias de Dios". Sea agradecido por su singularidad y salga y utilícela para ser excelente, y un ejemplo para aquellos que le rodean.

Cuenta regresiva para el trabajo que amo

1. ¿En qué tipo de ambientes se siente más cómodo?
2. ¿Cómo responde usted a la administración?
3. ¿Cómo manejaría a la gente?

4. ¿Es usted mejor trabajando con personas, cosas o ideas?

5. ¿Es usted más detallado, analítico y lógico, o ve el panorama completo y responde con emoción y entusiasmo?

6. Es usted estable y predecible, o ¿busca variedad y nuevos retos?

7. ¿Es usted verbal y persuasivo, o un oyente atento y empático?

8. ¿Qué fortalezas han notado otros en usted?

9. En la redacción de su epitafio, ¿qué quiere que la gente recuerde acerca de usted?

Consulte www.48Days.com/worksheets para obtener su perfil de personalidad individualizado.

CAPÍTULO 7

Muéstreme su material promocional

"En el futuro, la mayoría de los trabajos de las personas implicara el revolver alrededor como ardillas asustadas que intentan encontrar el próximo cheque de pago en una cadena interminable de trabajos no relacionados y a corto plazo. Pero como "Ardilla Asustadiza" no se ve muy impresionante en una tarjeta de presentación, las personas se llaman a sí mismos empresarios, consultores y contratistas independientes".

-SCOTT ADAMS, THE DILBERT FUTURE

D e acuerdo, usted debe tener una hoja de vida (*currículum vitae en* latín). La mayoría de las personas que usted contacta en su búsqueda de trabajo van a querer ver su hoja de vida. Aun si ellos no se la piden usted debe caminar por el proceso de crear su hoja de vida. Yo le recomiendo escribir y reescribir su hoja de vida si usted tiene actualmente el trabajo que ama, si usted tiene una propuesta de trabajo para una nueva posición, si usted sabe que el tío Harry le va a pedir que se haga cargo de la empresa, o si usted quiere empezar su propio negocio. *El proceso de creación de una hoja de vida es uno de clarificar sus áreas competitivas más fuertes. De hecho, el proceso de creación de su hoja de vida puede ser más importante que el resultado de ese proceso.* Usted aprenderá a contar su historia.

No crea que el hecho de tener una hoja de vida perfecta es la clave para conseguir el trabajo de sus sueños—no lo es. En el mejor de los casos es una pequeña herramienta en todo el proceso de recibir una oferta en ese trabajo soñado. Su presentación personal, las respuestas a las preguntas de la entrevista, su historial de trabajo, su formación académica y su presencia en línea son igualmente importantes.

¿Puedo ver su Hoja de Vida? Estoy haciendo Aviones de Papel.

Sí, es casi tan malo. Una hoja de vida no tiene el valor que una vez tuvo. Starbucks atrajo a 7,6 millones de solicitantes de empleo en los últimos doce meses. Procter & Gamble consiguieron más de un millón de solicitudes para dos mil nuevas posiciones que tenían el año pasado. Google contrató a siete mil personas en un año reciente — después de recibir más de dos millones de hojas de vida. Muchas compañías no quieren su hoja de vida. A causa de cuestiones jurídicas están obligadas a mantener su aplicación por dos años, incluso si nunca lo entrevistaron. ¿Cómo puede almacenar dos millones de hojas de vida?

¿Sabe lo que las empresas quieren ver? Su presencia en línea. ¿Que verá alguien si realiza una búsqueda en línea sobre usted? Si no hay nada allí, usted es inexistente en el ambiente laboral de hoy en día.

Sólo el 19 por ciento de los gerentes de contratación en pequeñas empresas dicen que miran las hojas de vida que reciben. Unión Square Ventures, una empresa de Nueva York, les pide a los candidatos enviar enlaces que representan su "presencia Web", tales como una cuenta de Twitter, 48Days. net, o Tumblr blog. Todd Carlisle, el director de personal de Google, lee las pocas hojas de vida que el revisa — de abajo hacia arriba. Google está empezando a requerir a los solicitantes de empleo que diligencien una elaborada encuesta en línea que explora sus actitudes, comportamiento, personalidad y detalles biográficos volviendo a la escuela secundaria. "A veces demasiada escolaridad será un detrimento para usted en su trabajo." dice el Dr. Carlisle.[1]

John Fischer, fundador y propietario de StickerGiant.com, una empresa de higiene en el estado de colorado, la cual fabrica etiquetas para parachoques y mercadeo, dice que una hoja de vida no es la mejor manera de determinar si un empleado se ajustaría socialmente a la empresa. En cambio, su empresa utiliza una encuesta en línea para revisar a los solicitantes. Una oportunidad actual para contratar un experto en Adobe Illustrator pregunta a los solicitantes acerca de sus habilidades, pero también plantea preguntas tales como "¿Cuál es el trabajo ideal que usted sueña? " y "¿Cuál es el mejor trabajo que haya tenido?" Los solicitantes tienen la opción de adjuntar un curriculum vitae, pero no es necesario.

Puede escribir un blog hoy y ser muy fácil de encontrar en línea al instante. Pero tiene que ser coherente acerca de hacer algo para encontrar su nombre y perfil fácilmente. Y asegúrese de que no tenga una foto de usted en una fiesta de un partido de futbol. Reconozca que todo en el internet está construyendo su perfil profesional y ayudará a cualquier empresa a decidir si quieren que usted sea miembro de su equipo de trabajo.

Sugiero esto como mínimo:

1. Crear un perfil de LinkedIn.
2. Escribir un blog (puede hacerlo en 48Days.net sin configurar ninguna plantilla nueva o un sitio web).
3. Únase a otros dos sitios de redes sociales (solo encontrar grupos que coincidan con sus intereses).
4. Tener un perfil de Facebook (yo tengo sólo 48 días-no un perfil personal).

Usted debe decidir. ¿Qué está haciendo para convertirse en un candidato viable hoy en el lugar de trabajo? Si desea ser un empleado, un consultor, un entrenador, propietario de la empresa—las opciones están disponibles—pero usted debe entrar en el juego o caerá en el olvido.

También os animo a tener un "discurso de ascensor". En los 48 segundos que tarda un ascensor para ir de un piso a otro, usted debería ser capaz de describir claramente lo que es único acerca de usted y lo que usted está buscando. Entre más familiarizado esté con ese discurso y más confiado y seguro sea de usted mismo y lo que pueda ofrecer, le resultara más fácil expresarlo con entusiasmo y convicción en una variedad de situaciones.

He aquí un breve marco para su breve discurso:

Yo ayudo _____ ,

Hacer/saber/entender _____ ,

de modo que puedan _____ .

Así de fácil es definir su experiencia única en 48 segundos o menos.

Más allá de su presencia en línea, una hoja de vida es entonces una oportunidad ampliada de presentarlo a usted como candidato para lo que quiera hacer a continuación.

Sin embargo, independientemente de sus credenciales, su elocuencia y sus impresionantes gráficas, un currículum no va a provocar a la gente a dejar lo que están haciendo y gritar, "¡Esta es la persona que he estado buscando!" Como ya he mencionado, no se deje atrapar por la fantasía de que con una hoja de vida "perfecta" obtendrá varias ofertas de trabajo. Un buen currículum le ayudara a pasar el proceso de selección inicial y conducir a una entrevista con alguien que tiene la facultad de contratar. Eso es todo lo que quiere que haga.

Pasar esta selección inicial no es fácil, pero si vemos todo el proceso, es ciertamente posible. Tenga en cuenta que una gran hoja de vida proporciona quizá el 10% del proceso de una búsqueda de empleo eficaz. En este capítulo y en el siguiente todos los pasos de una búsqueda de trabajo que le ayudará a superar la gente con mejor credenciales, experiencia y formación. La comprensión de todo el proceso de búsqueda de empleo le llevará a ofertas que otros nunca verán.

Usted quiere que su hoja de vida lo presente como un candidato sobresaliente para donde usted quiere ir. No se encierre en repetir lo que siempre ha hecho. He ayudado abogados, dentistas y pastores reorientar sus carreras a través de la comprensión del concepto de tener "áreas de competencia transferibles"

Basándose en la fundación

Escribir hojas de vida, buscar empleo, hacer entrevistas y negociar salarios, constituyen la parte logística de encontrar el trabajo tradicional que usted ama. Ahora que ha establecido la base adecuada, podemos mirar estos detalles importantes. Muchas personas ven la hoja de vida como la parte más importante del proceso de contratación, con la creencia de que las empresas toman decisiones de contratación basados en estas. Una empresa sería insensata al efectuar una contratación basada en la hoja de vida. Usted no quiere que su hoja de vida le diga a la compañía lo suficiente como para tomar una decisión inteligente sobre su contratación. Todo lo que quiere hacer es estimular el apetito del entrevistador para que quiera verle personalmente. Es en la entrevista donde la llanta se reúne con la carretera. Todo lo demás es preliminar.

Su hoja de vida es su herramienta de ventas para el lugar donde desea ir. No permita que sea solo una foto instantánea de dónde ha estado. Eso puede o no ser ventajoso para usted. Recientemente, trabaje con un hombre que había manejado farmacias durante años. En esa posición, y reflejado fielmente en su hoja de vida, sus principales responsabilidades fueron la contratación, la capacitación y la supervisión de los empleados. ¿Adiva lo que odiaba más que nada? La contratación, la capacitación y la supervisión de los empleados. ¿Por qué habríamos de presentar su posición y a él de una manera diseñada para duplicar esos deberes? Hemos reestructurado su hoja de vida para mostrar áreas de competencia como la administración, planificación y operaciones. Estas eran capacidades que él había demostrado y que le permitieron presentarse como candidato para algo mucho más detrás del escenario y con menos contacto con personas, aspectos mucho más adecuados a su estilo y personalidad.

Si desea redirigir su trayectoria profesional, puede iniciar el proceso con una hoja de vida bien diseñada. Recuerde, si su hoja de vida es sólo un historial cronológico de lo que ha hecho, esto lo encasillaría en seguir haciendo lo que siempre ha hecho. Puede redirigir en gran medida mediante la identificación de "áreas de competencia" que podría tener aplicaciones en nuevas empresas, industrias y profesiones.

Asegúrese de que su hoja de vida sea una herramienta de ventas para dónde quiere ir, y no sólo una foto instantánea cronológica de dónde ha estado.

Saber cómo llevar a cabo el proceso de búsqueda de empleo transformara los resultados que se pueden esperar. Muchas personas se convencen de que no son lo suficientemente bonitas, no tienen los títulos adecuados, son demasiado viejos o demasiado jóvenes, o están recibiendo una mala referencia de un empleador anterior. Cómo realizar el proceso de búsqueda de empleo tendrá mucho más que su éxito que cualquiera de esos factores.

También vamos a mirar cómo encontrar las oportunidades de trabajo "ocultas". Sabemos que sólo alrededor del 12 por ciento de los puestos de trabajo nunca aparecen en el periódico, en Internet, o en otras formas de empleo. Puede encontrar esas posiciones no anunciadas y reducir drásticamente la competencia que enfrenta por estas.

A pesar de que sabemos que el trabajo medio es ahora de sólo 2,2 años de duración, la mayoría de las personas siguen sin estar preparados para el proceso de la entrevista. Ellos creen que pueden enviar su currículum vitae, que alguna empresa decida que tienen que ser ellos, y simplemente aparecerse en una entrevista rutinaria. Pocas cosas podrían estar más lejos de la verdad.

La entrevista es crítica. Este es el lugar donde se vende a sí mismo y negocia la posición más deseada. El tiempo invertido en la preparación y la práctica será una gran inversión.

Sabiendo que la mayoría de las decisiones de contratación son realizadas en los primeros tres a cinco minutos de la entrevista confirma que el entrevistador no está buscando en la letra impresa fina en la cuarta página de su hoja de vida, sino que se está preguntando:

• ¿Me gusta esta persona?
• ¿Sera que Dan encajaría bien con el equipo?

- ¿Es Dan honesto?
- ¿Es divertido estar alrededor de Dan?

Estas son las preguntas que van a través de la mente del entrevistador en esos primeros segundos críticos. Tenga cuidado de apoyarse en credenciales académicas y experiencia laboral. Las empresas se dan cuenta de que ellos pueden contratar una persona entera, no sólo un conjunto de habilidades definible. Recuerde, usted está allí para venderse como el mejor candidato.

Los verdaderos predictores de éxito

Así que, con todas las opciones y las oportunidades de empleo, ¿cuáles son los verdaderos factores predictores de éxito? ¿No es la *capacidad* todavía *el* mejor predictor de éxito?

En el libro *No más de lunes*, me refiero a los cinco predictores de éxito:

1. *Pasión.* Una persona con pasión es una persona que puede establecer metas. Sin éstas, no puede tener una orientación clara y se dejará llevar por el camino de las circunstancias.
2. *Determinación.* Sin un propósito claro, cualquier obstáculo llevaría a una persona en una nueva dirección. Sin determinación, usted fácilmente se aleja de su camino.
3. *Talento.* Nadie tiene talento en cada área, pero todo el mundo tiene talento. Descubra dónde usted sube a la cima. ¿Qué son esas cosas que le gusta hacer así le paguen o no?
4. *La autodisciplina.* Sin autodisciplina, una persona puede ser fácilmente influenciada por otros. La autodisciplina es la base que hace que los otros predictores trabajen.

5. *La fe*. Aún con todo alineando lógicamente, todavía esta ese paso de fe hacia lo desconocido. No puede llegar a nuevas tierras si mantiene un pie en la orilla.

Oh le apuesto a que usted era...

Cada vez me entretengo más durante la lectura actual de hojas de vida. Sé que en el competitivo lugar de trabajo de hoy usted se necesita destacar y yo soy el primero en decir que una hoja de vida es un lugar para presumir y embellecer logros. No obstante, estamos viendo una borrosa imagen de embellecimiento y francamente falsa representación. La regla general parece ser de exagerar y confundir.

En lugar de reportar ser un saludados en Wal-Mart, la nueva hoja de vida muestra "coordinador de servicio al cliente para empresa de la lista Fortune 500." El mono limpia grasa de Jiffy Lube se convierte en un "especialista en distribución de petróleo." El conductor de taxi de ayer aparece como un "gerente de logística de transporte." Las credenciales de un trabajador de McDonald's de dieciocho años de edad se convierten en "ingeniero de la inspección y preparación de carne." El chico que pidió a tres amigos a unirse a Facebook es ahora un "consultor de medios sociales".

Tenga en cuenta que hoy en día el "vicepresidente de personal" era probablemente un estudiante universitario que luchaba por si misma hace unos años. Ella probablemente sabe los trucos del oficio, habiéndose presentado ella misma como "especialista en recursos humanos" en lugar de una niñera.

La conclusión es esta: el propósito de una hoja de vida es ayudarle a obtener una entrevista. Pero hoy en día en los lugares de trabajo esta produce sólo una pequeña parte en el proceso de contratación-si alguna. Puede omitir la competencia con:

- Una visión general de un proyecto Importante proyecto que haya manejado
- Fotos o ejemplos de su trabajo
- Cartas de recomendación de personas extraordinarias que su posible empleador conoce bien
- Un sitio web que exhibe su talento
- Un blog que es convincente y atractivo

Si todo lo que tiene es un gran currículo, puede considerarse simplemente como una persona más que necesita un trabajo, así sea un recién graduado universitario o un ex director ejecutivo. Esté preparado para mostrar cómo es usted notable, sorprendente y espectacular. Luego preséntese confianza, audacia y entusiasmo.

Mitos sobre la Hoja de Vida

Considere los siguientes mitos y tenga cuidado:

Mito 1: Una buena hoja de vida y carta de presentación me consiguen el trabajo

Ojalá fuera así de simple. Como he dicho antes, hojas de vida y cartas no consiguen empleos; estas son anuncios para conseguir entrevistas. Una hoja de vida no debe decir lo suficiente para tomar una decisión de contratación. Simplemente debe atraer al lector para que quiera verlo. Una buena hoja de vida será fácil de leer y rápidamente transmitirá el valor de sus logros. Véala como un folleto de ventas — como una narración acerca de un nuevo sillón reciclable de la marca La-Z-Boy. ¿le hizo querer ir a verlo y sentarse en ese cuero suave, inclinándose hacia atrás para dejar que todo su estrés disminuya? Ese es el mismo efecto que debe querer dejar en el lector de su hoja de vida. Sí, siga adelante y alardee sobre usted mismo.

- Mantenga la tipografía sencilla. Manténgase alejado de las letras y graficas elegantes—guárdelas para las invitaciones de su boda.
- Presente la información párrafos breves y fáciles de leer. Siéntase libre de utilizar viñetas en lugar de oraciones completas.
- Asegúrese de que no hay errores gramaticales o faltas de ortografía.
- Sea específico-indique que incrementó sus ingresos en su territorio de $3 millones a $5.3 millones de dólares en un período de tres años o que redujo los gastos de oficina en un 13 por ciento en su primer año.
- No mienta. Tenga cuidado acerca de describirse a sí mismo como Gerente de compras cuando en realidad recogía la pizza semanal. No se liste como vicepresidente sólo porque usted sabe que la compañía ya no está en el negocio y no hay forma de comprobarlo. Y sea honesto con sus credenciales. En lo que más se miente en las hojas de vida es la adición de una inexistente maestría en administración de negocios. Los grados académicos son raramente chequeados y a veces las personas caen en la tentación de conseguir ese extra margen. Ni siquiera se lo plantee. Concéntrese en sus áreas competitivas para hacer de usted un mejor candidato.

Mito 2: El candidato con mejor educación, habilidades y experiencia siempre conseguirá la posición

Muchos factores son considerados en una decisión de contratación. Educación, habilidades, edad y capacidad son sólo algunos de los criterios de contratación. Los empleadores lo entrevistan porque quieren verlo—cuál es su apariencia, como interactúa y si encaja con la organización.

Un reciente estudio de la Universidad de Yale informa de que el 15 por ciento del éxito de una persona es debido a la habilidad técnica y al conocimiento, y el 85 por ciento de la razón procede de las habilidades personales que el individuo tenga: *la actitud, el entusiasmo, la autodisciplina, el deseo y la ambición.*

Esta es la razón por la que los candidatos con las mejores calificaciones en papel no suelen obtener el trabajo. Nos han vendido el mito de que un grado es la magia garantía de fama y fortuna. No en los lugares de trabajo de hoy en día. Hay un montón de graduados en literatura inglesa limpiando mesas y otros con maestrías de administración de negocios cortando césped. Solo sea realista acerca de la importancia de sus títulos. Brad Pitt, Russell Simmons, Oprah, Tom Hanks, Michael Dell, Bill Gates, Ted Turner, Maya Angelou, Mark Zuckerberg, Ralph Lauren, y Richard Branson son todos desertores universitarios y sin embargo han alcanzado altos niveles de responsabilidad. (Refiérase al capítulo 3 para el valor de la "educación").

Mito 3: Obtener un puesto de trabajo es realmente una cuestión de a quién conoce o estar en el lugar correcto y en el momento adecuado

La suerte es lo que sucede con la gente que tiene metas claras y planes de acción detallados. O La suerte es cuando la preparación se reúne con la oportunidad. No espere a estar en el lugar correcto y en el momento adecuado. Crea la situación y las circunstancias para hacer de usted un candidato para las mejores posiciones en cualquier lugar. Usted no tiene que conocer a las personas correctas, sólo tiene que ponerse delante de la gente adecuada. Si hace las cosas bien, se sorprenderá de en lo afortunado que se convertirá. Aquí en

Nashville, Tennessee, veo a personas que han estado esperando su golpe de suerte en la industria de la música durante veinticinco años. Y LUEGO VEO QUE ALGUIEN se aparece en la ciudad y dos meses más tarde está tocando en los grandes puntos de encuentro, conoce a ejecutivos exitosos, y encuentra múltiples oportunidades. No es suerte, es una acción correcta.

Mito 4: Los empleadores aprecian hojas de vida largas porque entre más información más se ahorran tiempo dedicado a entrevistar

La mayoría de las hojas de vida son reciben una mirada de treinta a cuarenta segundos. Usted debe ser capaz de comunicar con claridad en ese momento sus áreas de competencia. No hay una regla drástica de que deba permanecer en una página, pero raramente existe un motivo para ir más allá de dos páginas de longitud. La clave es comunicar lo que tiene valor para posicionarlo como un candidato superior. Incluir sólo aquellas cosas que funcionan en la creación de la imagen que desea transmitir. Este no es un documento histórico, sino un folleto de ventas. Tengo una hoja de vida en mi archivo que tiene 15 páginas de largo. El escritor tiene un doctorado en química y enumeró cada estudio en el que había participado. Una lectura interesante pero demasiada información.

Mito 5: Siempre ponga sus requisitos salariales e historia en su hoja de vida

Esto sólo puede trabajar en contra suya. Así sea alto o bajo, no tiene ningún propósito positivo en su hoja de vida. El sueldo se debe negociar después de que el empleador decida que usted es la persona adecuada para el trabajo. Sólo cuando un empleador le quiere y usted también desea el empleo es debatir la indemnización. Cualquier cosa al respecto antes iría en su contra.

Sólo piense en esto. Si usted está solicitando una posición de $76,000 y en su última posición usted ganaba $41,000, usted será visto como un candidato de posición baja. Del mismo modo, si usted hizo $92.000 en su última posición, pueden ser reacios a hablar con usted. Tenga en cuenta que los paquetes de compensación son muy fluidos. Si usted es el candidato que la compañía desea, ésta podrá encontrar fácilmente otros 10.000 dólares para traerle a bordo. Pero si no tiene la oportunidad de ser entrevistado, perderá la oportunidad de discutir sus beneficios para la empresa.

Mito 6: siempre termine una carta de portada con "Quedo a la espera de escuchar de usted"

¡Nunca! Incluso en los momentos de bajo desempleo, esperar que el receptor tome la iniciativa no es realista. Recuerde, usted siempre debe tomar la iniciativa. Indique cuando llamara para hacer el seguimiento: "Yo le daré una llamada el jueves por la mañana para cubrir cualesquiera preguntas que ambos tengamos y discutir una reunión en persona"

Esto puede parecer prepotente o asertiva, y puede ser. Pero lo que usted quiere es acción. La persistencia paga. Para obtener las mejores posiciones, usted necesitará permanecer en el asiento del conductor en todo este proceso. Nadie se preocupa por su éxito más que usted y nadie puede presentarlo a usted mejor que usted mismo. Usted tendrá que tomar la iniciativa de llegar al frente de las personas que tienen la habilidad de contratarlo. Recuerde, usted tiene un producto para vender y ese producto es usted. Cuanto más se acerque a este proceso con esa actitud, más rápidos y mejores serán los resultados.

Mito 7: Entre más hojas de vida envíe, más aumenta sus posibilidades de conseguir un puesto de trabajo

No necesariamente. De treinta a cuarenta hojas de vida combinadas con cartas introductorias de calidad, cartas de portada, y llamadas de seguimiento son mucho más efectivas que mil hojas de vida enviadas por si solas. El Internet hace tentador el simple hecho de enviar un millón de hojas de vida electrónicamente con sólo pulsar un botón y con la esperanza de que la ley de los números trabaje en su favor. Ese proceso puede ser cierto para jugar a la lotería, pero es poco probable que trabaje en la búsqueda de una posición conveniente para usted. Las hojas de vida bien focalizadas y dirigidas a las partes responsables de la toma de decisiones todavía obtienen mejores resultados.

Mito 8: Una vez que envíe su hoja de vida, todo lo que puedes hacer es esperar

Si no realiza ninguna acción, es probable que no obtenga resultados. Siempre haga seguimiento por teléfono. Enviar hojas de vida sin hacer les seguimiento es probablemente una pérdida de su tiempo.

¡Un momento! ¿Acaso no es el esperar un acercamiento espiritual para que Dios abra una puerta? Por supuesto que lo es. Pero veo demasiadas personas haciendo mucha espera—retorciendo sus manos, sentados en casa, esperando a que suene el teléfono—y muy poco trabajo en este proceso. Isaías 40:31 dice "Más los que esperan en el señor renovarán sus fuerzas; subirán con alas como las águilas; correrán y no se cansaran; y caminaran y no se desmayaran" (kJv). Hay esta—la espera es bíblica. Pero si nos fijamos en la palabra *esperar (wait en inglés)* en este contexto encontramos que proviene de la misma palabra de la cual conseguimos *camarero (waiter en inglés)*. Así, una representación más precisa puede ser el estar haciendo lo que un camarero eficaz estaría haciendo—servir y actuar sobre la base de lo que saben que se debe hacer.

"Usted puede hacer cualquier cosa, si tiene entusiasmo. El entusiasmo es la levadura que hace que sus esperanzas se eleven a las estrellas. El entusiasmo es la chispa en su ojo, el balanceo en su andar, el agarre en su mano, la irresistible oleada de su voluntad y su energía para ejecutar sus ideas. Los entusiastas son combatientes, tienen fortaleza, tienen cualidades alojadas. ¡El entusiasmo está en el fondo de todo progreso! Con él, ha logros. Sin él, solo hay pretextos."

– Henry Ford

Hoja de vida "objetivos" y otras formas de perder el tiempo

Aquí hay un reciente "Objetivo" en una hoja de vida que me enviaron para revisión:

"Apoyar el crecimiento y la rentabilidad de una organización que ofrece desafío, alienta el avance, y recompensas el logro con la oportunidad de utilizar mi experiencia, habilidades y capacidades demostradas".

Suena estupendo ¿le gustaría contratar a esta persona? Pero ¿qué sabemos acerca de esta persona? ¿es ella una candidata para voltear hamburguesas o para una posición de gerente general? ¿Tiene habilidades para supervisar, organizar, planificar, vender, comercializar, etc.? ¿tiene conocimientos de informática? No lo sabemos. Este "objetivo" no nos dice absolutamente nada acerca de esta persona. Fue una pérdida total de tiempo por parte del solicitante. Sabiendo que la mayoría de las hojas de vida obtienen una segunda mirada de treinta a cuarenta segundos, sería mejor indicar al destinatario algo sobre usted que les haría querer verlo como candidato. ¡INMEDIATAMENTE! Comience su hoja de vida con un resumen de habilidades, perfil o experiencia. He aquí un ejemplo de un resumen de habilidades:

"Más de catorce años sólidos en planificación y gestión tecnológica. Experiencia en sistemas estratégicos, organización y supervisión de proyectos. Conocimiento en R&D, desarrollo de productos y gestión financiera. Jugador de equipo en el mantenimiento de las políticas y procedimientos de la empresa. Experiencia con los negocios de IT, especialmente aquellas con desafíos técnicos, logísticos, y con problemas de implementación".

No desperdicie su tiempo con acometidas genéricas que le envían a la parte inferior de la pila. Utilice sus treinta segundos para transmitir su "valor único".

Diseñar una hoja de vida

Construya su hoja de vida para que se convierta en una herramienta de ventas para conseguir la posición que desee. Puede presentarse como un mejor candidato para ventas y marketing, administración, organización, desarrollo, formación—o cualquiera que sea la posición de sus sueños—si parte de su experiencia y la identifica en una forma ventajosa.

Sus habilidades transferibles son la unidad más básica de cualquier carrera que elija. Una vez que haya conseguido dominar una habilidad en una carrera, puede transferir esa habilidad a otro campo y a otra carrera. Esta competencia también puede cambiarse, si lo desean, de una manera que abre una nueva y diferente carrera. Utilizar términos descriptivos tales como administrada y supervisada, instruido, planificado, organizado, entrenado, dirigido, editado, reclutados, escribió, vendido, comercializado, creado, etc.

Cuanto mayor sean sus habilidades transferibles, menor es la competencia que enfrenta para cualquier trabajo que está buscando. Tenga en cuenta que los puestos de trabajo con mayores competencias son los más difíciles de encontrar, porque rara vez son anunciados a través de métodos tradicionales. Pero entre más entienda sus áreas de competencia, más fácil resulta apuntar a esas organizaciones donde podría haber una coincidencia potencial.

Usted siempre va a querer reclamar las habilidades más altas posibles. La hoja de vida es el lugar para alardear sobre sí mismo; no sea modesto. Como ya se mencionó, no se tergiverse usted mismo, simplemente sea audaz sobre lo competente que es.

Sea específico. Si usted es alguien confiable, hace lo que se espera de usted y se presenta al trabajo a tiempo, usted puede conseguir cualquier trabajo básico. Pero, aunque son buenas, esas características hacen muy poco para separarlo de los demás. Cuanto más específico sea en lo que lo hace único, menos competencia tendrá y más puede subir la escala financiera. Esto puede parecer una ironía en un lugar de trabajo donde pareciera que usted es un gato-de-todo- oficios. Pero la realidad es que todavía necesita ser capaz de mostrar "áreas de competencia únicas" para diferenciarse de las masas.

No hay un formato adecuado para la creación de una hoja de vida. Si usted ha tenido aumento en los niveles de responsabilidad y desea continuar en esa industria, un formato cronológico directo puede ser lo mejor para usted. Si desea redirigir su carrera, entonces un formato más funcional le ayudará. Una combinación de ambos cronológica y funcional es muy común y puede funcionar bien para la mayoría de la gente hoy en día. La hoja de vida combinada puede ser la mejor opción si usted:

- quieren cambiar de carrera y su posición más reciente tiene poca relación con lo que más le gustaría hacer,
- ha sido un saltador de trabajos con poca coherencia en los tipos de posiciones que ha tenido,
- tienen áreas de competencia que son parte de una posición que ocupo hace varios años, o
- Se reincorporan a la fuerza de trabajo después de una larga ausencia.

Hola, vamos a contratar al tipo extraño

En la década de 1930, un psicólogo alemán llamado Hedwig von Restorff documento que las cosas que se destacan son más fáciles de recordar. Sí, eso no parece información de ciencia de cohetes, pero refuerza lo que probablemente ya creemos. Así que digamos que leemos esta lista a un grupo y les pedimos que recuerden tantos artículos como les sea posible: banana, carros, manzana, perro, roca, sombrilla, tenedor, Mick Jagger, esfero, papel, escritorio, grava, tractor, sopa.

Bueno, no hace falta ser un científico para reconocer que usted probablemente recuerde Mick Jagger más fácilmente que el perro o la roca. En la lista, Mick Jagger es atípico, y es por eso que se destaca.

Pensemos ahora en una situación de contratación. Una empresa está haciendo entrevistas y tiene 30 candidatos para revisar. ¿Cómo puede alguien terminan como principal candidato? La mayoría de los solicitantes de empleo van a tener similar GPA, son graduados de colegios similares y tienen experiencia de trabajo similares. En un concurrido ambiente de trabajo, los candidatos que están en mayor desventaja son los que no se destacan.

Una vez me entrevistaron para una posición en la que hubo sesenta y cuatro candidatos en el transcurso de dos días. Entré en un mar de trajes negros y me di cuenta de la inmensa competencia que enfrentaba. Sin embargo, yo llevaba puesto una chaqueta deportiva color rosa. ¿Adivine a quién contrataron? ¿Era yo el candidato más calificado e inteligente? Probablemente no, pero yo era difícil de olvidar.

Una vez trabajé con un hombre dedicado a la publicidad y quien había sido despedido por algún comportamiento inadecuado en su trabajo anterior. Pero en lugar de ver eso como un disuasivo, él saltó justo en la búsqueda de trabajo, decidido a sobresalir. Él envió su hoja de vida, envuelta en cáscaras de maíz. Luego escribió una historia sobre esta imagen en su material escrito:

- "Estoy seguro de que usted piensa que esto es cursi".
- "Ah cascaras, solo deme un minuto de su tiempo."
- "Oiga, ¿puede prestarme su oído?

Él tuvo múltiples e inmediatas ofertas de trabajo, ya que las compañías ignoraban su accidentado historial laboral, atraídos por el hecho de que era excepcional, notable, inolvidable y raro.

¿Está usted siendo demasiado cuidadoso en su presentación? ¿Se está mezclando como una de las muchas "otras personas"?

¿Qué podría hacer usted para destacarse? Recuerde, lo único peor a ser recordado por ser extraño es no ser recordado en lo absoluto.

Usted debe cubrir por lo menos diez años de experiencia en su trabajo-más tiempo si hay alguna experiencia concreta que fortalece su presentación. No se preocupe si usted está apenas comenzando en la fuerza laboral; saque a relucir las áreas de competencia que usted ha demostrado en su escuela, iglesia o comunidad. Si usted ha sido un ama de casa por dieciocho años, no se presente a sí misma como si nunca ha tenido un trabajo. En su lugar, describa sus competencias en la planificación, presupuestación, supervisión, coordinación de eventos, recaudación de fondos, promoción, etc. Si usted es un estudiante de la secundaria, describa sus habilidades en servicio al cliente, precisión de entrega, confiabilidad, diseño gráfico o conocedor de Internet. Su experiencia y competencia real pueden hacer de usted un candidato más fuerte que un recién graduado de veintitrés años con una maestría en administración de negocios.

Tener varios puestos de trabajo ya no es la bandera roja que una vez fue. Las empresas se dan cuenta que, para avanzar, es posible que deba seguir adelante. También se dan cuenta que, en la inestabilidad laboral de hoy en día, mucha gente buena es despedida sin culpa propia. Pero usted no tiene que enumerar cada posición que haya tenido durante un período de tiempo muy corto. Asimismo, siéntase libre de enumerar en su hoja de vida sólo años en lugar de meses para desviar la atención de la corta longitud de algunas posiciones.

¿Es todavía una carga el saltar de trabajo en trabajo?

Cambiar de trabajo temprano y frecuentemente, no es la carga que solía ser. Incluso podría ser una ventaja. Tradicionalmente, los empleadores que vieron un patrón de comportamiento en una hoja de vida, que indicaba que el candidato saltaba de trabajo en trabajo frecuentemente, evitaban ese candidato y escogían uno con más poder de permanencia. Pero el saltar de trabajo en trabajo no es necesariamente el beso de la muerte. Más y más nos encontramos que los empleadores realmente favorecer a un candidato que se ha movido a su alrededor. Algunos empleadores incluso se desaniman con candidatos que han permanecido demasiado tiempo en un trabajo o una empresa donde sus habilidades, particularmente los conocimientos tecnológicos, no han tenido que mantener el ritmo del mercado. En algunos sectores es posible que tenga que explicar por qué se mantuvo en una empresa por tanto tiempo. ¡Hable acerca de un cambio en el pensamiento tradicional!

Uno de los oyentes de mi podcast compartió esto: "Dan, tengo alrededor de cincuenta años y después de treinta y cinco años en la misma posición necesito encontrar un nuevo trabajo. Yo, al igual que otros, pensaba que estaba en una buena posición estable pero ahora hemos sido adquiridos por otra empresa y mi trabajo está en peligro".

Yo le respondí: "Tenemos que darnos cuenta de que—el trabajo nunca es "estable". Nuestra estabilidad está en saber lo que hacemos muy bien.

Malas Referencias

¿Qué pasa si realmente no se llevan bien con su jefe actual? ¿Está dejando de lado la cuestión porque cualquier nuevo empleador tendrá que hablar con el Sr. Idiota al revisar sus referencias?

Bien, para empezar, es muy poco común que un nuevo empleador hable con su jefe anterior. Los gerentes de contratación saben que hay muchos factores que afectan la relación entre empleadores y empleados. ¿Hay otros en la compañía a quienes les puede pedir una referencia? ¿Qué acerca de ese proyecto en el que trabajó el año pasado? ¿puede utilizar el líder del equipo como referencia? ¿Tiene usted un antiguo jefe que cantaría sus elogios? ¿Tiene clientes que hablen bien de su relación con usted? ¿Qué hay de las personas con quienes ha trabajado como voluntario? Las actividades de la Iglesia y la comunidad son fuentes legítimas de referencia. ¿Tiene usted un ex profesor que cree en usted?

Y sea realista sobre el papel que las referencias juegan en su obtención de esa gran posición. Las llamadas a referencias se hacen generalmente después de que se ha tomado la decisión de contratarlo. Nadie perderá el tiempo llamando referencias, a menos que ya hayan decidido emocionalmente que usted es la persona para el puesto. Debido al asesoramiento profesional que hago, con frecuencia aparezco como una referencia. Recibo aproximadamente tres llamadas al año de posibles empleadores. Con el actual mercado laboral, pocos empleadores incluso realizan el chequeo que deberían realizar.

Una palabra de precaución: Si se le pregunta acerca de su actual jefe, esté dispuestos a poner un giro positivo sobre lo que realmente ocurrió. No diga nada negativo acerca de él o ella. Y no diga más de lo que se le pide.

Usted encontrará algunos ejemplos reales de hojas de vida en nuestra sección www.48Days.com/worksheets, verá que hay diferentes formatos, dependiendo de la finalidad de cada resumen. Recuerde, la hoja de vida es su herramienta de venta solo en un intento de conseguir una entrevista.

Siéntase libre de utilizar tantos ejemplos como desee. Puede copiar las frases que se aplican a su situación, pero personalice su hoja de vida con sus casos. Todo en ella debe trabajar para usted. Si una pieza de información no le ayuda a posicionarse como candidato para lo que usted desea hacer, no le preste atención.

Ahora usted está listo para construir o revisar su propia hoja de vida. No haga este proceso más complejo de lo que es. Invierta de una a dos horas y complétela. Sí, necesita ser estupenda, pero es sólo un 15 por ciento del proceso. Su búsqueda de trabajo creativo, cartas de introducción, cartas de presentación, seguimiento telefónico, y habilidades para entrevistas, son elementos igualmente importantes. Cree su propia imagen o elegir una de las plantillas de hoja de vida que encuentra en cualquier sistema de procesamiento de textos.

Cuenta regresiva hacia el trabajo que amo

1. ¿Comprende sus áreas de competencia?
2. ¿Se sientes atrapado a causa de su experiencia de trabajo actual o anterior?
3. ¿Reconoce como sus habilidades se pueden transferir fácilmente a una nueva industria o profesión?
4. ¿Puede ver el valor en las cosas que haya hecho como voluntario a través de su iglesia o comunidad?
5. ¿Existen habilidades o entrenamiento que necesita para hacer de usted un candidato para el trabajo que ama?
6. ¿Le ha dado Dios habilidades que no coinciden con sus deseos? Si es así, ¿cómo podemos reconciliar estos dos?

Revisar www.48Days.com/worksheets para ver ejemplos de una presentación profesional breve y de hojas de vida.

CAPÍTULO 8

¡Seis ofertas de trabajo en diez días!

Hay dos tipos de éxito. Uno es la especie muy rara que viene al hombre que tiene el poder de hacer lo que nadie más tiene el poder de hacer. Eso es genio. Pero el hombre promedio que gana lo que llamamos el éxito no es un genio. Ese es un hombre que se ha limitado a las cualidades comunes que comparte con sus compañeros, pero que ha desarrollado esas cualidades ordinarias a un grado más que ordinario.

—THEODORE ROOSEVELT

Sí, voy a contarles acerca de un joven que consiguió seis ofertas de trabajo en diez días—para su asombro. Mientras él tenía poco que ofrecer en historia laboral, estaba preparado en varios aspectos importantes. Revisemos algún os conceptos básicos.

Quizás como muchos otros usted tiene trabajo, pero se ha preguntado si existe una mejor oportunidad. O quizás usted ya está "entre oportunidades" y listo para tomar el siguiente compromiso.

Buscar en los entornos de trabajo actuales es muy diferente de lo que era hace unos años.

Tenga en cuenta la transición que hemos tenido desde "producción de trabajo" a "conocimiento de trabajo" Si usted se presenta a trabajar y toma su lugar en una línea de ensamblaje haciendo loncheras, es muy probable que usted esté involucrado en un trabajo de producción. Cuando usted se va a su casa en la noche, las cintas transportadoras, maquinaria, piezas de inventario, y loncheras parcialmente completadas permanecerán en la fábrica. Por lo tanto, sus medios de producción se quedan con ellos.

Pero si usted está en la contabilidad, el procesamiento de datos, ventas y marketing, servicio al cliente, redes de computación, redacción, edición, análisis financiero, o una multitud de otras funciones similares, luego en la noche usted se lleva sus medios de producción a su casa. Las herramientas del comercio están principalmente entre sus dos orejas. Por lo tanto, sus habilidades son mucho más transferibles que las de los trabajadores de producción. También, observe cómo el conocimiento del trabajo mejora con la edad y la madurez. Si usted está poniendo los lazos del ferrocarril, su capacidad para ejecutar labores como un trabajador de producción puede comenzar a disminuir en aproximadamente treinta y cinco años. Si usted es un trabajador del conocimiento, puede continuar aumentando sus opciones, habilidades y capacidad de comercialización hasta bien entrados los setenta o los ochenta.

Sí, los trabajos están cambiando. Métodos de encontrar nuevas oportunidades están cambiando también. Ya no se puede leer el periódico, ver si la ferretería local está contratando, o ir a ver a su tío Fred el lunes por la mañana para que le consiga su próximo trabajo. La inestabilidad, incertidumbre y transportabilidad de los trabajadores del conocimiento han puesto a millones de personas en búsqueda de trabajo. Sabiendo que el promedio de trabajo es de sólo 2.2 años de duración, incluso aquellos que están empleados actualmente están buscando la siguiente posición. Por eso, el trabajo que ven en los anuncios del periódico también serán vistos por cerca de tres mil personas plenamente calificadas que pueden también ser candidatos viables.

¿De dónde provienen los puestos de trabajo?

Así que, ¿cómo podemos dar sentido a esta situación y cómo podemos encontrar la que mejor se adapte a sus necesidades? El método de búsqueda de empleo más eficaz es este: conocer sus habilidades, identificar las empresas potenciales que utilizan esas habilidades, hacer arreglos para ver a la persona que tiene el poder de contratar, y solicitar la entrevista. Este método, seguido fielmente, conduce a un trabajo de ochenta y seis de cada cien cazadores de empleo que lo utilizan.

En esencia, toda búsqueda de empleo es un intento de conexión de personas —vínculos entre usted y las personas que toman las decisiones de contratación. La recopilación de información, incluso sobre los posibles puestos vacantes, es sólo el comienzo del proceso. Muchas personas se quedan atascadas en la etapa de recopilación de información y posponen el componente necesario de hacer contacto con otras personas. La obtención de títulos, certificación y acreditación son métodos adicionales de preparación, sin embargo, no pasa nada hasta tanto no se hagan conexiones con las personas adecuadas.

Responder a los anuncios del periódico, Craigslist, Monster, HotJobs, y la multitud de otras listas para encontrar trabajo fácil realmente conducen a posiciones reales para ocho de un centenar de solicitantes de empleo. (cuanto mayor sea el nivel del trabajo que busca, menos eficaz es este método.) Usted necesita entender por qué esto es tan ineficaz.

Primero, hay un lapso temporal para que el trabajo incluso aparezca en alguna lista. Si es de conocimiento común que se necesita una persona, los empleados actuales pueden ya haber recomendado a alguien que está siendo contratado. No es raro que la decisión de contratación se haya hecho incluso antes de que el anuncio aparezca en cualquier formato abierto.

Segundo, las empresas siempre buscan maneras de encontrar empleados calificados sin tener que pasar por el proceso de selección de cientos de nuevos solicitantes. De modo que para ser ejecutado como un anuncio puede indicar que los empleados actuales no están recomendando la posición a aquellos que conocen (lo que puede decir algo negativo sobre la posición abierta).

Y, en tercer lugar, lo que usted ve, otros miles pueden ver también. Si se trata de una posición deseable, pueden recibir de doscientos a trescientas respuestas, lo que hace que sea muy difícil que su hoja de vida se destaque. Las probabilidades están en su contra.

Cuarto, muchos de estos anuncios son ciegos, lo que significa que realmente no se puede decir cuál es el trabajo o quién es la empresa. Los reclutadores llevan a cabo estos anuncios ciegos sólo para estimular las perspectivas sin tener verdaderas posiciones disponibles. Muchas compañías corren anuncios ciegos sólo para mantener un depósito de candidatos. Y algunas empresas ejecutan anuncios ciegos para ver si sus propios empleados están buscando nuevas oportunidades. Si está gastando más del 10 por ciento de su tiempo utilizando este método, está perdiendo el tiempo y la energía que se debe invertir en las zonas más productivas.

Las actividades de las agencias de empleo privadas y de caza talentos conducen de cuatro a veintidós empleos de cada cien. Nadie puede presentarlo a usted tan bien como lo hace usted o se preocupa por su situación tanto como usted. Yo recibo muchas preguntas acerca de este proceso. El fondo del asunto es este: Usted no puede delegar una búsqueda de empleo efectiva. Ni siquiera piense en registrarse con un par de agencias de empleo y luego sentarse en la casa esperando a que suene el teléfono. Usted podría estar sentado por los siguientes seis meses a partir de ese momento. Usted debe permanecer sentado en el asiento del conductor en todo el proceso. Si utiliza una agencia, que esa sea solo una pequeña parte de su búsqueda de empleo en general.

Respondiendo a anuncios en revistas comerciales conduce a trabajos para siete de un centenar. (Demasiado tiempo de retraso, etc.) tengo una serie de historias de horror sobre el proceso de selección de estas posiciones de alto nivel. Mientras tenía su trabajo como reclutadora en un banco, una señorita respondió a una posición promocionada nacionalmente como director de colocación para una universidad. Tenían 386 encuestados que se redujeron a ocho. Ella fue una de las ocho que fueron programadas individualmente para un proceso de entrevistas de todo el día, incluyendo el almuerzo con el presidente de la universidad y su esposa. A partir de ese proceso, se redujo el campo a tres. Tenga en cuenta que este proceso tuvo lugar en un período de ocho meses. Mi cliente ya había abandonado emocionalmente su posición actual, reconociendo su encaje y entusiasmo por esta nueva posición. La Universidad hizo entonces su selección, no eligiendo esta dama. Poco después me encontré con uno de los miembros del comité y le pregunté cómo podrían ellos tener a un candidato superior a mi cliente. Él estuvo completamente de acuerdo de que ella era sin duda la mejor candidata, sin embargo, que la decisión de contratación se había hecho antes de ejecutar ese anuncio. Fue un caso más de la prima de alguien, primo, tía, la mejor amiga de la sobrina, etc., donde no había realmente un proceso de selección objetivo en su lugar. Ellos simplemente pasaron por las mociones para satisfacer el aspecto de la igualdad. Mi cliente, sintiéndose decepcionada, renunció a su trabajo actual y regresó a su ciudad natal.

Sí, sé que el Internet ha estallado como una herramienta útil y es tan atractivo como un método de lograr todo lo que necesitamos. Es increíblemente útil para hacer la investigación, obtener algunos conocimientos adicionales y asesoramiento en la búsqueda de empleo. Pero recuerde que, en última instancia, usted desea ponerse delante de alguien que es un tomador de decisiones. Y desgraciadamente, la mayoría de la gente que utiliza el Internet como su principal herramienta de búsqueda de trabajo simplemente se esconden, evitando el contacto real y perdiendo el tiempo. Y sí, los anuncios en Monster.com o HotJobs.com parecen perfectos para usted. Simplemente tenga en cuenta que lo que usted ve, miles de otros grandes candidatos también lo ven. Si bien hay excepciones en todo, los resultados son bastante deprimentes. Un alto porcentaje de empresas que han contratado por el internet reportan una experiencia negativa. Estamos viendo que el péndulo regrese a lo que llamamos "Entrevista conductual", donde realmente quieren ver, hablar y comer con usted. Además, reconozca que, si va a responder a los anuncios en el Internet, usted está mirando las posibilidades en todo el mundo- no exactamente la forma de abrazar las prioridades personales y familiares como una parte importante de un plan de vida.

¿790.000 currículos y usted cree que el suyo será visto?

Las reglas federales que requieren que muchas empresas mantener datos de candidatos a un puesto por un año o más están creando problemas para los empleadores inundados con hojas de vida en línea. "Es un gran problema para las empresas, y es un botón caliente", dice Bárbara Murphy, portavoz de Boeing, quien recibió 790.000 hojas de vida el año pasado.

Pero los críticos dicen que las reglas establecidas en la década de 1970 no funcionan en la era de Internet, porque es difícil saber la raza de los solicitantes en línea sin la cara y mantener hojas de vida no tienen sentido.

Sólo tenga en cuenta que el sistema pasivo de envío de hojas de vida por correo electrónico o fax nunca ha funcionado bien como parte de una búsqueda de empleo profesional. Es una manera fácil de mantenerse ocupado y no obtener resultados.

Hay mejores métodos para encontrar un puesto de trabajo y están disponibles para usted.

Aplicar directamente a un empleador sin realizar ninguna tarea conduce a un trabajo de cuarenta y siete de cada cien. Simplemente caminar por la puerta, sin previo aviso, trabaja casi la mitad del tiempo. Aviso, este es el segundo método más efectivo, pero funciona mejor para puestos de categoría inferior. Si desea solicitar un empleo en Taco Bell, Walmart, Home Depot, o Papa John's, no desperdicie su tiempo con una extravagante búsqueda de trabajo. Simplemente entre y preséntese como listo para empezar. Yo recomiendo algo similar como un parte de un plan de transición, incluso para los profesionales. No es poco común que una persona sea contratada sobre el terreno en este tipo de posiciones.

Pedirles a los amigos que obtengan oportunidades de trabajo obtiene un empleo para treinta y cuatro de un centenar que prueban este método. No dude en informar a los demás acerca de lo que está buscando. En las ventas, hablamos de la "regla de tres pies." Esto significa que cada vez que consigue estar dentro de tres pies de alguien, le diga lo que está vendiendo. Si está buscando un trabajo, tiene un producto para vender, y ese producto es usted. Así que, cada vez que este a tres pies de distancia de alguien, cuéntele acerca de ese producto. No tiene que ser un quejambroso, ayúdeme tipo de venta. Usted puede pedir su opinión o consejo. Pregúnteles qué harían en su situación o cómo recomendarían encontrar un trabajo que coincida con sus habilidades.

Preguntar a los familiares si saben de puestos de trabajo conduce a la consecución de uno para 27 de cada 100 personas. Sí, incluso el Sistema de la familia no es un mal lugar para encontrar nuevas oportunidades.

Saber cómo hacer una gran búsqueda de empleo le servirá repetidamente a lo largo de su vida laboral.

La antigua regla general es que el proceso de búsqueda de empleo toma treinta días por cada $10.000 dólares de compensación. Por lo tanto, una posición de $60.000 tomara seis meses. Este es un dato desalentador, pero mire las cifras que conducen a esa generalidad. La mayoría de la gente en una búsqueda de empleo están contactando con cuatro a cinco empresas al mes. En este tipo de contacto, sí puede tomar seis meses. Sin embargo, encontrar una posición es un proceso de ventas y si usted entiende los números implicados, puede aumentar drásticamente su tasa de éxito.

Si usted está vendiendo aspiradoras, usted puede saber por la historia de la compañía que uno de veintitrés contactos conducirá a una venta. Entonces puede decidir si va a hacer esos veintitrés contactos hoy o si va a distribuirlos a un contacto por día en los próximos 23 días. El índice de rendimiento de hacer esos contactos determinará el tiempo en que obtendrá su éxito. Tenga en cuenta que la búsqueda de empleo es el mismo proceso. Lo que quiero exponer aquí es una breve ráfaga de treinta días de actividad específica, que conducen a cualquier nivel de compensación que usted desea en un período mucho más corto de tiempo.

Dos tercios de todos los cazadores de empleo pasan cinco horas o menos en su búsqueda de trabajo cada semana, según la Oficina del Censo de los Estados Unidos. Si usted es serio acerca de la búsqueda de una nueva posición, usted no puede permitirse este tipo de progreso. Mi consejo, basado en ver a los cazadores de trabajo exitosos, es pasar treinta y cinco horas por semana en la búsqueda. Esto reducirá drásticamente el tiempo en semanas y meses para llevar a cabo una búsqueda exitosa.

El Tipo de Taco Bell

Muchos de ustedes conocen que mis buenos hábitos culinarios me llevan a Taco Bell con frecuencia. Tener hijos y nietos vegetarianos hace de este un lugar de aterrizaje común con algo para todos.

Un día fui testigo de una experiencia de contratación laboral que voló mi mente. Yo estaba allí sentado tranquilamente comiendo mi burrito de siete capas (substitución de frijoles negros) y observe que un hombre joven (Jeff) camino con un formulario de solicitud de empleo en su mano. Tras ser alertado, el gerente salió y se sentó con este chico. Yo estaba sentado lo suficientemente cerca para observar y escuchar toda la conversación, que duró aproximadamente cuatro minutos. Cuando la gerente regreso a su oficina le pregunte al tipo "¿esto acaba de suceder realmente? ¿usted entra por la puerta, conoce al gerente por primera vez y obtiene una oferta de trabajo real en cuatro minutos?" él dijo que se había detenido el día anterior, recogió una aplicación sin hablar con el gerente, y de hecho acababa de tener su primera entrevista. También me comento que se había trasladado a esta zona dos días antes y necesitaba algo para poder quedarse. El gerente le preguntó si él podría comenzar mañana.

Después de que Jeff se fue, solicite hablar con el gerente. Y le pregunté por qué había contratado a este chico tan rápidamente.

Él joven tenía un anillo en el labio, el pantalón corto mostrando tatuajes en las piernas y no tenía nada de especial en su historial de trabajo. Ella no hizo una verificación de antecedentes, un historial de crédito, o llamó para pedir cualquier referencia. Ella contestó que él era claro en sus respuestas, la miró directamente a los ojos cuando hablaba, y tenía experiencia anterior en un par de restaurantes de comida rápida. Añadió que ella necesitaba desesperadamente más empleados y quería añadir tres personas de inmediato. Le pregunte acerca del nivel del salario y dijo que, aunque $7.25 es el salario mínimo aquí, ella ofrece a sus empleados principiantes $8.00/hr.

Ahora que he visto Jeff tres o cuatro veces. Cada vez me saluda cordialmente y le pregunté acerca de su trabajo. Estaba muy limpio—ya no tenía un anillo en los labios (el gerente le solicito que no lo usara más) y sus pantalones largos le cubrían los tatuajes. Pensé en decirle que, si él se habría limpiado su presentación primero, y con sus buenas aptitudes personales, él probablemente podría haber conseguido un trabajo de $15 por hora. Pero él parece feliz y yo quiero que Taco Bell permanezca con su personal.

La moraleja de la historia es:

- Las empresas están buscando desesperadamente a la gente buena. De acuerdo, esta no es una posición de $100.000/año, pero es ciertamente mejor que nada.
- Tomar medidas de acción obtiene resultados. Para puestos de entre los $30.000 a $40.000, el caminar por la puerta sigue siendo una gran estrategia de búsqueda de trabajo. Con una personalidad agradable, a la gente se le ofrece trabajos en el acto.
- Sentado en su casa para quejarse de la economía o de lo que la Casa Blanca está haciendo no es una estrategia

de búsqueda de trabajo. Use el enfoque de Jeff, piense más allá de lo común y empiece a trabajar mañana.

Proceso de búsqueda de empleo

Esta fase del proceso es intensa pero breve y centrado (si está invirtiendo 35 horas a la semana). Y no crea que no se puede completar este proceso mientras usted este trabajando. Usted puede. La mayoría de la gente en la búsqueda de trabajo de hoy son empleados. Todo, excepto las entrevistas, puede hacerse sin interferir con una jornada de trabajo habitual. Usted necesita simplemente verlo como una breve ráfaga de energía intensa para llevarle hacia el futuro que desea.

Preparándose

Identifique de treinta a cuarenta empresas objetivo. ¿Desea un lugar con 20 a 85 empleados? ¿una organización sin fines de lucrativa o sin fines de lucro? ¿una empresa de manufactura o de servicios? ¿una empresa nueva o uno ya establecida? ¿Desea viajar o estar en casa todas las noches? ¿prefiere una organización en la industria de salud, comercio minorista, finanzas, entretenimiento o la imprenta? Utilice el directorio de negocios de su ciudad, el directorio de la Cámara de Comercio, una guía de la industria (disponible en su biblioteca local para los medios de comunicación, la fabricación, las organizaciones sin fines de lucro, etc.) para ayudarle a crear esta lista objetivo. (La mayoría de las bibliotecas tienen herramientas de búsqueda local y nacional de empresas basada en tus criterios de búsqueda).

Usted está en el asiento del conductor para seleccionar a las compañías con las que desea trabajar. Usted no tiene que esperar hasta que se anuncie una posición o se escuche a alguien decir que están contratando. Los métodos habituales suelen ponerlo en competencia con setenta a ochenta personas para posiciones que son más deseables, mientras que en este método sugerido puede tener de dos a tres competidores. Recuerde: cuando vea un anuncio para una posición particular, ya ha perdido su mejor oportunidad para esa posición. Además, este es el método para encontrar el 87 por ciento de los empleos que nunca se anuncian. En un lugar de trabajo que cambia rápidamente, todo el mundo está buscando gente buena. Sea proactivo en la búsqueda.

Utilice los tres pasos críticos de la búsqueda de trabajo:

1. *Enviar una carta de presentación a cada empresa.* (no envíe más de quince a la vez para que usted pueda realizar el seguimiento adecuado.) La carta de presentación es sólo para construir el reconocimiento del nombre. Recuerde, este es un proceso de venta, y estamos aquí usando una técnica de ventas. Supongamos que una empresa está vendiendo sistemas para el tratamiento de agua. Si pueden hacerme ver u oír acerca de ese producto al menos tres veces, mi probabilidad de comprar sube dramáticamente. Con la carta de introducción, estamos empezando el mismo proceso. Usted quiere que la empresa objetivo vea o escuche acerca de usted al menos tres veces. Así la carta de introducción es el primero de al menos tres contactos en este proceso.

2. *Envíe su carta de presentación y la hoja de vida una semana después de su carta de introducción.* Dirija la carta a una persona específica. Puede obtener este nombre en el Directorio de Negocio o llame a la empresa. Los recepcionistas son maravillosos acerca de dar información útil si usted pregunta educadamente. No se moleste en enviarlo al "departamento de personal", "recursos humanos", o "a quien pueda interesar." Destine a una persona real que tenga la capacidad de tomar una decisión de contratación. Que normalmente será el gerente de ventas, vicepresidente de operaciones, el

presidente, el gerente de la oficina, etc. Los sitios de búsqueda en línea como Hoover's Online (www.hoovers.com) o www. webopedia.com pueden dar una serie de información sobre la mayoría de las empresas.

3. *Llamada de seguimiento*. Este paso es muy importante, pero sólo alrededor de uno a dos por ciento de quienes buscan trabajo lo hacen. Es muy fácil de poner su nombre en la parte superior de la lista, si usted acaba de hacer una llamada de seguimiento. ¡No tenga miedo de ser persistente! Llame de cuatro a cinco días después de enviar su hoja de vida. Sí, conozco los desafíos de los indagadores y del correo de voz. Pero si el proceso fuera fácil, todos lo harían. Usted quiere destacarse. No deje mensajes en el correo de voz aparte del su nombre como una oportunidad de reconocimiento de nombre repetitivo. No diga nada en este mensaje de teléfono mensaje acerca de que la persona le llame—no lo espere y ni siquiera prepare el terreno para ello. Si usted recibe el correo de voz, simplemente cuelgue y llame de nuevo a la recepcionista, diciendo: "debo haber perdido a Bill. ¿Cuándo espera que regrese el día de hoy?" "¿a qué hora suele llegar a la oficina por la mañana?

Recopilar toda la información que pueda. A continuación, cuando se conectan en una llamada de teléfono, diga, "Soy Bill Smith. Estoy haciendo un seguimiento a una reciente carta de presentación y hoja de vida que envié. Sé lo que hace su empresa y realmente creo que pudiera agregar a su éxito. ¿Cuándo podemos reunirnos y hablar?" Le sorprenderá lo frecuentemente que la gente dirá, "¿por qué no viene mañana a las 2:00?".

Tenga en cuenta que, si usted acaba de enviar cartas de presentación y hojas de vida, necesita enviar 254 para tener una probabilidad estadística de obtener una oferta de trabajo. Si se combinan con una llamada de teléfono, el número desciende a uno de cada quince una diferencia dramática. Añada a eso una carta de introducción y los resultados le sorprenderán. Este es un proceso de venta. Nosotros usamos un proceso repetitivo de 3 veces como un principio de mercadeo. Solo comprométase con el proceso y una línea de tiempo.

Este proceso, si se siguen precisamente, obtiene resultados. De hecho, este proceso de búsqueda de empleo es probablemente el elemento clave que ha conducido al éxito de los *48 días hacia el trabajo que ama y* la serie de seminarios.

Un caballero que envió más de mil currículos durante un período de catorce meses sin ofertas de trabajo fue capaz de conseguir cinco entrevistas con tres ofertas (todos de más de $75.000) en un periodo de cuarenta y cinco días usando este método. Otro chico que había pasado seis meses sin entrevistas recibió cuatro ofertas en diez días con este sistema.

Y aquí está la historia del reciente graduado universitario que recibió seis ofertas de trabajo en un período de diez días a través de este proceso. Chuck tenía un nuevo grado en biología, sin experiencia laboral relevante, pero quería conseguir un puesto como representante de una compañía farmacéutica. Ciertamente él no tenía antecedentes de ventas estelares, pero aprovechamos sus grandes habilidades de presentación personal. Tenía un firme apretón de manos, una sonrisa contagiosa, habilidad de buen oyente y sincero acerca de su deseo de ayudar a las personas a tener acceso a los productos que tan profundamente había n ayudado a su madre en una pelea contra el cáncer. Él identificó de treinta a cuarenta empresas objetivo y comenzó su búsqueda de trabajo exactamente como se describe aquí. Luego llegó la mañana de la primera entrevista. Me llamó inmediatamente después de haber salido con la gran noticia que le habían hecho una oferta de trabajo. Lo escuche atentamente, lo felicite y le dije entonces que no aceptara la oferta. Chuck estaba asombrado de que yo sugiriera tal cosa. Le expliqué que, si bien la oferta de trabajo era genial, no era totalmente en línea con lo que habíamos dirigido y le aseguré que si continuaba la búsqueda de trabajo como era, habría otras ofertas de trabajo. Aunque él estaba muy emocionado al obtener una oferta de empleo tan rápidamente, y pensaba que su búsqueda había terminado, accedió a regañadientes a hacer lo que le sugerí. Ya se habían programado más entrevistas, y sí recibió seis ofertas de empleo en diez días. Ese es el poder de una búsqueda de trabajo enfocada.

Recuerde, nadie va a venir a buscarlo. Usted debe hacer una búsqueda activa y agresiva. No es raro que profesionales muy competentes se resistan a la naturaleza agresiva de una búsqueda de empleo eficaz. Ellos tienden a asumir que sus credenciales y una gran historia de trabajo hablan por sí mismos y que presionar para contactos y entrevistas es de alguna manera menos profesional. Lamentablemente, estamos en un entorno de mercadeo. No es cierto que, si "construye una mejor trampa para ratones, la gente buscara el camino a su puerta." Un plan claro de "vender" es necesario para tener éxito en cualquier ámbito. ¡Encontrar un buen trabajo no es la excepción!

Nota importante: una vez más, no crea que estoy haciendo caso omiso de las posibilidades con el internet. Sí, sé que usted puede conseguir el e-mail de diez mil directores de recursos humanos y que puede enviar su maravillosa hoja de vida al buzón de cada uno de ellos esta misma tarde. Sin embargo, sé también que 9.999 de ellos resienten su intrusión. Y ahora sabemos que el 75 por ciento de las empresas que han contratado por la internet han tenido una mala experiencia. Un breve proceso de contacto profesional y seguimiento persistente es aún el método de contacto más respetado.

Desempleado durante 18 meses - ¿Qué puedo hacer?

Si usted ha estado desempleado durante un tiempo, considere su autoestima.

"Las personas que están desempleadas piensan que el peor resultado posible es no encontrar otro trabajo", dice Richard Bolles, autor de ¿De qué color es su paracaídas? "En realidad, la peor parte es perder la autoestima. Empezar a pensar, "¿Qué es lo que está mal conmigo?'"[1]

Bolles dice que usted debe encontrar maneras para inyectar algo autoestima y optimismo en su vida porque son esenciales para el éxito de la búsqueda de trabajo. Él sugiere una rutina que incluya ejercicio, descanso y mucha agua.

Anote siete experiencias en el trabajo que le gustaron y haga una lista de las habilidades que se aplican en cada caso. Según Bolles, los cazadores de trabajo suelen confiar sólo en uno o dos métodos en su búsqueda: envío de un centenar de hojas de vida o publicar una copia en línea. Estos métodos pudieron funcionar antes pero no ahora.

No limite su búsqueda a las empresas que tienen posiciones abiertas. Considere las empresas en donde le gustaría trabajar, así tengan posiciones abiertas o no. Contáctelos con los beneficios que usted les puede aportar.

Hágase voluntario o la sombra de alguien en un trabajo que le gustaría hacer. Participe en su iglesia y clubes cívicos locales. "Usted quiere tomar acción cada día, no sentarse alrededor esperando a que algo suceda", dice Bolles.

Tratar con desaliento en la búsqueda de empleo

Usted no sería humano si no siente desaliento mientras está desempleado. Atribuimos demasiado nuestro valor y autoestima a nuestro trabajo y, por lo tanto, cuando estamos "entre oportunidades", es natural a veces sentirnos ansiosos. Pero usted tiene opciones diarias: usted puede convencerse que está mirando hacia un futuro vacío, o puede creer que le espera una mejor oportunidad. Yo frecuentemente le digo a los clientes que la distancia entre el terror y el retroceso, entre la esperanza y la desesperanza es a menudo una línea fina.

Aquí hay diez consejos sobre cómo hacer frente después de una pérdida de puestos de trabajo:

1. Encontrar lugares selectivos para hablar honestamente acerca de sus sentimientos.
2. Aumentar su conocimiento sobre el proceso de búsqueda de empleo.
3. Definir lo que puede y no puede controlar.
4. Vivir cada día plenamente. Tome una mirada fresca en el éxito que tiene en otras áreas de trabajo.
5. Hacer algo por alguien. El tiempo voluntario para causas nobles u organizaciones.
6. Construya su propio sistema de soporte. Pedir ayuda. No se oculte en la biblioteca todo el día y así no permitir que sus vecinos sepan que está buscando.
7. Haga algo creativo. Joanne y yo a veces trabajo sobre grandes rompecabezas. Encontrará la energía para la búsqueda si se da pausas creativas.
8. Mantener el ejercicio y la buena nutrición.
9. Mantener la esperanza y el optimismo. Establezca metas diarias y semanales alcanzables. Hacer proyectos físicos, donde puede ver los resultados inmediatamente.

10. Busque el significado más amplio en este proceso de transición.

🦅 Mirando alrededor, pero sintiéndose abajo 🦅

Perder un empleo puede llevar a la ira, el resentimiento, la culpa y la depresión. Hace poco estuve trabajando con un caballero que, habiendo perdido su puesto de trabajo, intentó reposicionarse y hacer una búsqueda de trabajo solo para sentirse desalentado después de unos pocos días sin éxito. Él estaba escondiéndose de su esposa, pretendiendo estar haciendo una búsqueda de trabajo, mientras que en realidad iba a la biblioteca para navegar por Internet y leer revistas. Se consoló a sí mismo en comida rápida y aperitivos altos en azúcar añadiéndose rápidamente alrededor de 25 libras. Esto, a su vez, le hizo consciente de su peso y su ropa mal ajustada. "Yo odiaba mi trabajo, pero todavía estoy enojado porque me hayan despedido", dice.

Esta historia no es inusual. La nueva investigación confirma que perder un empleo puede poner a las personas en un riesgo elevado de problemas físicos y emocionales. El desempleo puede iniciar un círculo vicioso de depresión, pérdida de disciplina personal, y disminución de la salud emocional.

"La depresión puede contribuir a búsquedas de periodos más largos", señala John Challenger, Consejero Delegado de Challenger, Gray & Christmas.[2]

Para romper el ciclo, hágase cargo de las zonas donde se puede experimentar un éxito inmediato. Aumente el ejercicio físico y la note la satisfacción del aumento de la vitalidad y el pensamiento creativo. Aumente su voluntariado y sienta los beneficios de ofrecer una mano de ayuda. Aumente la lectura positiva y escuche programas de audio inspiradores y encuéntrese con nuevas ideas. Haga cosas especiales con sus seres queridos y sienta su verdadero apoyo y aliento.

Ninguno de estos está directamente relacionado con la obtención de un nuevo trabajo y, sin embargo, están muy relacionados. A partir de estas actividades vienen la audacia, la confianza, y el entusiasmo necesario para que usted se presente bien.

En este proceso, recuerde que todo antes de la entrevista es preliminar. Nadie lo va a contratar a usted de una hoja de vida, ni usted lo desea. Su currículum vitae y la búsqueda activa de empleo llevan a entrevistas. Las entrevistas le dan el trabajo.

El tiempo invertido en una buena búsqueda de trabajo es tiempo invertido en su futuro. No lo vea casualmente. Una semana dedicada a investigar un par de empresas clave para que usted esté más informado en la entrevista podría significar una diferencia de miles de dólares en sus ingresos en los próximos dos o tres años.

Aprenda a hacer bien este proceso; tendrá que hacerlo de nuevo. Reconozca que debe asumir la responsabilidad por el éxito del proceso. Nadie puede hacerlo por usted, no el gobierno, el estado, la iglesia, o cualquier organismo. Este preparado para lidiar con el rechazo y luego continúe siendo persistente, confiando en que el verdadero éxito está a unos pocos contactos más.

Usted puede encontrar ejemplos de la carta de introducción, la carta de presentación, y la carta de seguimiento en nuestros Recursos en www.48Days.com/worksheets.

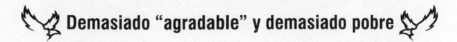

Demasiado "agradable" y demasiado pobre

Aquí está una reciente pregunta de un lector:

"Dan, tengo tu libro en 48 días y he iniciado el proceso de envío de hojas de vida. En su libro sugiere llamar después de unos días para ver si tienen preguntas, pero un par de los empleadores han enviado respuestas automáticas diciendo que han recibido mi e-mail y que ellos se pondrán en contacto conmigo, pero que no los llame porque no responden a las llamadas de cualquier tipo debido al gran volumen de estas, pero que aplique nuevamente sino escucho de ellos en unas ocho semanas. La pregunta es debo respetar sus deseos o intentar contactarlos para ver si tienen alguna pregunta, como lo indique en mi carta original. Si llamo podría considerarse irrespetuoso, pero si no lo hago entonces yo podría ser considerado alguien que miente y no hace seguimiento a las cosas".

¡Qué gran pregunta! Me encanta la ironía de cómo tendrá que ser irrespetuoso o un mentiroso. Afortunadamente, esas no son las únicas opciones. Por favor, reconozca que la mayoría de las compañías desalientan ponerse en contacto con ellos. Al igual que un dueño de casa que probablemente se resiste a los vendedores puerta a puerta que vienen alrededor. Pero si alguien realmente apareció con una solución para las manchas desagradables en su calzada, este probablemente sería bienvenido.

Si usted cree que la compañía le está haciendo un favor por darle un trabajo, entonces por todos los medios, sólo tiene que esperar para ver si entran en contacto con usted. PERO si cree que tiene algo de valor para ofrecerles, entonces, utilice cualquier método para ponerse en frente de ellos para hacerles saber qué valor les puede aportar.

Hace varios años le vendí publicidad a los propietarios de negocios. Marque sus negocios en una pequeña libreta de direcciones telefónica que tenía información sobre su compañía en la cubierta. Sin previo aviso o nombramiento caminaba a la puerta del negocio y pedía hablar con el dueño. Yo muy pronto descubrí que a la gente le gustó lo que yo les ofrecía. Sesenta y siete por ciento de la gente a la que le hable me escribió un cheque en ese mismo momento. Pero probablemente el 85 por ciento de los edificios de oficinas a donde fui y sin previo nombramiento tenía signos que decían "No Solicitar". Sólo una vez en cuatro años alguien me critico por violar ese anuncio y, en ese caso, caminé por la calle y llamé por teléfono al enojado joven. Le pregunté si él quería que sus vendedores (auto concesionario) fueran lo suficientemente tímidos para no hacer una llamada "en frío".

Yo descubrí que yo podría dar a los dueños de negocios algo que valoraran y hacer de $4,000 a $5,000 por semana en el proceso. Si yo había intentado no ofender ni doblar las "reglas", se habría perdido la oportunidad y me habría perdido el dinero.

Tiene que creer que tiene algo de valor-recuerde, la verdadera "venta" es simplemente compartir el entusiasmo. Una vez que este convencida del valor que ofrece, rompa cualquier barrera para venderse a usted mismo. He entrenado a los clientes a esperar en el estacionamiento por el propietario a las 6:20 a.m. o para investigar la dirección y luego caminar hacia la puerta de la empresa potencial. Su enfoque claro y la creencia en su valor le conducirá a la audacia, la confianza y el entusiasmo.

Si usted es demasiado amable y demasiado respetuoso, usted va a quedarse demasiado pobres y desempleados.

Para muchos de ustedes este proceso de búsqueda de empleo será el dato más importante en todo este libro. ¡Si usted entiende y sigue esta estrategia, puede transformar radicalmente sus resultados, evitando otros candidatos con más grados, credenciales y experiencia!

Cuenta regresiva para el trabajo que me encanta

1. ¿Hay algunos mercados de trabajo más seguros que otros?
2. ¿Cuáles son los mejores lugares para buscar nuevas oportunidades en el lugar de trabajo actual?
3. ¿Cuáles son los principales errores que ha cometido en el pasado en busca de nuevas posiciones?
4. ¿Cómo se siente acerca de la «promoción» de sí mismo?
5. ¿Cómo puede saber cuándo cambiar de trabajo o de carrera?
6. ¿Cómo debemos aplicar los principios encontrados en Colosenses 3:23-24 como trabajadores en este día y en esta época?

Busque ejemplos actuales de la carta de introducción, carta de cubierta y carta de seguimiento en nuestros Recursos en www.48Days.com/worksheets.

CAPÍTULO 9

¿Les gusto?
¿Me gustan?

Aprendí esto, al menos, por mi experimento: que, si uno avanza confiadamente en la dirección de sus sueños, y se esfuerza por vivir la vida que ha imaginado, se encontrará con un éxito inesperado en horas comunes. Él pondrá algunas cosas detrás, pasará un límite invisible; nuevas leyes universales y más liberales comenzarán a establecerse alrededor y dentro de él; o las viejas leyes se ampliarán e interpretaran a su favor en un sentido más liberal, y el vivirá con la licencia de un orden superior de seres... Si ha construido castillos en el aire, su trabajo no se pierde; allí es donde deben estar. Ahora coloque las bases debajo de ellos.
-HENRY DAVID THOREAU

La mayoría de las oportunidades se garantizan a través del proceso de una entrevista, sin embargo, muchos solicitantes de empleo no llegan a desarrollar buenas habilidades para entrevistas de trabajo. Muchas personas asumen que la entrevista es sólo una formalidad para dar seguimiento a la gran impresión ya realizada con la hoja de vida. Pero la entrevista es donde la llanta se encuentra con la carretera. Y como usted probablemente ya lo sabe, esto no es una experiencia única. El cambio es inevitable y la "seguridad" ya no existe, por lo que parece aconsejable el desarrollar grandes habilidades para entrevistas de trabajo para hacer frente a estos cambios lo más suavemente posible. Entrevistar bien es un arte aprendido, y debe ser estudiado, preparado y practicado. Su habilidad para entrevistar bien se traducirá en la satisfacción en el empleo y mayores ingresos.

Dicho simplemente, una persona que no entrevista bien no recibirá una oferta de trabajo atractiva. Usted puede tener una hoja de vida excepcional, las credenciales y calificaciones, pero si no se presenta bien en la entrevista, no recibirá ofertas de trabajo. Si no puede presentarte con confianza y proyectar una imagen profesional en la entrevista, todos sus preparativos habrán sido en vano. *Usted debe desarrollar y practicar sus habilidades para entrevistas de trabajo.*

Recuerde que, en el proceso de búsqueda de empleo, se está vendiendo usted mismo. Si se siente incómodo con la venta, debe prepararse para este proceso. Debe tener conocimientos, creencia y entusiasmo sobre el producto—y ese producto es USTED.

Contrariamente a la creencia popular, la entrevista no está diseñada para ser una inquisición o un interrogatorio. La palabra *entrevista* se deriva de una palabra latina que significa "para ver el uno del otro." Es importante mantener esta definición en mente cuando se está en una entrevista. "Para ver el uno del otro" implica que una entrevista es un intercambio mutuo de información. Este proceso de intercambio no sólo ofrece al empleador la oportunidad de evaluar sus habilidades y calificaciones, sino que también le ofrece la oportunidad de evaluar la empresa y la posición propuesta para determinar si coincide con sus calificaciones y necesidades.

No vea la entrevista como un proceso unilateral. Si usted está completando una estrategia de búsqueda de empleo bien planificada, tendrá varias entrevistas que conducirán a dos o tres ofertas de trabajo. La entrevista debe ser un proceso de recopilación de información tanto para usted como para el entrevistador. Las claves para entrevistar con éxito son la preparación, saber qué esperar, y practicar. Sí, la práctica es un ingrediente razonable. La mayoría de nosotros no entrevista a menudo lo suficiente como para dominar este proceso. Al reconocer que las habilidades de entrevistas se traducen en satisfacción e ingresos, usted debe practicar como si fuera a mejorar en el golf o tenis.

Preparación, preparación, preparación

La preparación es el factor más importante en el éxito de las entrevistas. Su preparación debería implicar *dos componentes principales: el conocerse a sí mismo y conocer la empresa.*

Conocerse a sí mismo

El proceso de autoevaluación es crítico para presentarse bien y asegurar una posición que sea significativa y satisfactoria. Hasta ahora, usted debe estar íntimamente familiarizado con sus (1) habilidades y aptitudes, (2) Tendencias de la personalidad, y (3) Los valores, sueños y pasiones. Sólo al tener una clara comprensión de estas áreas estará dispuesto a buscar en una dirección específica y centrada. Su objetivo es la obtención de un trabajo; sin embargo, asegúrese de que lo que se necesita en la posición y el medio ambiente relacionados con ella son una buena opción para usted, sus habilidades y sus intereses.

En este sentido, este preparado para responder a las siguientes preguntas en la entrevista (otras preguntas serán presentadas más adelante, pero estas pocas son esenciales para conocerse a fondo):

Cuéntame un poco sobre usted mismo. Esta es una pregunta estándar en casi todas las entrevistas. En algunos aspectos, es probablemente la pregunta más importante en su entrevista, y debe *preparar* su respuesta con suficiente antelación. El entrevistador espera que haya desarrollado una respuesta para esta pregunta, y si no lo ha hecho, aparecerá mal preparado, y la entrevista será un mal comienzo.

Esta es tu oportunidad para venderse. Dígale al entrevistador lo que quiere que recuerde acerca de usted. Puede referirse a información que desee mencionar más adelante en la entrevista. Un entrevistador puede determinar rápidamente si usted está bien informado y preparado o simplemente otra generalidad errante con la esperanza de aterrizar cualquier tipo de trabajo.

Recuerde, su respuesta a cualquier pregunta no debe ser de más de *dos minutos* de duración. Sobre esto en particular, puede gastar quince segundos en sus antecedentes personales, un minuto en lo destacado de su carrera, unos segundos en su mayor logro profesional, y concluya explicando porque está buscando una nueva oportunidad.

Pregúntese, "¿Qué puedo contribuir a esta empresa?" y deje eso sea la guía en su respuesta. Independientemente del contenido de la respuesta, usted debe describir la respuesta a esta pregunta en un papel y luego practicarla muchas veces hasta que pueda repetirla de manera concisa. Pídale a un amigo o cónyuge que la escuche y critique por usted.

¿Cuáles son tres de sus puntos fuertes? Si no puede identificar y describir claramente sus fortalezas, ¿cómo se puede esperar que un entrevistador las saque en el encuentro breve de una entrevista?

Cuénteme sobre una debilidad y lo que han hecho para trabajar en ella. No juegue al ignorante o modestamente aclame perfección. Este dispuesto a hablar sobre algo con lo que lucha. Al mismo tiempo, manténgase positivo en cuanto a lo que ha hecho para mejorar.

¿Qué habilidades posee que lo han preparado para este trabajo? Obviamente, usted necesita haber investigado la empresa y el trabajo, o no estará preparado para esta pregunta. De nuevo, por ahora su autoevaluación hará que resulte fácil hablar de sus exclusivas habilidades y competencias.

¿Cuáles son sus metas de corto y largo alcance? Hable acerca de metas personales como también de negocios. Hoy en día las empresas están buscando personas equilibradas que están interesados en otras cosas aparte de trabajar. Siéntase libre de compartir estos objetivos. Hablar de la oportunidad de ascender en la empresa, si este es su verdadero deseo, pero no diga que quiere ser presidente.

Errores en entrevistas

Yo me sorprendo continuamente por lo que la gente realmente hace en situaciones de entrevista. Cada año CareerBuilder.com enumera las cosas más inusuales que han hecho candidatos en las entrevistas. Una reciente lista de los primeros 10 incluye:

1. El candidato respondió su teléfono móvil y pidió al entrevistador a abandonar su propia oficina porque era una conversación "privada".

2. El candidato le dijo al entrevistador que no podría permanecer en el trabajo por largo tiempo porque pensaba que podría obtener una herencia si su tío moría—y su tío "no se veía muy bien".

3. El candidato le pidió al entrevistador que si lo llevaba a la casa después de la entrevista.

4. El candidato olio sus axilas en el camino hacia la sala de entrevista.

5. El candidato dijo que ella no podía ofrecer una muestra de escritura porque todos sus escritos habían sido para la CIA y era material "clasificado".

6. El candidato le dijo al entrevistador que fue despedido por golpear a su último jefe.

7. Cuando al solicitante le ofrecieron comida antes de la entrevista declinó, diciendo que él no quería llenar su estómago con grasa antes de irse a beber.

8. Un candidato para una posición contable dijo que ella era una "persona que le gustaban las personas", no una "persona que les gustaran los números".

9. El candidato soltó la cisterna mientras hablaba al entrevistador durante una entrevista telefónica.

10. El candidato sacó un cepillo y se peinó el cabello a media entrevista.[1]

Conocer la compañía

El conocimiento de la empresa u organización, sus productos y servicios, su reputación en la comunidad, y los individuos clave involucrados es esencial. Además, debe obtener información sobre la tasa de crecimiento anual de la empresa, las ventas anuales, número de empleados, ubicación de la sede de la empresa y sus principales cambios tales como adquisiciones o fusiones y tendencias de la industria. La información de que dispone, que conducirá a las preguntas que usted puede hacer, fácilmente puede inclinar la balanza a su favor durante la entrevista.

Las siguientes fuentes le ayudará a localizar la información de la empresa:

- Informes anuales—disponibles para la consulta de cualquier empresa importante
- Periódicos de negocios (*Wall Street Journal, Forbes, Fortune*, etc.)
- Las revistas de la industria

- Revista del directorio de negocios regionales
- Directorio de Negocios de la ciudad (disponible en cualquier gran ciudad; muestra el tamaño, año en que comenzó, número de empleados, directores de contacto)
- Hoover's Business Directory (obtenga toda la información de directorio empresarial y más; últimas cotizaciones de la bolsa, las ganancias trimestrales, los archivos de la SEC, las cifras de indemnización, etc.) en www.hoovers.com
- Manuales de Moody
- Publicaciones de Standard & Poor, incluyendo su registro de directores y ejecutivos
- Registro anual de reportes de fabricantes Thomas Register (véase www.thomasregister.com)
- Informes del Better Business Bureau
- Publicaciones de la Cámara de Comercio
- Los empleados actuales (una valiosa fuente para obtener información)
- Centro de recursos para pequeños negocios del Bank of América (un fantástico recurso para obtener información detallada acerca de cualquier empresa u organización en los Estados Unidos)

La mayoría de estos materiales de referencia se puede encontrar en cualquier gran biblioteca o en el internet.

Los 5 defectos fatales en las entrevistas

No asuma que la entrevista es sólo una formalidad. De hecho, es el comienzo del proceso de venta. Su hoja de vida le ha conseguido a usted una entrevista; ahora tiene la oportunidad de hacer que realmente lo quieran para una posición. Tenga cuidado de cometer los siguientes errores:

1. Falta de entusiasmo: no tiene que ser un JImmy Fallon o Seth Meyer, pero debe expresar entusiasmo por un trabajo si no quiere ser eliminado inmediatamente. Entusiasmo, audacia y confianza a menudo hará más por usted en una entrevista que otro título universitario.

2. ¿Qué hay para mí? Sabemos que usted quiere saber sobre los beneficios, vacaciones, etc., pero que no empiece con estas preguntas. En primer lugar, el empleador va a querer saber lo que usted puede hacer por ellos. No se puede negociar para obtener más tiempo de vacaciones antes de que usted haya recibido una oferta de trabajo. Convenza al empleador de que es la persona adecuada para el trabajo, asegúrese de que desea trabajar allí, y entonces si puede discutir salarios y beneficios.

3. Objetivos de trabajo poco claros: no sea un generalista. Ser claro sobre el trabajo que está buscando. Si el entrevistador tiene la impresión de que está buscando un puesto de trabajo en lugar de una oportunidad concreta para utilizar sus habilidades, usted saboteará sus posibilidades. Usted debe ser capaz de afirmar sin vacilación tres características que lo harían un gran candidato para cualquier puesto de "trabajo" que está solicitando. Estoy constantemente sorprendido por la gente que busca "trabajar" sin tener una idea clara de lo que sería su trabajo ideal sería.

4. Mala apariencia personal: La clave aquí es que se ajuste a la organización que está contactando. Voy a defender su derecho a vestir pantalones cortos y una gorra de béisbol, pero si realmente quiere un trabajo, debe vestir apropiadamente. Muchas veces escucho a personas que

están irritados por no haber conseguido un trabajo cuando tienen un anillo de la nariz, mal aliento y zapatos sucios. Tenga en cuenta que las organizaciones contratar gente, no credenciales ni experiencia. Si no les gusta usted, no importa cuán grande es su experiencia, no obtendrá el trabajo. Si está entrevistando para la IBM, lleve un traje. Si está entrevistando para Google, vista ropa casual bonita.

5. No venderse usted mismo: Incluso si no gozara de la venta de aspiradoras puerta a puerta, tiene que darse cuenta de que, en el proceso de la entrevista, se está vendiendo usted mismo. Especialmente en el mercado de hoy, usted tiene que promocionarse usted mismo. Haga seguimiento de inmediato con una nota de agradecimiento y una llamada telefónica tres o cuatro días más tarde. Es una buena manera de reforzar su interés en el trabajo, así como una manera de hacer una pregunta o dos que pudo haber olvidado en la entrevista.

Interfaces de la entrevista Primeras impresiones

Diez segundos después de haber caminado en la oficina, incluso antes de que usted obtenga la oportunidad de sentarse, puede haber Ganado o perdido el trabajo. Si bien puede cortésmente responder preguntas y describir sus logros, los estudios indican que el encuestador forma una fuerte impresión positiva o negativa de usted unos pocos segundos después de saludarle. Un estudio de una Universidad les pidió a los entrevistadores que cuando tomaran una decisión presionaran un botón en un temporizador. *Cada entrevistador presiono el temporizador en 10 segundos.* Esto nos hace saber que no es la impresión fina en la cuarta página de su hoja de vida, pero sí otros factores los que prevalecen en la toma de la decisión de una contratación.

Después de esa primera decisión, los entrevistadores tienden a reunir información para apoyar la decisión que han realizado. En estos primeros minutos de la entrevista, el empleador está preguntándose, "¿me gusta esta persona? ¿puedo confiar en esta persona? ¿es esta persona divertida para tener alrededor?" Aunque puede estar camuflado, aquí es donde el enfoque está más que en "¿esta persona tiene una maestría en marketing?".

Aquí están algunas sugerencias para ayudarle a crear una impresión positiva:

- El entrevistador deberá programar el tiempo para la entrevista y el lugar donde se llevará a cabo. Si se le permite elegir el momento, evite la mañana del lunes y viernes por la tarde. Elija citas por la mañana. La investigación muestra que el 83 por ciento de ejecutivos son más propensos a contratar buscadores de empleo en la mañana. Y el 70 por ciento de todas las decisiones de contratación están hechas antes de las 11:00 a.m., así que obviamente, si puede sugerir el momento de una entrevista, hágalo antes de las 11:00 a.m., Las citas por la tarde deben establecerse a más tardar una hora antes del cierre del día laborable normal. De nuevo, el lunes, las personas tienden a tener mucho que hacer y el viernes están anticipando el fin de semana y listos para salir de la oficina. Así que los mejores momentos para entrevistas son martes, miércoles o jueves por la mañana entre las 8:00 y 10:00.
- Saber la hora exacta y el lugar de la entrevista.
- Ser puntual; llegue de cinco a quince minutos temprano. No ir demasiado temprano, pero llegar lo suficientemente temprano para tener la oportunidad de observar el entorno y determinar si disfrutaría trabajar allí. (Los entrevistadores se molestarán si usted llega muy temprano o tarde. Evite

los dos). Para llegar demasiado temprano indica exceso de ansiedad; a llegar tarde es ser desconsiderado. La única solución razonable es llegar a la entrevista a tiempo, pero a la locación temprano. Esto le dará tiempo para visitar la sala de descanso y hacer los ajustes necesarios a su comodidad y apariencia. Dedique un par de minutos para descansar y prepararse mentalmente.

• Conocer el nombre y título del entrevistador. No utilice nombres a menos que se le solicite.

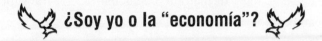

¿Soy yo o la "economía"?

Aquí hay una pregunta que recibí en el podcast de 48 Days:

"Hola Dan, actualmente estoy aplicando para un trabajo de la universidad, y he tenido entrevistas con aproximadamente 10 compañías diferentes, pero he sido rechazado en los diez casos. ¿Cómo puedo averiguar qué es lo que hago durante la entrevista que hace que me rechacen? ¿Hay una manera de diagnosticar esto para no seguir repitiendo el mismo error y obteniendo el mismo resultado en entrevistas?" -Sherry

Quiero felicitarla por formular la pregunta como usted. Está preguntando lo que está haciendo durante la entrevista que los hace rechazarla. Y allí es exactamente en donde debería estar buscando. Si ha tenido diez entrevistas sabemos que su hoja de vida está haciendo su trabajo y la gente quiere saber más acerca de usted. Algo no está funcionando para su ventaja es en el encuentro personal. No es la economía, ni los políticos, ni la recesión, y ni la opresión del hombre pequeño. Mire a esa persona en el espejo y haga las preguntas difíciles.

Reglas generales para recordar

- ¡Sonría!! Pocas cosas transmiten simpatía, entusiasmo y comodidad como una sonrisa. La gente exitosa sonríe mucho. Personas que fruncen el ceño no son percibidas como profesionales alegres y productivos.

- Sea agradable y extrovertido. No intente hacerse cargo de la entrevista, pero responda fácil y espontáneamente a las preguntas y al proceso de la entrevista.

- Muestre autoconfianza en sí mismo. El estar inquieto, el nerviosismo, mirar hacia abajo, no aceptar cumplidos, y las declaraciones de auto-depreciación, todos transmiten poca autoestima.

- No hable mal de antiguos empleadores o compañeros de trabajo. Prepare las razones positivas por las que salió de cualquier posición anterior.

- Muestre sincero interés en la empresa y el entrevistador. Recuerde, su tarea es "venderse" al "entrevistador" no solo de convencerlo de que usted es el mejor aspirante a la posición.

- Conozca su hoja de vida totalmente. Esté preparado para dar más información sobre cualquier parte de ella. El producto que usted está vendiendo es usted—conózcase a sí mismo.

Igual que promovería un producto o servicio, usted se está promocionando así mismo. Los vendedores eficaces conocen su producto, realizar investigaciones para determinar las necesidades de sus clientes, y usan ese conocimiento para vender su producto. Durante la entrevista, el empleador o empresa es el cliente y usted asume el papel del vendedor. Así como los productos no se venden por sí mismos, tampoco lo hacen candidatos para un trabajo.

No asuma que la entrevista es sólo una formalidad. De hecho, es el comienzo del proceso de venta. Su hoja de vida le consiguió una entrevista—ahora tiene la oportunidad de hacer que realmente lo quieran para la posición.

El calentamiento

El entrevistador puede iniciar una pequeña charla acerca de situaciones no controversiales. Muchas veces el entrevistador encontrará algo en su hoja de vida para hablar. Temas de calentamiento pueden incluir información meteorológica, deportes, o uno de sus pasatiempos. El objetivo de este calentamiento es ayudarle a sentirse relajado y a desarrollar una atmósfera cómoda, de modo que le permita a usted hablar libre y espontáneamente sobre sí mismo. Recuerde, sin embargo, que, desde el primer instante, usted está siendo evaluado, incluso si no está cubriendo temas pertinentes a la posición.

Pregunta y respuesta

La sesión de preguntas y respuestas toma generalmente el 75% del proceso de la entrevista. Al candidato se le pide revisar sus calificaciones como aparecen en la hoja de vida. (Recuerde que todo lo que presenta en la hoja de vida es un juego limpio, = por lo que debe estar preparado para hablar de ello. Por lo tanto, es importante tener en su hoja de vida *sólo* aquellos elementos que son herramientas de ventas para dónde quiere ir.) Después de las preguntas sobre sus calificaciones y aptitudes, el entrevistador le proporcionará información acerca de la compañía. Idealmente, usted tendrá la oportunidad de hacer preguntas. Por todos los medios, tenga de cuatro a cinco preguntas listas para formular. Las preguntas que realice pueden crear más de una impresión de cómo respondió a las anteriores.

Preguntas formuladas por el entrevistador

Los siguientes son algunos ejemplos de preguntas en una entrevista. Escriba sus respuestas a estas preguntas; sólo el pensar en ellas no es suficiente preparación para la respuesta actual. El escribir sus respuestas le ayudará a sentirse más cómodo manejando las mismas preguntas o similares durante una entrevista. Recuerde, la entrevista no es sólo una formalidad, dado que el entrevistador ha visto su gran hoja de vida; *la entrevista es la parte más importante de todo el proceso*. Prepare de uno a dos minutos en respuesta para cada pregunta. Si usted toma más tiempo, el entrevistador puede sentir que está tomando el control de la entrevista.

1. Cuénteme un poco sobre usted.
2. ¿Cuáles son sus mayores fortalezas? ¿Cuáles son las tres características que harían de usted un buen candidato para esta posición?
3. ¿Qué listaría su empleador anterior como sus mayores fortalezas?
4. ¿Qué le motiva a hacer su mayor esfuerzo?
5. ¿Cuáles han sido algunos de sus logros más significativos? ¿Cómo pudo alcanzarlos?
6. ¿Qué ha hecho que ha contribuido a aumentar las ventas, beneficios y eficiencia en posiciones anteriores a ésta?
7. ¿Qué tipos de situaciones le frustran? ¿Cuáles son sus debilidades? ¿Qué ha intentado y no ha logrado?
8. ¿Qué busca en una nueva posición? ¿Por qué quiere este trabajo? ¿Qué le parece atractivo en esta posición?
9. ¿Por qué está dejando su trabajo actual?
10. ¿Qué cambios o tendencias importantes observa en esta industria? ¿Cómo cree que esos cambios afectarán la forma en que tenemos éxito en esta empresa?

11. ¿Cuánto tiempo le llevaría a hacer una contribución significativa a nuestra empresa? ¿Cuáles son las áreas en las que necesitaría más entrenamiento? ¿Siente que puede estar demasiado cualificado o demasiado experimentado para esta posición?

12. ¿Qué busca en un supervisor? Describa la relación que debe existir entre un supervisor y su empleado. ¿Cuál es su tarea más difícil como gerente? ¿Cuál es su estilo de gestión?

13. ¿Prefiere trabajar solo o como parte de un equipo? ¿Es mejor trabajar con cosas, personas o ideas? ¿Es usted mejoren crear o hacer?

14. Describir un entorno de trabajo ideal. En su última posición, ¿cuáles fueron las cosas que más le gustaron? ¿Cómo manejo la presión y los plazos?

15. ¿Qué tipo de cosas fuera del trabajo disfruta? ¿Qué revistas le gusta leer? Nombre tres libros que ha leído en el último año. ¿Está logrando metas personales que ha establecido?

16. ¿Dónde le gustaría estar dentro de cinco años? ¿Cuánto espera ganar dentro de cinco años? ¿Está continuando su educación? ¿Cómo se mantiene actualizado con los cambios en esta industria?

17. ¿Cuánto tiempo siente que una persona debe permanecer en la misma posición?

18. ¿En qué consiste un fin de semana típico para usted? ¿Qué haces para aliviar el aburrimiento?

19. ¿Qué otro tipo de posiciones ha estado viendo? Si no te seleccionamos para esta posición, ¿estarías interesado en otra posición (oficina, ventas, administrativa, etc.) con esta empresa? ¿Cómo se compara este trabajo con otros para los que ha entrevistado? ¿Qué hace este trabajo diferente de su actual/último?

20. ¿Por qué debemos elegirlo para esta posición? ¿Qué puede hacer por nosotros que alguien más no pueda hacer?
21. ¿Tiene usted alguna pregunta? (Un buen entrevistador le preguntará esto.)

Asegúrese de que usted está listo con cuatro a cinco preguntas. Incluso si el entrevistador ha contestado a todo lo que necesita saber, le hará aparecer más interesado y más informado si formula algunas preguntas. Continúe leyendo para ver ejemplos.

¿Desea pasar la entrevista? Pruebe esto.

En el encantador libro El Amor Hace, el abogado/ empresario Bob Goff escribe acerca del entrenamiento que da a sus clientes, quienes tienen que dar declaraciones.[2] Otros abogados están disparando preguntas, intentando captar a sus clientes fuera de su guardia, y él quiere que ellos permanezcan relajados y tranquilos. Esto es lo que les dice: Mantengan las palmas de las manos hacia arriba todo el tiempo. Literalmente, él les dice que pongan el dorso de sus manos sobre sus rodillas y las palmas de las manos hacia la parte inferior de la mesa.

Y aquí está su razón: "Cuando sus palmas están arriba, ellos tienen un tiempo más fácil de estar calmados, honestos y ser precisos." Él dice que solía caminar con los puños cerrados, a la defensiva y con miedo de que las personas iban a aprovecharse de él. Pero luego dice que aprendió de Jesús el poner las palmas hacia arriba. "Las palmas de las manos hacia arriba" significan que usted es lo suficientemente fuerte como para ser vulnerable, incluso con sus enemigos. Cuando las personas tienen sus puños afianzaron tienden a enfadarse o estar a la defensiva y cometer errores.

Adelante, inténtelo. Colocamos las manos sobre las rodillas y gire las palmas hacia el cielo. Usted sentirá que una relajación inmediata toma el control de su cuerpo. Te sentirás más relajado, menos a la defensiva, y listo para afrontar lo que está delante de usted.

Si se dirige hacia una entrevista, pruebe esta técnica. Si usted tiene un plazo para terminar un proyecto, invierta cinco minutos en respiración calmada y con las palmas hacia arriba. Si usted está haciendo una presentación, ponga las palmas de las manos hacia arriba cuando usted se dirija al público. Vea los expertos de la televisión, los programas de la realidad, y los demás individuos todos enojados a nuestro alrededor. Observe cómo a menudo puede ver puños y dientes apretados. Tenga cuidado en confiar en esas personas—el estar enojado y a la defensiva no se alinea con la honestidad, bondad y generosidad.

Observe en las próximas veinticuatro horas cuantas veces puede colocar las palmas de sus manos hacia arriba y vea su espíritu sereno, como sus interacciones mejoran, sus relaciones se suavizan y sus entrevistas obtienen ofertas de trabajo consistentes.

Preguntas inusuales en una entrevista

A medida que las empresas volver a entrevistar a los procesos que les ayuden a comprender la totalidad de la persona, algunas preguntas pueden parecer un poco inusuales. Las preguntas pueden ser diseñadas para descubrir lo que usted valora, cómo piensa, o simplemente para ver cómo responde a una pregunta sin una respuesta clara.

1. ¿Cuál es el mayor error de carrera que has hecho hasta ahora?

2. ¿Con quién más está entrevistando, y que tan cerca está de aceptar una oferta?
3. ¿Cuál es el último libro que has leído?
4. ¿Por qué hacen las cubiertas de alcantarillas redondas?
5. Si usted tuviera su propia empresa ¿qué haría?
6. Se despierta una mañana y descubre que se ha ido la luz. Usted sabe que tiene 12 medias negras y ocho azules. ¿Cuántas medias cree usted que debe sacar antes de obtener un par que combine?
7. ¿Cuántos barberos hay en Chicago?

Tenga en cuenta que cualquier empresa está interesada en contratar a la persona entera, no sólo a sus habilidades técnicas, administrativas, de computador o habilidades de venta.

Preguntas para el encuestador

En el mercado de hoy en día, no es suficiente contestar las preguntas del entrevistador competentemente. Sería recomendable que prepare de cuatro a cinco preguntas para preguntar cuando se les da la oportunidad. *Las personas que hagan preguntas aparecen más brillantes, más interesado, y más informadas.*

1. ¿Cuáles serían las asignaciones típicas en un día?
2. ¿Cuál es la trayectoria profesional típica en esta posición? ¿Cuál es un marco de tiempo realista para avanzar?
3. ¿Dónde están las oportunidades de mayor crecimiento dentro de la empresa?
4. ¿Qué criterios se utilizan para evaluar y promover a los empleados aquí?
5. ¿Qué tipo de programas de desarrollo profesional continuo están disponibles para ayudarme a seguir creciendo?

6. ¿A quién le reporto en esta posición? ¿Qué me puede decir acerca del estilo de gestión de esa persona?
7. ¿Cómo describiría la cultura de la empresa (personalidad, medio ambiente)?
8. ¿Cuál es la misión de la empresa? ¿Cuáles son los objetivos de la empresa?
9. ¿Cuáles son las habilidades y atributos más necesarios para avanzar en esta compañía?
10. ¿Cuál ha sido la pauta de crecimiento de esta empresa en los últimos cinco años?
11. ¿Cuáles son los próximos cambios en esta industria?
12. ¿Es esta una nueva posición, o substituiría a alguien?
13. ¿qué cualidades busca usted en la persona adecuada para esta posición?
14. ¿Hay una descripción escrita? ¿Puedo verla?
15. ¿Cuántas personas trabajan en este departamento?
16. ¿Cómo me ve complementando el grupo existente?
17. ¿Qué disfruta usted más de trabajar para esta empresa?

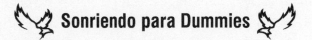 Sonriendo para Dummies

Un proverbio chino dice algo así: "Un hombre sin una sonrisa en el rostro no debe abrir una tienda". Recientemente almorcé en un restaurante completamente nuevo en Franklin, Tennessee. Nadie sonrió ni me saludó cuando llegué o durante toda mi visita. Sin embargo, hay otro restaurante establecido con el mismo formato de menú donde me dan la bienvenida con entusiasmo cada vez que visito. Adivinen a donde iré la próxima vez.

Ese mismo fenómeno tiene un efecto similar sobre los entrevistadores. En una encuesta de 5.000 gestores de recursos humanos, una de las preguntas fue: "¿Qué es lo que más busca en un candidato?" De los 2.756 que respondieron, 2.322 seleccionaron entusiasmo en primer lugar. Lo primero que los entrevistadores buscan en un candidato son la vitalidad y el entusiasmo. Muchos de los candidatos con la adecuada experiencia y habilidades se descalifican ellos mismos al tener una conducta que sugiere que carecen de energía.

La manera más fácil de transmitir energía y entusiasmo es sonreír. Hay una sugerencia que puede implementar hoy mismo. Sin esperas, sin pagar grados costosos, sin comprar un nuevo traje- simplemente sonría.

En el clásico libro pequeño la magia de pensar en grande, David Schwartz desafía a los lectores con esta prueba: "trate de sentirse derrotado y sonría al mismo tiempo. No se puede. Una gran sonrisa le da confianza. Una gran sonrisa combate el miedo, desplaza la preocupación, derrota el desaliento."[3] Esto suena como una gran preparación para su próxima entrevista.

Salir de la entrevista

Mientras usted se prepara para salir, póngase de pie derecho y alto, estreche las manos y a continuación, recoger su cuaderno de notas. Asegúrese de que el apretón de manos es fuerte. Practique lo que va a decir. No tenga miedo de preguntar cuál será el próximo paso. Ensaye un cierre que haya ensayado bien. Pregunte, "¿Cuál será el siguiente paso? ¿Cuándo puedo esperar una decisión? ¿Puedo llamar el jueves?" continúe haciendo contacto visual hasta que usted gire para salir. No pregunte acerca del salario o los beneficios en ese momento. (Ver el siguiente capítulo para abordar eso.) Resuma sus calificaciones. También, indique si usted quiere o no quiere el trabajo. Utilice esta conclusión como una oportunidad de mostrar al entrevistador que ha escuchado acerca de la compañía y la posición.

Haga una declaración de cierre que incluya toda la información que ha obtenido a partir de la entrevista.

Muy pocas personas reciben ofertas después de una primera entrevista. Por lo tanto, es muy importante que usted inicie su propio seguimiento con el entrevistador. Su persistencia y la iniciativa puede ser una pequeña diferencia en que usted sea el candidato elegido.

Nueve de cada diez candidatos aún no hacen seguimiento de sus entrevistas. La carta de seguimiento le proporciona una gran oportunidad de una vez más poner su nombre en la parte superior del grupo de candidatos. Las gracias o carta de seguimiento es expresar agradecimiento por el tiempo del entrevistador y para confirmar su interés en la posición. También ayudará al entrevistador recordarlo a usted claramente y demuestra su profesionalidad y habilidades de escritura. Recuerde que, con la carta de introducción, carta de presentación y hoja de vida, seguimiento telefónico, entrevista, y ahora la carta de seguimiento, usted ha creado cinco puntos de contacto con la persona que toma la decisión. Su nombre será difícil de olvidar.

Mencione en la carta que se mantendrá en contacto e indicar en qué día va a hacer su primera llamada de seguimiento. Por ejemplo, "Voy a volver a revisar con usted el martes, 23 de agosto, para ver si necesita cualquier información adicional." Envíe por correo la carta de seguimiento a más tardar al día siguiente de la entrevista. (Puede usar el correo electrónico si el entrevistador ofrece la información de contacto).

Continúe haciendo contactos de seguimiento cada cuatro a cinco días tras una entrevista hasta que se haya tomado una decisión. Después de haber invertido su tiempo en la entrevista, se ha ganado el derecho a saber qué decisiones ya han sido tomadas. Las decisiones son hechas a menudo lentamente en cualquier organización. No sea demasiado rápido en asumir que usted no ha sido considerado. Su seguimiento persistente puede, en última instancia, hacer que usted sea el candidato elegido.

Cuenta regresiva hacia el trabajo que ama

1. ¿Puede usted describir clara y fácilmente sus áreas competitivas más fuertes?

2. ¿Sabiendo que entrevistar significa «para ver unos de los otros» hace más cómodo pedir información acerca de la compañía y la posición?

3. ¿Es usted consciente de los hábitos personales o palabras de relleno molestas que pueden ser parte de su presentación personal?

4. ¿Es su nivel de entusiasmo contagioso?

5. ¿Cuáles son algunas de las preguntas inusuales sepa que le hayan preguntado o que usted sepa les han preguntado a otras personas en una entrevista? (Por cierto, sólo tienes que sacar tres calcetines para garantizar una coincidencia. Y la verdad es que no hay forma exacta de saber cuántos barberos hay en Chicago. Es simplemente una de esas preguntas diseñadas para ver cómo se enfoca una tarea difícil).

6. ¿Cómo puede ser humilde y mostrar confianza?

7. ¿Tomaría usted una posición incluso si sabía que no era una buena opción para usted?

Visite www.48Days.com/worksheets para obtener más consejos para la entrevista.

CAPÍTULO 10

Muéstreme el dinero

He aprendido que el éxito se mide no tanto por la posición
que uno ha alcanzado en la vida como por los obstáculos
que ha tenido que superar mientras trataba de tener éxito.
-BOOKER T. WASHINGTON

La frase "muéstrame el dinero" fue ampliamente popularizada por la película *Jerry Maguire*. En la película, Cuba Gooding Jr. Actúa el papel de un jugador profesional de fútbol y Tom Cruise es su agente. Sin importar que gran posición Tom negociaría para Cuba, la línea de fondo era Cuba gritando: *"Muéstrame el dinero!"*. La línea fue divertida y memorable en la película, pero ¿cómo podemos acercarnos a ella en nuestra propia vida laboral?

¿Es siempre egoísta y materialista decir, "Enséñame el dinero"? ¿O es parte de un proceso saludable que podemos aprender a hacer y de una manera que sea beneficiosa para todos los involucrados? Por qué es que las personas con el mismo título de "asistente administrativo" ganan en el rango de $18.000 a $80.000 al año. Algunos abogados cobran $40 por hora y otros 400 dólares por hora. ¿Existe realmente mucha diferencia en capacidad o formación? ¿Qué es razonable esperar por el trabajo que usted hace?

¿Cuánta iniciativa se puede tomar en este proceso? ¿están los salarios, bonificaciones, los salarios por hora, y los beneficios escritos en piedra en cada empresa? La respuesta a esta última pregunta es un rotundo no. La indemnización es un concepto muy difuso y uno que puede negociarse en casi cualquier situación. Encontrar el paquete de compensación adecuado sigue siendo parte del proceso de entrevistas.

El primer asunto que debe ser reconocido es creer totalmente que usted es la mejor persona para el puesto. Eso viene de la claridad en sus áreas de competencia y de tener la confianza, el entusiasmo y la audacia que sólo puede provenir de tener un enfoque claro. Luego, usted está listo para presentarse de la manera más ventajosa. No puede ser entusiasta acerca de una posición que no crea que es una buena opción para usted. Y no se puede estar seguro acerca de algo en lo que realmente no se cree. El mayor obstáculo para que la gente negocie una compensación razonable es que realmente no quieren la posición o no creen que son la mejor persona absoluta para el trabajo. En los capítulos anteriores hemos hablado de lo importante que es hacer una buena conexión entre el trabajo y lo que ofrecen. Y sí, ahora es el momento de centrarse en *el trabajo que usted ama*.

> *"Un hombre sabio debe tener dinero en su cabeza, pero no en su corazón."*
> **– Jonathan Swift (1667-1745)**[1]

Aquí está el pensamiento enrevesado de como a menudo abordamos el trabajo: trabajo es trabajo. Tengo que encontrar un trabajo para pagar las facturas. Si realmente hiciera lo que yo amo hacer, mi familia tendría que vivir comiendo arroz y frijoles.

¿No es esa la creencia típica? Pero ¿adivinen qué? Eso no es cierto. Quienes se desplacen hacia el trabajo que aman tienden a encontrar no sólo una sensación de plenitud, significado y logros, sino también encuentran una abundancia inesperada en términos de lo que ocurre financieramente. ¿No cree usted que sería más fácil ser entusiasta y enérgico haciendo el trabajo que le gusta? ¿No cree también que el entusiasmo hace que sea más fácil ganar más dinero? ¡Por supuesto que sí!

En el maravilloso libro *La mente del Millonario* del doctor Thomas Stanley, él relata cómo este asunto es vivido por aquellos que son multimillonarios. La mayoría ama sus vocaciones elegidas, o como lo dijo uno de los miembros más ricos, "no es trabajo; es una labor de amor." imagínese eso.

El Dr. Stanley también dice que es difícil para una persona el reconocer oportunidades si permanece en un lugar y en un mismo trabajo—la mayoría de los multimillonarios han tenido una experiencia bastante amplia con varios puestos de trabajo en tiempo parcial o temporales. Y usted es lo suficientemente creativo, para seleccionar la vocación ideal, usted gana en grande. Los millonarios realmente brillantes son aquellos que seleccionaron una vocación que ellos aman—una que tiene pocos competidores pero que genera altas ganancias. *Si usted ama, absolutamente ama lo que usted hace, es muy probable que usted obtenga éxito.*

> *"Tengo suficiente dinero para el resto de mi vida, a menos que compre algo."*
> **–Jackie Mason**

Usted ha soportado el proceso de búsqueda de empleo, y ahora una empresa quiere tenerlo a bordo. Con el proceso de entrevistas llegando a su fin, es hora de ocuparse de la cuestión candente de compensación. Usted está pensando, ¿cuánto puedo hacer aquí? Y el empresario está pensando, ¿cuánto me puede costar esta persona?

Aquí están algunos de los principios que le servirán de guía:

No discuta el sueldo hasta que:

- usted sepa exactamente lo que el trabajo requiere,
- ellos han decidido que lo quieren, y
- usted ha decidido que los quiere a ellos.

Las responsabilidades del trabajo determinan el sueldo, no:

- su educación,
- su experiencia,
- su salario anterior, o
- sus deseos, necesidades o gastos

Para ganar en la negociación salarial, no sea el primero en traer el asunto. En su lugar:

- Muestre interés genuino en lo que requiere el trabajo.
- Absténgase de preguntar acerca de beneficios, vacaciones, gratificaciones, etc., hasta que sepa que desea el trabajo.
- Diga, "Hablemos un poco más acerca de la posición para ver si hay alguna coincidencia", si le preguntan demasiado pronto lo que necesita.

Reconocer que muchas cosas pueden caer bajo el título de compensación:

- un automóvil de la empresa (¿Qué tal un BMW nuevo?)
- una membresía en un club
- seguro de vida gratuito
- un plan médico
- beneficios

- las acciones de la compañía
- el reembolso de la matrícula
- tiempo libre adicional
- gastos de traslado
- su propio asistente administrativo
- un espacio de estacionamiento designados
- un bono de inicio de sesión
- masajes semanales
- dos semanas en el condominio de la empresa en Hawái
- día libre en su cumpleaños
- un bono de producción tras la finalización de un proyecto
- oportunidades educativas para sus hijos
- contribuciones 401(k)
- un préstamo a bajo interés para la compra de una vivienda

Usted entiende la idea. Haga de este un proceso divertido. Me doy cuenta de que negociar algo no es muy cómodo para algunos de ustedes. Si no te gusta ir a Tijuana y negociar el collar de turquesa que desea, usted puede sentirse intimidado por este proceso. Pero dese cuenta de que las negociaciones salariales no son un proceso de confrontación y ciertamente no una propuesta de ganar/perder.

Incentivos de la empresa—¿puedo tener papas con eso?

En un mercado tan competitivo como el actual, las empresas están siendo creativas acerca de atraer a los mejores talentos. Un sueldo superior no es suficiente para destacar entre el resto de las opciones que candidatos excelentes tienen hoy en día. El noventa y cinco por ciento de los estadounidenses dicen que consideran los incentivos o extras de un puesto antes de decidir aceptar o no una oferta. Empresas líderes superan el reto forjando beneficios exclusivos y oportunidades únicas.

Google ofrece algunas prestaciones bastante dulces. No hay necesidad de que los empleados empaque un sándwich para el almuerzo o correr a la casa para cocinar la cena. Comida gratis para el almuerzo y la cena es sólo uno de los muchos alicientes. Los empleados también disfrutan de los cambios de aceite y lavados de autos, masajes y yoga, una sala de juegos, asistencia de respaldo para el cuidado de los niños, y 12.000 dólares anuales en el reembolso de la matrícula.

Los empleados de Deloitte, con sede en Nueva York, no tienen que solo soñar con viajar por Europa o ser voluntarios en África. La compañía ofrece a todos cuatro semanas no remuneradas para hacer lo que deseen, y de tres a seis meses de licencia pagada parcialmente para que sea voluntario de lo que quiera o persiga una oportunidad para mejorar en su carrera profesional.

Los empleados de Jibia Media basada en Venice, California, que lleguen al trabajo hacia las 10:00 AM el lunes. Todos los empleados de la compañía reciben una bolsa de lavandería que pueden llenar a capacidad. Lo que les quepa allí, lo reciben lavado y doblado al día siguiente.

En la compañía Software Advice, se anima a los empleados a trabajar remotamente desde cualquier parte del mundo por un mes cada año. Hasta la fecha, los empleados se han conectado desde Francia, España y Vietnam.

FlexJobs permite a sus empleados realizar labores bajo un "ambiente de trabajo de solo resultados" (ROWE). Los empleados establecen sus propios horarios y no se someten a cierto número de horas cada día. Mientras cumplan los objetivos y se mantengan "productivos e innovadoras", no importa cuándo o cómo funcionan.

Tras cinco años en Ruby Receptionists, los empleados califican para el "cinco a las cinco"— un programa de cinco semanas sabáticas pagadas. El programa proporciona a los empleados la oportunidad de perseguir un sueño o actividad sólo por la pura alegría de hacerla. En preparación para su año sabático, los empleados reciben una sesión de coaching individual y una beca de $1,000 para su aventura.

En 2HB, una empresa que ofrece ingeniería de sistemas y servicios de ingeniería de software, los empleados reciben un incentivo para su cuidado personal por $50 extra cada mes. Pueden usar ese dinero para una manicure, pedicure, o simplemente para obtener un buen corte de cabello para conseguir ese impulso adicional de confianza en sí mismo que viene de lucir genial.

Entonces, ¿cómo funciona realmente el proceso de negociación salarial? Mire este escenario conmigo. Digamos que Bob va a comprar un carro. El observa un Toyota Camry y decide que eso es lo que él quiere. Es un modelo básico sin extras, pero parece ser una buena compra en un carro confiable, que lo puede llevar y traer a la escuela.

Una vez que se decide por el coche aquí hay dos posibilidades:

1. En el primer escenario un inexperto vendedor respira un suspiro de alivio y conduce a Bob a la oficina de finanzas y seguros antes de que cambia su opinión. Él tomará su pequeña comisión y pasará al próximo comprador.

2. En la segunda posibilidad, el maduro, experimentado vendedor hablará con Bob, preguntando si él tiene un tipo de música favorito. Por supuesto que Bob tiene. "no sería bueno tener un

gran sistema de sonido en este carro?" pregunta el vendedor. "Con la primavera acercándose, usted sabe cuánto disfrutaría un techo solar. Puesto que usted está en la escuela, sería muy importante hacer que este carro sea de larga duración. Sería aconsejable tener protección de tela, revestimiento inferior y aplicarle anti oxido. Durante esos largos viajes de vuelta a casa con la familia, ¿no sería bueno tener el control de cruce ro?" y así sucesivamente. En última instancia, Bob sale del concesionario, como un cliente contento, pero con un precio de compra de 1.500 dólares más de lo que inicialmente había acordado. ¿Ha sido el engañado? Por supuesto que no. Simplemente le han mostrado los beneficios de algunas cosas que realmente quería. De la misma manera, una vez que la empresa ha tomado la decisión inicial de contratarlo a usted, siéntase libre de discutir sobre los beneficios y compensaciones adicionales con poco temor de cambiar la decisión básica de la compañía de quererlo a usted.

Recientemente trabaje con una joven que había perdido su trabajo, en el cual ella ganaba más de 70.000 dólares. Asustada y convencida de que nunca podría encontrar otro trabajo en ese rango de ingresos, ella había decidido comenzar su propio negocio. Sin embargo, tras la identificación de sus áreas competitivas únicas, le aconseje descartar esa idea y la motive a hacer una búsqueda de trabajo creativo. En un corto período de tiempo, ella tenía dos ofertas sobre la mesa; el mejor ajuste claramente le ofreció un sueldo básico de 89.000 dólares. Discutimos la oferta, el hecho de que fue un gran acierto, y regresó pidiendo 98.000 dólares. Se asentaron en una base de 94.000 dólares con algunos beneficios adicionales, trayendo su paquete a aproximadamente 105.000 dólares.

Aquí hay un testimonio de un oyente de Dave Ramsey

Querido Dave,

Gracias por recomendar el libro 48 días hacia el trabajo que ama. Comencé a trabajar para una nueva empresa hace ocho meses y estaba emocionado de hacer mi salario más alto, $96.500. El problema era que yo odiaba ir a trabajar cada día. Sabía que tenía que encontrar otro trabajo, pero temía que sería increíblemente difícil. El mercado de trabajo en Chicago es todavía bastante suave, y me preguntaba si mi posibilidad de encontrar un nuevo empleo sería aún más difícil porque yo ni siquiera había trabajado para mi empleador actual por un año completo.

He leído 48 días hacia el trabajo que ama y realmente puse en práctica sus principios. El día 48, tuve una entrevista telefónica para una posición que pensé que me encantaría. Exactamente un mes más tarde, me hicieron una oferta. ¡Allí empiezo a trabajar el lunes! A propósito, voy a ganar $123,000 con cuatro semanas de vacaciones pagadas (en lugar de dos semanas en mi antiguo trabajo) y mi viaje diario se reducirá en un ¡50 por ciento! Lo mejor de todo, estoy deseando que llegue el día de trabajo.

Le acabo de prestar una copia de este libro a mi hermana y le estoy hablando a cualquiera que escuche. ¡Por favor continúe recomendando fabulosos libros como éste!

Sinceramente, Sara McGaughy (nombre completo utilizado con permiso)

¿Qué está haciendo en el proceso de negociación salarial? Tenga en cuenta que si usted ha manejado la entrevista como se describe, el sueldo no llegó hasta que usted decidió que quería el trabajo y el gerente de contratación decidió que lo quería a usted. En ese punto, y no hasta ese punto, usted está en una posición para negociar. Además, tenga en cuenta que, si ha hecho una búsqueda de trabajo efectiva, usted debería estar hablando con más de una empresa de todos modos. Hable de salario en el pico.

En este punto, usted debe estar preparado. Usted debe saber la comparación de sueldos para la posición que usted está considerando. (Vea sitios de internet sobre salarios actualizados en 48Days.com/worksheets.) Eso y las responsabilidades de la posición determinan cual debe ser su compensación. Hace un par de años, trabaje con una joven que había sido despedida de una posición en la que ella hacia $19.000 por año para los trabajos administrativos. Ella decidió que no era lo que quería hacer de todos modos y comenzó a enfocarse en lo que quería realmente. Fue como una redirección, pero ella estaba entusiasmada y confiada. Después de haber realizado un excelente trabajo, ella comenzó a buscar entrevistas para posiciones en diseño gráfico y mercadeo. Ella fue entrevistada para un puesto anunciado en $32,500. Ella salió de la entrevista con un paquete de sueldo de 54.000 dólares. Los gerentes de la empresa nueva no saben hasta el día de hoy que en su último trabajo ella ganaba $19.000, y tampoco necesitan saberlo. Esto no tiene nada que ver con lo que se le paga ahora. Ella transmitió los beneficios de lo que ella tenía para ofrecer y fue compensada en función del valor de eso.

Siempre enfóquese en el trabajo a donde va, no en el trabajo del cual viene. No hay ninguna ley que diga que su sueldo aumentará solamente un 4 por ciento al año o incluso un 10 por ciento. El mundo es un lugar muy generoso, y si se puede transmitir sus beneficios, el mundo le dará lo que usted vale. Muchos en la comunidad en 48 días han aumentado drásticamente su compensación porque aprendieron a concentrarse en lo que iban *a* en lugar de mirar *de* donde vinieron.

Asimismo, reconozca que sus *necesidades no son* el factor determinante de lo que le pagan. Si aplica en Taco Bell, es irrelevante si usted tiene un pago mensual de la casa de $1.200 y un pago de $450 por mes en su carro; Taco Bell no le va a pagar $40.000 por año para hacer burritos. Sus necesidades no son la preocupación de la empresa. Recientemente, una joven vino a mi oficina en apuros. Había hablado con su jefe esa mañana, explicando que ella se acababa de mudar a un bonito apartamento y compró un carro nuevo y ya no podía manejar lo que le estaban pagando. La despidieron en el acto. Y yo me reí cuando ella me contó esta historia. Estoy totalmente de acuerdo con la compañía. Lo que ella hizo para obligarse a sí misma a mayores pagos no tenía nada que ver con cuanto se le debería pagar.

Tenga expectativas realistas. Muchos recién graduados de la universidad han estado pidiendo salarios a la par con las personas que tienen veinte años de experiencia. Eso es poco realista, ya que la experiencia en el lugar de trabajo puede ser más valioso para la empresa que el título universitario. Una táctica mucho más efectiva es pedir un salario digno en algún lugar dentro del rango de pago típico, junto con metas mensurables y un compromiso de renegociar el salario si puede superar todas sus metas de seis meses o doce meses. Intencionalmente planee probar su valor y pedir un aumento proporcional en lugar de esperar por un salario inicial por encima del promedio. Esa es una manera rápida de construir credibilidad y conseguir que el empleador tenga el hábito de pensar muy bien de usted fuera del típico ciclo de revisión anual.

Asegúrese de que conoce su valor y luego promuévase usted en ese rango. En mi experiencia, me parece que las personas a menudo se dan a sí mismos unos $10,000 de ventana desde la cual trabajar. Si han hecho 60.000 dólares, mirarán a posiciones que pagan de unos $55,000 a $65,000. Pero si ven una posición que perfectamente les encaja y que paga $85,000, no se molestan en aplicar. Tenga cuidado de fijar sus propios límites. Usted terminará justo donde espera terminar.

¿Está en la vía de ser rico?

El Instituto de Tecnología de Massachusetts tiene un calculador en línea de "salario mínimo" Para el condado Williamson, Tennessee, donde yo vivo, dicen que se necesitan $47,548 para una familia de cinco. Esto representa un teléfono, seguro de salud y el cuidado de los niños, pero no incluye las comidas de restaurante, alquiler de películas de vídeo, acceso a Internet, o vacaciones. Eso significa que alguien tiene que estar haciendo $22,86 la hora, o más de una persona en el hogar tiene que estar trabajando. Puede ser sorprendente saber que el 62 por ciento de los trabajadores estadounidenses no hacen $20,00 la hora. Por cierto, la oficina de censo de los Estados Unidos muestra $23,624 como el nivel de pobreza oficial del 2013 para una familia de cuatro. El rango inquietante oscila entre los $23,624 y los $47,548 donde una familia no es elegible para la ayuda del gobierno, pero evidentemente tiene dificultades para cubrir sus necesidades.

La riqueza no se hace por hora—se hace con ideas y un plan de acción. Si usted gana $15 la hora, está haciendo una suma de 31.000 dólares al año. Un incremento de costo de vida de 3 a 4 por ciento no va a cambiar significativamente su posición financiera. Sí, usted puede hacer un gran trabajo y pedir un aumento del 10 por ciento cada año, y en ocho años va a duplicar sus ingresos a 62.000 dólares. Pero eso es ocho años a partir de ahora. Y doblar su remuneración en una posición por hora no va a suceder—, a menos que usted traiga nuevas habilidades a la mesa.

Una mejor pregunta es ¿cómo puede usted hacer un extra de $2,600 al mes comenzando ahora para doblar sus ingresos el próximo año? ¿Qué haría eso a la bola de nieve de su deuda? Aquí hay algunas ideas para que comience a pensar en ello:

- Podar 10 yardas por 60 dólares semanales cada una.
- Gastar $1.300 en plata vieja que encuentre en ventas de garaje; la limpia, conoce el mercado de plata y triplica su inversión al revenderla en eBay.
- Crear un paquete de adhesivos deportivos para carros de golf y vender 100 a $26 cada uno.
- Comprar una casa que requiera reparaciones y actualización, en este salvaje mercado inmobiliario. Hacer las reparaciones y ganar $31,000 en una transacción cuidadosamente organizada.
- Ser el experto en quitar grafitis en su ciudad. Obtenga diez contratos por $260 mensuales para mantener el edificio libre de grafitis.

- Prepárese para vender maíz en ferias locales, festivales, recaudadores de fondos y eventos religiosos. Reserve dos eventos al mes donde usted razonablemente podría esperar $1.300 en cada uno.
- Explore el programa Fullfillment de Amazon (FBA). Esto le permite encontrar productos, hacer que aparezcan en amazon.com, y lograr márgenes predecibles en cualquier volumen que pueda manejar.
- Explore la lista de mis 48 ideas de negocio de bajo costo en http://www.48days.com/48-business-ideas/ para comenzar y estimular su propia lista

Nada aquí requiere otro grado o un tiempo de espera. Pero hacer que una idea trabaje para usted requiere una ruptura a la mentalidad de cheque de pago. Si puede hacerlo, el cielo es el límite en donde su ingreso puede subir significativamente—este año.

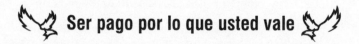

Ser pago por lo que usted vale

¿Cómo describe cuánto vale usted? ¿Está basado en su edad, cuatro veces el pago de su hipoteca, sus grados, sus años de experiencia, o su historial de sueldos pasados? Ninguno de estos importa— supérelo. El único criterio para determinar su valor de hoy es mostrar su contribución actual y nivel de responsabilidad.

He entrenado a mucha gente a niveles de compensación significativamente más altos mediante el uso de la frase "según el nivel de responsabilidad que usted describe, veo eso en el rango de $_____ a $_____ ¿Está todavía en su presupuesto?

El mayor error que comete la gente en las negociaciones salariales es discutir demasiado pronto. Haga todo lo posible por evitar hablar de salario hasta que obtenga la oferta de trabajo. Cualquier cosa antes de ello iría en su contra.

Mantenga estos principios en mente:

1. *Usted debe hacer dinero para la compañía.* Como regla general, usted debe hacer para la empresa de tres a cinco veces su sueldo para que su contratación valga la pena. Conozca el valor que puede aportar para la empresa. Idealmente, tenga una idea de cómo contratarlo a usted agregará a la productividad y la rentabilidad de la empresa. Entonces debe haber una forma de averiguar el valor de negocio aproximado que les proporcionara el que lo contraten a usted. Y es razonable pedirles que le paguen alrededor de un tercio de esa cantidad.

2. *Su indemnización se refiere siempre a su nivel de responsabilidad.* Si es fácil de reemplazarlo, entonces usted no vale mucho.

3. *Su trabajo es un intangible.* Pocos sueldos están escritos en concreto. Las compañías que presupuestan $78.000 para una posición empezarán por contratar a alguien por $65,000. Reconozca que la primera oferta no es probablemente lo que la empresa tiene en el presupuesto.

4. *Una vez que usted está de acuerdo con un paquete, obténgalo por escrito.* Si ha sido creativo en este proceso, es necesario escribir lo que acordaron verbalmente. De esta forma, usted no tiene que defender más tarde de lo que pensaba se había dicho.

Diviértase en el proceso. No diga sí hasta que todo coincida con sus metas. Si ha realizado un gran trabajo de búsqueda, usted debería considerar dos o tres ofertas.

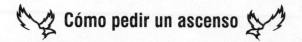

Cómo pedir un ascenso

La forma clásica para pedir un aumento parece ser la de exigirlo, o amenazar con retirarse si no lo consiguen. Con suerte, es obvio que esto no funciona bien, ya que sabemos que los gerentes tienden a dar aumento a las personas que más les gusta. Y con el desempleo que hay es probable que haya diez personas esperando en la cola para ocupar su puesto. Por lo tanto, ser gustado es un gran comienzo para que le den un aumento. Al mismo tiempo, su solicitud debe ser respaldada por hechos, no sólo cálidas indefiniciones. Aquí están algunas sugerencias adicionales:

- Pregunte a las organizaciones profesionales cuanto debe devengar alguien en su posición. O chequee los estándares en www.salary.com.
- Solicitar una revisión. Algunas compañías son notorias por no hacer evaluaciones periódicamente. No tenga miedo de pedir una reunión con su supervisor.
- Este preparado para documentar sus logros. Entonces usted puede preguntar: "viendo mis logros en los últimos seis meses, ¿Qué cree que sería un salario justo?" No presione de manera que haga que su jefe se sienta incomodo, pero pregunte. "¿puedo esperar una respuesta en dos semanas?"
- Pida más responsabilidades cuando busque más dinero. El hecho de estar allí un año más no es una razón para pedir un aumento. Mas productividad y más responsabilidad si lo

son. Pregunte como puede ayudar a su jefe o como puede hacer una gran contribución a la compañía.

- Este dispuesto a ser pago por "resultados" en lugar de "tiempo". Ser pago por tiempo es un modelo antiguo y ultimadamente un plan de negocios destructivo. Lo único que lo mantiene en su trabajo es su contribución a las ganancias.

Cuenta regresiva hacia el trabajo que amo

1. ¿Es la negociación sobre un precio incómodo para usted? Describa tres cosas por las que negoció un precio de compra.
2. ¿Ha negociado su ingreso en el pasado?
3. ¿Se ha dado cuenta de que en el cambio de empresa podría aumentar sus ingresos en un 40 a 50 por ciento a pesar de que es improbable que eso ocurra mientras sea promovido en una misma empresa?
4. ¿Cuáles son las directrices para cuánto es razonable? ¿Qué es justo? ¿Es siempre razonable el pedir más?
5. Lea Mateo 20:1-15. ¿Cómo encaja esta parábola en lo que ha aprendido?
6. ¿Qué haría usted si triplica sus ingresos actuales? ¿Qué puede ofrecer para ameritarlo?
7. ¿Si su trabajo merece triplicar sus ingresos, viviría en forma más extravagante? o ¿qué haría con los ingresos más allá de sus necesidades?

Visite 48Days.com/worksheets para más consejos de negociación.

CAPÍTULO 11

Ser el jefe que
siempre quiso tener

Examínese a sí mismo; descubra donde reside su verdadera
posibilidad de grandeza.
Aproveche esa oportunidad y no permita que ningún poder
o persuasión lo disuada en su tarea.
-MAESTRO DE ESCUELA EN CHARIOTS OF FIRE (Carros de Fuego)

Espere—¿Y si todo este proceso de buscar otro trabajo más lo deja desanimado? Usted todavía tiene problemas para ver el ajuste adecuado en una empresa y la perspectiva de tener que una vez más ser vulnerable a la política de una empresa no le entusiasma realmente. Tal vez ha pasado un tiempo desde que usted ha tenido que hacer una búsqueda de empleo, o tal vez la idea de tener un jefe de la mitad de su edad no le es muy atractivo. ¡No se desanime! Eso en sí es parte de este proceso de esclarecimiento en lo que encaja con usted. Y usted puede escoger el trabajo que mejor se adapte a usted— trabajo que le llena de emoción y de pasión todos los días. Usted realmente puede tener un trabajo que le hace querer levantarse por la mañana; un trabajo que dice, "¡Esta es la razón por la cual nací!"

¿Es hora de cambiar el modelo?

Tal vez es hora de ser tu propio jefe—sí, de ser el jefe que siempre quiso tener. Si usted es un candidato típico para el empleo autónomo, es posible que nunca haya sido claro sobre lo que quería ser cuando creciera. La ruta tradicional puede que nunca haya sido muy apetecible, y el intento de ser un buen empleado pudo siempre haber sido frustrante. ¡No se desanime! Quizás usted solo necesita un nuevo modelo de trabajo. Incluso si usted pensó que sabía a dónde iba, el cambio pudo haberle golpeado inesperadamente. Reducciones de personal, contratistas externos, y ajustes de gestión pudieron haberlo forzado a tomar una mirada fresca a dónde está usted y hacia dónde se dirige. ¡Felicitaciones! Esos factores pueden haberle ofrecido una opción nueva y mejor.

Fuera de la frustración, el desánimo y la intimidación, usted podrá reconocer la emoción y la esperanza más allá del horizonte. Usted puede reconocer que tiene varias áreas de competencia y que sus años de trabajo para empresas le han dado formación en prácticamente todos los aspectos de funcionamiento de la empresa por sí mismos. Este puede ser el momento para ajustar el modelo de trabajo, dándole el control de tiempo e ingresos abiertos que usted realmente desea. Si usted es como muchas personas, el perder un trabajo puede haber sido un despertador para dar vida a ese sueño que ha estado escondido bajo la alfombra desde que era un niño.

A medida que trabaja a través de este proceso, ¡manténgase animado! ¡Hay esperanza! Las opciones de hoy son ilimitadas. Usted realmente puede estar preparado, enfocado y listo para seguir adelante con la confianza y el entusiasmo que puede proyectarlo hacia la próxima oportunidad. No estoy sugiriendo que salte por un acantilado, por así decirlo, apueste de la granja, o lo arriesgue todo. Más bien, este es un buen momento para explorar todos los modelos de trabajo nuevos que pueden darle un verdadero sentido de logro, significado, servicio, y, en última instancia, la seguridad real.

> *"El problema de tener un trabajo es que se interpone en el camino de conseguir riqueza."*
> **–Robert Kiyosaki en Rich Dad, Poor Dad**

Si quería ser un abogado con una gran empresa, un contador de una compañía Fortune 500, o un médico con un gran hospital metropolitano, probablemente tendría espectadores entusiasmados para animarlo. Los padres, maestros, profesores universitarios, y amigos lo motivarían y guiarían hacia el éxito. Si formaba parte de un equipo de ventas o era un programador de computadoras, usted pudo ser enviado regularmente a seminarios en la industria y a programas de capacitación para desarrollar sus habilidades y su confianza.

Pero ¿qué sucede si usted hace parte del creciente número de individuos que trabajan por cuenta propia? Entonces, ¿quién le anima? ¿Quién le guía? ¿Quién le dice cómo tener éxito y cuando acudir a su trabajo? ¿sus ex compañeros de trabajo, jefes, familiares y amigos lo animan, o piensan que está loco por querer ir por su propia cuanta? ¿Ellos admiran su determinación, o le dicen que lo que usted quiere hacer no es ni *práctico* ni *realista*? Cuando surgen problemas, ¿ellos le muestran simpatía? Después de todo, usted escoge dejar la seguridad, *previsibilidad* y *estabilidad* de un "trabajo real".

Al hacer el cambio a estar por su cuenta, usted puede dudar en discutir sus preocupaciones con quienes usted conoce mejor. Ellos tienen sus propios problemas y presiones. A veces es incluso difícil compartir su emotividad dado que el éxito suyo puede recordarles la miseria que ellos tienen en el trabajo. ¿Y pueden ellos realmente comprender los méritos de comenzar su propia empresa de podar pasto o servicio de recogida de ropa para a la lavandería o centro para el cuidado de ancianos o la comercialización de su propia obra de arte?

Hacer el cambio de mentalidad de un cheque de pago de sueldo a hacer dinero por su propia cuenta puede ser emocionante e intimidante a la vez. Empujar desde la orilla sin poder ver el puerto deseado puede resultar muy riesgoso. Sin embargo, sabemos qué en los lugares de trabajo de hoy en día, quedarse con una empresa también puede ser riesgoso. Recientemente me reuní con un caballero, quien después de treinta y dos años de fiel servicio a una gran empresa, dijeron que sus servicios ya no eran necesarios. Y a los cincuenta y siete años de edad, él no estaba listo o preparado para jubilarse.

> *"Si sus sueños no lo asustan, no son lo suficientemente grandes."*
> **–Ellen Johnson Sirleaf,**
> *la primera mujer elegida jefe de estado en África*

Otro hombre de cuarenta y seis años de edad, después de 17 años de creciente responsabilidad con Texas Instruments, fue informado que tenía 60 días para encontrar otra cosa que hacer. ¿Pensaba el que tenía *seguridad*? ¡Sin duda alguna! Pero ¿qué es la *seguridad*? El General Douglas MacArthur definió *seguridad*, como "la capacidad de uno de producir". Su seguridad está determinada por su habilidad a la hora de definir qué es lo que hace que tenga valor. Cuanto más claro pueda estar en lo que sabe hacer bien y lo que proporciona valor para otra persona, más seguridad tiene.

La seguridad ya no proviene de la compañía. Muchas personas fueron a trabajar para compañías gigantes como General Motors,

AT&T, y Kodak, seguros de que pondrían el tiempo adecuado, y a continuación, ser atendidos en los años de jubilación por estas compañías agradecidas. Aquellos que fueron a trabajar para las organizaciones sin fines de lucro, gubernamentales o paracaidistas eran aún más confiados. Seguramente estas organizaciones nunca podrían reducir el personal, despedir, o terminar el contrato con sus siervos fieles. Y, sin embargo, hemos visto a cientos de miles de estos fieles ser eliminados de todas estas empresas, incluyendo el IRS, casas discográficas cristianas y compañías editoriales, siendo despedidos sin soluciones claras para su futuro individual. La seguridad se ha evaporado, como fue históricamente entendida.

Afortunadamente, la tecnología ha reducido el que solía ser un costo asombroso para iniciar su propio negocio, a un valor de $0 algunas veces. Así que no importa que el banquero no sea su cuñado ya que usted no va a necesitar $3 millones para la compra de una bolera. En realidad, la tecnología ha hecho fácil el ejecutar un negocio de una o dos personas desde la casa e incluso dar la apariencia de ser un gran negocio. Yo personalmente tengo más ventas de productos que muchas librerías tradicionales, y, aun así, no tengo edificios, rentas, ni permisos firmados, ni empleados, ni compensación al trabajador y manejo poco inventario diario. Nuestros productos son distribuidos a una clientela internacional y muchos de los productos que entregamos son enviados digitalmente, sin impresión, sin embalaje y sin gastos de envío.

Tenga en cuenta que la mayor atracción de un negocio propio no es el dinero; es la libertad—la oportunidad de controlar su propio destino. Un negocio propio puede ser la mayor oportunidad y de menor riesgo para obtener esa opción el control de su propio destino. Con la tecnología actual y las múltiples opciones en el lugar de trabajo, puede empezar casi cualquier negocio en su tiempo libre y desde su dormitorio.

৶ ¿Sin dinero? Inicie su propio negocio. ৶

Todavía hay un mito popular que dice que comenzar su propio negocio requiere una gran cantidad de dinero. Hace un par de años, me di cuenta de que había varias compañías de árboles trabajando en nuestro vecindario. Su misión era cortar los árboles que presentaban el peligro de que cayeran contra las líneas de energía. Su trabajo a menudo dejaba los árboles deformados y distorsionados, por lo tanto, los trabajadores recibían malas caras y fueron tratados mal por la mayoría de los vecinos del barrio, a pesar de que estaban haciendo el trabajo que necesitaba hacerse. Mientras estaban en mi propiedad, concluí que obtendrían mejores resultados si se me hacía amigo de los trabajadores. Al hacerlo, también descubrí que ellos debían conducir unos 15 kilómetros de distancia para volcar cada camión lleno de madera recién cortada. Les pregunte si les importaría volcar los chips de mi propiedad en una gran pila. Ellos se rieron ante la idea de no tener que perder una hora conduciendo a su vertedero normal. Lo que ellos pensaban que era basura me reconoció como una ventaja para mí.

En el transcurso de seis meses las empresas de árbol me trajeron unos 120 camiones de chips de madera en la medida que iban limpiando las ramas de los árboles de mi vecindario. Los he usado para caminos naturales, áreas de juego y para cubrir áreas llenas de rocas y espinas.

Ahora tengo vecinos que me han preguntado si podrían comprar chips de madera de mí y han preguntado como yo era tan "afortunado".

Si estuviera buscando una fuente de ingresos podría vender este producto (que para mí es gratis), e instalarlo en parques infantiles o crear senderos naturales como lo he hecho en nuestra propiedad. Costo del negocio=cero.

El movimiento de "empleado" a un nuevo modelo de trabajo no es el salto cuántico que una vez fue. Solemos pensar en alguien que deja un trabajo tradicional para hacer algo por su propia cuenta como empresario—alguien que es impulsado, agresivo y no tiene miedo al riesgo. Pero las líneas son mucho más suaves en el día de hoy. La gente sale de los cubículos, a menudo con el apoyo y bendición de su compañía, para convertirse en trabajadores independientes, trabajadores de contingencia, contratistas independientes, tele trabajadores, empresarios sociales, inmigrantes electrónicos y consultores. Algunos simplemente pasan a ser autónomos; algunos inician negocios. Piense en la transición de ser un empleado contador a estar por su cuenta en la misma línea de trabajo. Como empleado, el contable tiene "un cliente", y en alejarse de ese modelo puede elegir tener ocho o diez clientes. No es un cambio radical en el trabajo después de todo. De hecho, esa medida probablemente le permite centrarse más completamente en su mayor área de competencia en lugar de esperar llenar cuarenta horas a la semana con una variedad de tareas para justificar un "empleado". Y muchas veces el primer cliente es la empresa que el individuo dejo siendo simplemente un "empleado".

¿Tienes lo que se necesita?

¿Tiene lo que se necesita hacer algo por su propia cuenta —para crear trabajo propositivo, satisfactorio y rentable? Y por favor, deseche esa idea de que debe ser una persona que muestre en su rostro que se conduce con dureza para así poder tener un negocio. Puede que usted no tenga un edificio, empleados o inventario, y todavía ser un gran aspirante que alejarse del modelo tradicional de "empleado".

A lo largo de los años, he identificado una serie de rasgos que son fuertes predictores del éxito de una persona en su propio negocio. Entre más respuestas con un "sí" resulten a las siguientes preguntas, es más probable que usted tenga lo que se necesita para ejecutar su propio negocio. Cada una de las dieciocho preguntas es seguida por una declaración del por qué ese rasgo particular es importante.

1. ¿Es usted un auto-iniciador? Los dueños de negocios exitosos siempre hacen que las cosas sucedan. No esperan a que suene el teléfono o que se les diga qué hacer a continuación.

2. ¿Se lleva bien con diferentes tipos de personas? Todas las empresas, incluso las más pequeñas, requieren contacto con una gran variedad de gente: clientes, proveedores, banqueros, impresores, etc.

3. ¿Tiene una perspectiva positiva? El optimismo y el sentido del humor son factores críticos para el éxito. Tiene que ver los contratiempos y pequeños fallos como trampolín para su eventual éxito.

4. ¿Es usted capaz de tomar decisiones? La procrastinación es el principal obstáculo para una buena toma de decisiones. En un negocio exitoso, las decisiones importantes se toman sobre una base diaria. El ochenta por ciento de las decisiones debe tomarse de inmediato.

5. ¿Es usted capaz de aceptar la responsabilidad? Si normalmente culpa a los demás, a la empresa, al gobierno o su cónyuge por lo que sale mal, usted es probablemente un mal candidato para ejecutar su propio negocio. Los dueños de negocios exitosos aceptan la responsabilidad de los resultados, incluso si los resultados no son favorables.

6. ¿Le gusta la competencia? Usted no tiene que ser feroz, pero usted debe disfrutar de la emoción de la competencia. Usted

debe tener un fuerte deseo de competir, incluso contra sus propios logros de ayer.

7. ¿Tiene la fuerza de voluntad y autodisciplina? La autodisciplina es una característica clave que hace que todos estas otras trabajen. Sin ella no tendrá éxito.

8. ¿Planea con anticipación? Cada empresario exitoso desarrolla una perspectiva a largo plazo. Entrar en el negocio con un plan detallado aumenta considerablemente la probabilidad de éxito de su negocio. Si usted ya es un moldeador de metas, es más probable que tenga éxito por sí solo.

9. ¿Puede seguir los consejos de otros? Estar en tu propio negocio no significa que usted tiene todas las respuestas. Estar abierto a la sabiduría y la experiencia de los demás es el sello característico de un líder. Las personas que están dispuestas a escuchar pasan más tiempo haciendo lo que funciona la primera vez, en lugar de tener que experimentar cada error.

10. ¿Es usted adaptable a las condiciones cambiantes? El cambio es una constante en el mercado de hoy en día. En cada cambio hay las semillas de la oportunidad, por lo que la gente exitosa ve el cambio como una oportunidad, no como una amenaza.

11. ¿Puedes quedarte con él? La mayoría de las nuevas empresas no despegan tan rápidamente como nos gustaría. ¿Está dispuesto a hacer por lo menos un compromiso de un año de este negocio sin importar cuán sombrío puede parecer a veces? ¿continuará incluso si sus amigos te dicen que tire la toalla?

12. ¿Tiene usted un alto nivel de confianza y fe en lo que está haciendo? Este no es el momento de duda o segundos pensamientos. Usted debe absolutamente creer en lo que está haciendo. Si no tiene total convicción, usted no será capaz de vender la idea, producto o servicio a inversores o clientes. No

se engañe a sí mismo pensando que puede hacer algo bien en lo que realmente no cree.

13. ¿Le gusta lo que va a hacer? Nunca piense que puede tener éxito haciendo algo solo por recompensas monetarias. En última instancia, usted debe obtener un sentido de significado y satisfacción de lo que está haciendo. Así que sólo considere esas ideas acerca de las cuales usted esté totalmente apasionado.

14. ¿Puede venderse a sí mismo y a sus ideas? Muchas personas fallan con un gran producto o servicio porque no pueden vender. Nadie ganara a una ruta de acceso a la puerta de su casa, incluso si usted tiene un mejor caza ratones. Esos días se han ido. Usted tendrá que vender constantemente.

15. ¿Está usted dispuesto a trabajar largas horas? Pocas empresas tienen un éxito inmediato. La mayoría requiere meses o años de largas horas para llegar a ellos. Es como el despegue de un avión. En primer lugar, se requiere una gran cantidad de energía, pero una vez se esté en el aire, se requiere menos energía para mantenerse en movimiento. Las empresas son muy similares.

16. ¿Tiene la energía física y emocional para mantener su negocio? El operar su propio negocio puede ser más agotador que trabajar para alguien más, porque tiene que hacer todas las decisiones y probablemente hacer todo el trabajo (al menos, inicialmente).

17. ¿Tiene usted el apoyo de su familia y/o su cónyuge? Sin apoyo en el hogar, sus posibilidades de éxito se reducen drásticamente. Dudas y recelos pueden colarse con demasiada facilidad.

18. ¿Está usted dispuesto a arriesgar su propio dinero en esta empresa? Si no, probablemente cuestione su confianza

en la empresa y su compromiso con ella. Ningún banco o prestamista externo está dispuesto a asumir un riesgo si usted no está dispuesto a respaldarlo con todo lo que tiene.

Más y más personas están buscando un mayor control de sus destinos y de la libertad que permite tener su propio negocio. Asegúrese de hacer coincidir sus habilidades personales con la elección de negocios adecuado. Su trabajo debe integrar tus conocimientos, personalidad tendencias, y sus intereses. Eso puede parecer simple y obvio, pero es sorprendente cómo a menudo se violan esos principios. Cuanto más conozca y entienda sobre sí mismo y coincida con la dirección de su negocio, más aumentaran exponencialmente sus posibilidades de éxito.

¿Es usted un candidato?

Si usted piensa y toma decisiones como un empleado, estando por su cuenta se convierte en una experiencia agonizante. Los clientes no compran cuando han indicado que lo harán, el equipo se rompe cuando menos se lo espera, los trabajadores no se presentan tal y como estaba previsto, y el dueño plantea el alquiler de forma inesperada. En muchos sentidos, las características que hacen que una persona sea un buen empleado a menudo son exactamente las opuestas a las que hacen que un individuo sea un exitoso empresario individual. Ser leal, previsible y haciendo lo que los demás esperan, de hecho, pueden sabotear sus mejores esfuerzos empresariales.

Muchos de los métodos de negocio estándar pueden no aplicar a lo que está intentando hacer. Jack Dorsey (Twitter), Sara Blakely (SPANX), Blake Mycoskie (TOMS), y Mark Zuckerberg (Facebook) no siguieron los métodos empresariales estándar en la creación de sus empresas. Y para su negocio, la compensación de los trabajadores, contratos de arrendamiento, y prácticas contables complicadas pueden tener poca relevancia. El conocimiento tradicional de los planes y principios empresariales puede no responder a las necesidades de los trabajadores autónomos de hoy en día, los empresarios, los artesanos, los artistas, los escritores, los consultores y los trabajadores contratistas cuyos números están explotando.

Incluso los predictores tradicionales (inteligencia y educación) pueden no proporcionar mucha correlación al éxito para el trabajador autónomo. En su popular libro inteligencia emocional, Daniel Goleman afirma: "Hay excepciones a la regla de que el CI (coeficiente intelectual) predice el éxito—hay más excepciones a esta regla que casos que se ajusten. En el mejor de los casos, el coeficiente intelectual aporta alrededor del 20 por ciento a los factores que determinan el éxito de la vida, lo que deja el 80 por ciento a otras fuerzas."[1] El continúa describiendo estas otras fuerzas como "inteligencia emocional": "habilidades tales como ser capaz de motivarse [usted mismo] y persistir frente a las frustraciones; para controlar el impulso y retrasar la gratificación; para regular [sus] cambios de temperamento y prevenir que la angustia inunde su capacidad de pensar; enfatizar y esperar." Estas otras fuerzas—80 por ciento determinantes del éxito— también incluyen actitud, entusiasmo, energía, y tono de voz.

Richard Branson, el extravagante multimillonario fundador del imperio Virgin (que abarca más de cuatrocientos negocios), fue un niño disléxico, con dificultades académicamente y quien no cumplió bien con ninguna prueba de CI. Sin embargo, a la edad de 17 años, mientras seguía en la escuela internado, Branson publicó un periódico innovador llamado Estudiante. Solicitaba anunciantes corporativos, vinculo a los estudiantes en las escuelas, y llenó el papel con artículos escritos por estrellas del rock, las celebridades del cine, y los ministros del parlamento británico. Fue un enorme éxito financiero y de negocios. El director de su escuela internado lo resumió así: "Felicitaciones, Branson. Predigo que va a ir a la cárcel o se convertirá en un millonario." No es una mala manera para un hombre que no podía leer bien.

Dos hombres estaban caminando a lo largo de una concurrida acera en una zona de negocios del centro. De repente uno exclamó: "Escuche el sonido precioso de ese grillo." Pero el otro no pudo oír. Él pidió a su compañero cómo él podría detectar el sonido de un grillo en medio del bullicio de gente y de tráfico. El primer hombre, quien fue un zoólogo, se había si miso para escuchar los sonidos de la naturaleza. Pero él no supo explicar. Simplemente, tomó una moneda de su bolsillo y la tiro en la acera, con lo cual, una docena de personas comenzaron a mirar alrededor de ellos. "Escuchamos", dijo, "lo que escuchamos."
–Kermit L. Largo,
tomados de The Three Boxes of Life de Richard Bolles

La reducción de la América corporativa y la consiguiente inseguridad han estimulado un resurgimiento de trabajos no tradicionales. Estos factores también han impulsado el concepto de contar con un núcleo de carrera, en la cual una persona ti ene un trabajo que mantiene un techo y comida en la mesa, pero también tiene uno o dos ideas que le producen ganancias. Con la explosión de oportunidades en negocios operados desde el hogar, muchas personas están descubriendo que tiene más sentido usar este modelo que el intentar encontrar el trabajo adecuado que les suple todas sus necesidades. Uno de los mejores términos para la creación de una vida de trabajo hoy en día es tener "múltiples flujos de ingresos."

Usted puede tener dos o tres cosas que están generando ingresos para usted, en lugar de sólo un trabajo importante.

Yo tengo siete áreas de ingresos; todas sin empleados y ninguno con el aspecto de un negocio tradicional. Yo aconsejo a las personas individualmente, vendo libros y perfiles computarizados, tengo facilitadores en todo el país enseñando el material de 48 días, escribo artículos para revistas y sitios de internet, coordino un grupo Mastermind, organizo eventos en vivo para que encuentre su objetivo en la vida, participo en conferencias, promuevo conexiones de afiliados, produzco un programa semanal de radio, etc.

Puede que no se vea a sí mismo como un típico empresario o dueño de negocio. Pero al atravesar cualquier transición debe reconocer todas las opciones para la selección de trabajos. Sería miope el sólo buscar un trabajo tradicional cuando ese modelo está disminuyendo. Solo tenga en cuenta los nuevos modelos de trabajo y las formas de aplicar sus habilidades únicas.

Actualmente, alrededor del 60 por ciento de los hogares americanos tienen un negocio que operan dentro de sus paredes. Uno de cada cuatro (22%) de las empresas con empleados operan desde la casa de alguien. El espacio ocupado por el negocio es de unos 250 metros cuadrados del tamaño de una habitación en una casa de clase media. Tampoco significa que esto es sólo alguien vendiendo un poco de jabón o maquillaje y aportando un extra de $100 mensuales. Una reciente encuesta de IDC (IDC, una subsidiaria de Data Group Internacional) indica que el ingreso promedio generado por negocios que operan en casa es $63,000 al año. De acuerdo con la revista Money Magazine, el 20% tiene ingresos anuales de $100,000 a $500,000. Hoy, las mujeres dirigen el 70% de los negocios basados en el hogar. La investigación muestra que a medida que el desempleo tradicional se ha incrementado, las empresas domiciliarias están creando unos 8500 nuevos puestos de trabajo diariamente. Atrás quedaron los días de la necesidad de un préstamo de negocios, un compromiso de un edificio, empleados y una espera de cinco a siete años para la rentabilidad.

La revista *Entrepreneur* nos dice que el 68 por ciento de todas las empresas que comienzan hoy requieren menos de $10,000 para el lanzamiento. El veinticuatro por ciento no requieren ningún dinero en absoluto.

Brian Tracy, un conocido consultor de negocios y de ventas a nivel nacional, dice que la mayoría de nosotros tenemos tres o cuatro ideas al año que nos haría millonarios si acabamos de hacer algo con esas ideas. Pero la mayoría descartan las ideas como pocas prácticas, poco realistas, o demasiado costosas o piensan que alguien probablemente ya lo intentaron. Por lo tanto, perdemos la oportunidad de cambiar nuestro propio éxito.

Las oportunidades en las empresas de servicios, las telecomunicaciones, las opciones de computadoras e Internet y la comercialización de redes, proporcionan nuevas opciones explosivas. Muchos de estos borran los antiguos requisitos de intercambiar horas por dólares. Usted puede estar acostumbrado a recibir $15 la hora o $31,200 al año, como un intercambio de *tiempo y esfuerzo*. Pero ¿cómo se puede relacionar con la idea de utilizar un sitio de Internet para proporcionar información y ver el potencial de traer 1.000 dólares por día? O ¿qué tal un producto de pedido por correo por su interés en la jardinería que produce cientos de pedidos semanales, de modo que usted está siendo compensado por *los resultados* y no sólo por tiempo y esfuerzo?

Sea consciente de este cambio de economía de tiempo y esfuerzo a la economía basada en los resultados. Si usted entró en una tienda la tienda de cochecitos en 1896 y ordenó un pequeño vagón, usted no le habría garantizado al artesano $15 la hora o acordado que el recibiría $31,200 anualmente. Más bien, se habría acordado un precio para el producto terminado—digamos $100 por un vagón terminado.

Ahora, si el artesano gastaba quince horas o 200 horas no era su preocupación; Usted simplemente pagaba por el vagón terminado. Este es un modelo basado en los resultados, no en el tiempo y el esfuerzo. Lo que estamos viendo actualmente en nuestro ambiente de trabajo es un retorno saludable a ese modelo simple.

"Nada espléndido se ha logrado excepto por aquellos que se atrevieron a creer que algo dentro de ellos era superior a las circunstancias."
–Bruce Brown

Es posible que sea necesario o ventajoso para usted el que considere lo inusual o único en la medida que explore nuevas oportunidades de trabajo. Usted puede trabajar para una empresa de avisos y recibir $20 la hora. Pero ¿estaría usted dispuesto a trabajar para esa misma empresa de avisos y que le paguen $6 por cada signo inmobiliario que pueda pintar esta semana? O ¿Qué tal podar yardas a $65 cada una? ¿O publicar una receta familiar al respaldo de una revista de cocina donde usted recibe $3 por cada orden? ¿O escribir un libro sobre la creación de su propio grupo Mastermind y que usted venda el libro por $17? Si usted está dispuesto a mirar nuevos modelos, esto ampliará enormemente las oportunidades para usted.

(Para artículos en trabajos no tradicionales, y a participar en nuestra comunidad que comparte ideas, chequea la acción en www.48Days.net.)

Los negocios no tradicionales y exitosos

Franquicias

Esto es todavía una de las formas más populares de nuevos negocios. Por una cuota de franquicia, usted puede comprar un concepto comprobado para su negocio. Las tasas de éxito son muy altas. Generalmente usted paga un porcentaje de todos los ingresos como una "regalía" de franquicia. Las franquicias van desde costosas ($500.000) a muy económicas ($595). Esto no es sólo para McDonald's o Subway. Hay franquicias para cada concepto que se pueda imaginar. Un cliente mío compró recientemente una franquicia de un crucero por $10.000, el cual junto con su esposa operan desde la casa. En los primeros noventa días, reservaron más de $100,000 en paquetes de crucero, dejándoles una ganancia neta de $16.000. Con ello recuperaron su inversión inicial y comenzaron un negocio propio muy rentable y agradable. (Revise las opciones en www.franchise. com www.franchisehandbook.com/index.asp.)

Oportunidades de negocio

Estos son otra forma de adquisición de un concepto, pero no son tan fuertemente regulados como las franquicias, así que haga su revisión para que se sienta cómodo con su selección. Usted obtiene un modelo probado para el negocio, usualmente un manual de arranque, y alguna ayuda inicial de la empresa matriz. A partir de entonces usted está a cargo de todo y no tiene que pagar ningún tipo de regalías mensuales como si sucede con una franquicia. Algunas oportunidades de negocios de los que usted pudo haber oído son Merry Maids, cosméticos Merle Norman, Liberty Tax, ServiceMaster, y Furniture Medic. Para obtener más información, lea revistas como *Entrepreneur*, *Business Start-Ups*, y muchas otras. Navegue a través de ellas en su tienda local. No asuma que todas estas ideas son estafas. Se aprende mediante la recopilación de mucha información. A continuación, puede reconocer una idea que es válida y se adapta a usted.

Las licencias

Usted puede vender modelos de autos NASCAR, y camisetas Taylor Swift o Blake Shelton, pero tendrá que pagar una cuota de licencia para usar un nombre conocido. Sin embargo, puedes usar el poder de marketing de un nombre reconocido para un inicio más rápido. Si usted está simplemente comprando camisetas, tazas, banners, etc. de una compañía manufacturera establecida, el asunto de las licencias ya ha sido abordado y usted puede centrarse en la manera de generar ventas.

Distribuciones

Estas se reciben generalmente solo preguntado al fabricante o empresa de publicación. Por ejemplo, yo soy un distribuidor para varias editoriales. Puedo comprar sus libros en un 50 por ciento de descuento y también busco los sobrantes y restos de libros que pueda comprar con grandes descuentos de un 90 a un 95 por ciento, para aumentar mis márgenes de ganancias. Si le gustan las herramientas de jardín, equipos deportivos, campos de golf, accesorios o productos para mascotas, puede a menudo solo solicitar un acuerdo de distribuidor.

Negocios caseros

Inicialmente, usted puede comprar un pequeño inventario y recibir un poco de entrenamiento, pero en su mayor parte usted está por su propia cuenta. Los aspectos positivos son que el costo suele ser muy bajo y no tiene cargos continuos de la compañía de la cuál compro. Vea un ejemplo en www.smcorp.com.

Y aquí están algunas ideas de cosas que usted puede hacer por su
cuenta:

- Contabilidad
- Planeamiento de bodas
- Servicios de personal
- Cuidado de ancianos
- Pintura de porta retrato
- Fotografías en bodas
- Diseño gráfico
- Consultoría informática
- Hacer Cestas de regalo
- Redacción de boletines informativos
- Servicios de entregas
- Decoración de interiores
- Vender en mercadillos
- Diseño de Jardines
- Inspección de casa
- Ventiladores de techo
- Intermediación de importación/exportación
- Pintar casas
- Detallado de autos
- Venta de autos usados
- Sistemas de seguridad infantil
- Lavado con compresores
- Asesoramiento sobre nutrición
- Cultivo de hierbas silvestres
- Actuación/presentación
- Catering
- Horticultura orgánica
- Guía turística

- Extracción de árboles
- Limpieza de chimeneas
- Cubiertas de construcción
- Consejería para enseñanza en hogar
- Instrucción de buenos modales
- Venta de globos
- Cuidado de mascotas
- Fotografía inmobiliaria
- Fotografía aérea
- Diseñar folletos de enseñanza

Añada sus propias ideas a esta lista. Busque los anuncios clasificados en revistas como *Entrepeneur*, *Business Start-Ups*, *Income Oportunities*, y muchas más.

Las empresas de propiedad intelectual

Una de las formas más populares de los negocios de hoy es la promoción de propiedad intelectual—desarrollo personal, el cómo hacer algo y las maneras de dar rienda suelta a la creatividad y hacer dinero. Consultoría, hablar en público y escribir están abriendo puertas para los ingresos reales de negocios para más y más personas. Muchos de los miembros de 48Days.net están utilizando la propicdad intelectual para proporcionar el trabajo significativo y rentable que les gusta.

Preguntas más frecuentes sobre el inicio de un negocio

1. ¿Cuál es la atracción para la puesta en marcha de negocios empresariales? Más y más personas están buscando un mayor control de sus destinos y tener la oportunidad de aplicar sus habilidades personales para obtener ingresos. La mayoría de las personas no están interesadas en la riqueza material como

sí lo están en el tiempo libre. Más de 800.000 estadounidenses están comenzando sus propios negocios cada año, y ese número anual es cada vez mayor.

2. ¿Cuáles son los ingredientes claves para el éxito? La capacidad de planificar, organizar y comunicar. Y recuerde, el 85 por ciento de su éxito tendrá su origen en las habilidades interpersonales—actitud, entusiasmo, autodisciplina—y solo el 15 por ciento se atribuirá a sus habilidades técnicas.

3. ¿Acaso no fracasan la mayoría de las empresas nuevas? Érase una vez, alguien produjo la estadística de que cuatro de cada cinco empresas pequeñas fracasan en sus primeros cinco años de funcionamiento. No se puede rastrear el origen de esta misteriosa figura, y no sólo es ilógica, sino también totalmente falsa. Actualmente, estamos recopilando nueva información que nos ayuda a comprender la información acerca de las empresas que permanecen en el negocio. Conociendo las características de los empresarios, sabemos que a menudo simplemente optan por interrumpir un negocio y pasan a uno nuevo. Eso no significa que el negocio viejo no fuese exitoso o rentable; es sólo que optaron por moverse hacia a una nueva aventura empresarial.

4. ¿Vamos a ver realmente más y más pequeñas empresas? Muchos de ustedes ya han experimentado la reducción de las grandes corporaciones. IBM, General Motors, y otros estándares americanos han reducido su fuerza laboral drásticamente. La buena noticia es que, en los últimos diez años, las empresas pequeñas han representado el 80 por ciento del nuevo crecimiento del empleo a nivel nacional, agregando más de tres millones de nuevos empleos cada año. Las pequeñas empresas emplean al 54 por ciento de la fuerza laboral estadounidense. Lo que estamos viendo es un

saludable retorno al tipo de negocio en el que nuestro país fue fundado.

5. ¿Existen nuevas ideas hacia la izquierda? Los expertos estiman que más del 85 por ciento de los productos y servicios que usamos hoy en día estarán obsoletos en cinco años. El avión, las válvulas cardíacas artificiales, lentes de contacto blandos, teléfonos inteligentes, y Google Glass fueron todas ideas nuevas en los últimos años. Con los cambios que estamos experimentando en el mercado de hoy en día, hay miles de oportunidades para nuevas ideas. Mire lo que ha ocurrido con iPhone Apps y Twitter en los últimos años. Hace diez años nadie habría podido prever esas oportunidades.

6. ¿Qué pasa si no soy creativo? Usted no tiene que ser original para tener éxito en los negocios. Si puede hacer algo el 10 por ciento mejor de lo que se está haciendo actualmente o aportar valor agregado, puede ser tremendamente exitoso. Cuando Domino's se metió en el negocio de pizza, ellos no hicieron pizza más barata; ellos simplemente añadieron la entrega a domicilio de un producto muy común. Cumpliendo con el deseo de velocidad y conveniencia. Domino's creo millonarios por todo el país. Asimismo, sabemos que la creatividad no es una función de la inteligencia, sino que es una función de la imaginación. ¿Alguna vez ha conocido a un niño que no sea imaginativo? usted también lo es. Es posible que sólo necesite conectarse a esa parte infantil de sí mismo una vez más.

7. ¿Si comparto mi idea, alguien la robará? Las ideas son a diez centavos por docena. Ni siquiera se trata de la calidad de la idea sino de la calidad del plan de acción para llevar esa idea a cabo lo que determina el éxito. Comparta su idea con otras personas y consiga su opinión. Pruebe su idea con

sus amigos y la familia. Haga un prototipo y vea si la gente compra. A continuación, prepare un negocio para apoyar esa idea. Hay mucho más riesgo en no compartir su idea y obtener información que en la mínima probabilidad de que alguien le robe su idea. Todo el mundo está muy ocupado con sus propias vidas. Se necesita mucho tiempo y trabajo para lanzar cualquier idea. Usted es probablemente la única persona con la suficiente voluntad y ambición para llevarla a cabo.

8. ¿Debo comprar una franquicia, distribución, u oportunidad de negocio? El atractivo de estas opciones es que son un sistema ya probado para un concepto de negocio. Normalmente, esto significa un camino recorrido y que funciona, en el cuál usted puede ejecutar, tener apoyo de mercadeo y un nombre reconocido. Pero comprador tenga cuidado: asegúrese de investigar cuidadosamente, para no pagar más por algo que podría hacer usted mismo.

9. ¿Dónde puedo encontrar el dinero para iniciar un negocio? Con la tendencia hacia los negocios basados en el conocimiento y la información en lugar de los tradicionales ladrillos y cemento, nunca ha sido más fácil empezar un negocio con poco o ningún dinero. En la última empresa que comencé yo puse 1.000 dólares en gastos imprevistos y la retiré después del primer mes de ganancias. Sesenta y ocho por ciento de todos los negocios nuevos que comienzan requieren menos de $10,000. Aproximadamente el 24 por ciento requieren cero capitales. (Ver http://www.48days.com/48-ideas para negocios sin o con bajo costo).

10. ¿Hay una característica que es fundamental para el éxito del negocio? Sí, la habilidad para vender. Donde no hay capacidad para vender, incluso el negocio con mejor producto

o servicio fallará. Afortunadamente, en el Mercado de hoy en día, eso no significa que tenga que ser un Donald Trump o Mark Cuban para ser exitoso. Usted puede combinar un modelo de venta con lo que sabe acerca de usted. Usted puede desarrollar un método de venta que no requiera que usted hable con un cliente, pero usted debe tener un sistema de venta o no podrá sobrevivir.

Cuenta regresiva hacia el trabajo que ama

1. ¿Qué piensa cuando escuchamos el término emprendedor?
2. ¿Tiene lo que se necesita para estar por su propia cuenta?
3. ¿Qué producto o servicio puede promover?
4. ¿Qué invento podría desarrollar?
5. ¿Cuáles son las tres o cuatro ideas que ha tenido a lo largo de los años que tiene en la trastienda o ya han visto alguien desarrollar?
6. Describa tres o cuatro veces en su propia experiencia de trabajo cuando le han pagado por los resultados o la finalización de un trabajo en lugar de simplemente por poner su tiempo.
7. ¿Qué le impide hacer algo por su propia cuenta?
8. ¿Es excitante o aterrador pensar en ser su propio jefe?

Chequee www.48Days.com/worksheets para ver más ejemplos de nuevas oportunidades.

CAPÍTULO 12

Sueñe, planee y actúe

Un día, la madre de futuro magnate de Microsoft Bill Gates
entro y encontró a su joven hijo sentado ahí sin hacer
nada. Le pregunto a Bill lo que él estaba haciendo. "Estoy
pensando, mamá, estoy pensando".
—WALTER ISAACSON, "IN SEARCH OF THE REAL BILL GATES"

A menudo, los tiempos de cambio pueden ayudarnos a ver nuevas oportunidades. Joanne y yo nos mudamos recientemente a un lugar nuevo en el país. Nos gusta la tranquilidad, la soledad y el entorno natural. Sin embargo, descubrimos que parte de los alrededores naturales incluye visitas nocturnas de una pareja de zorrillos que estableció su residencia debajo de nuestra casa. Su regalo elegido para nosotros fue una pestilencia que estuvo cerca de incitarnos a visitar el Hampton Inn local. Al investigar las opciones para ver quiénes iban a permanecer como ocupantes de la casa, fuimos remitidos a "All Paws (Todas las Patas)", un negocio manejado por un joven llamado John, que remueve cualquier animal con patas. John llegó a nuestra casa y puso las trampas y transporto a nuestros pequeños amigos a una casa nueva. Y, a continuación, creo algunos obstáculos de malla de alambre, para prevenir que los pequeños traviesos rondaran cerca. (Incidentalmente, John es un músico para un conocido cantante de música country. Esto es sólo su manera de generar ingresos consistentes.)

¡Qué novedosa idea de negocio! John instala las trampas por $55 y, a continuación, recopila otros $50 por cada animal atrapado y removido. Me dijo que normalmente pone entre 15 y 20 trampas, recoge de cuatro a cinco animales y termina a las 9:00 a.m. Usted probablemente puede hacer las matemáticas en eso. Si el tuviera un trabajo que pague a 15 dólares la hora él tendría que poner aproximadamente sesenta y cinco horas a la semana para duplicar sus ingresos. Obviamente, eso no deja mucho tiempo para tocar la guitarra. Como con la mayoría de las grandes ideas de negocio, esto no es nuevo y revolucionario. ¡Es una idea simple pero hecha por alguien que simplemente hizo algo!

Los tiempos están cambiando

En 1970, Alvin Toffler escribió el popular libro Future Shock (El shock del futuro), el marco de referencia acerca de los efectos del cambio en la sociedad. Toffler predijo que "millones de ciudadanos, personas normales psicológicamente se enfrentarán a una brusca colisión con el futuro . . . muchos de ellos encontrarán cada vez más doloroso mantenerse al día con la incesante demanda de cambio que caracteriza a nuestra época. Para ellos, el futuro habrá llegado demasiado pronto."[1]

Las predicciones de Toffler han sido sorprendentemente precisas. Peter Drucker predijo que el período de 40 años (de 1970 a 2010) les traerá más cambios que el mundo ha visto jamás. Mirando hacia atrás, creo que podríamos estar de acuerdo con esa predicción. Y ya que estamos más allá del período de cuarenta años de cambio, estamos viendo que la velocidad de cambio se incrementa. Nos acercamos rápidamente al momento en que el 50% de los puestos de trabajo será por contrato, la contingencia laboral, o uno de los otros modelos mencionados en los capítulos anteriores. Estas no son las características del lugar de trabajo que nos llevaron a esperar nuestros padres y abuelos.

En cambio, millones de estadounidenses han encontrado este nuevo futuro sorprendente e inesperado. Este gigante de la marea del cambio se ha propagado a lo largo de nuestras vidas, a menudo no nos lleva hacia nuestros sueños, sino que nos atrasa, a veces dolorosamente. En lugar de la jubilación agradable que hemos anticipado a la edad de sesenta y dos años, hemos sido enfrentados con una reducción de personal, subcontratación, reingeniería, fusiones, adquisiciones y la reestructuración. La antigüedad ya no es valorada y los beneficios comunes como el seguro de salud están desapareciendo, incluso en los puestos de trabajo que permanecen.

"¿Por qué es que solo una minoría de nuestra población aman su trabajo? Si usted es lo suficientemente creativo para seleccionar la vocación ideal, usted puede ganar y ganar en grande. La realidad es que los millonarios brillantes son aquellos que seleccionan una vocación que les encanta-una que tiene pocos competidores, pero genera altos beneficios."
–Thomas Stanley,
en *"The Millionaire Mind" (La mente del millonario)*

Aprovechar las oportunidades

Y, sin embargo, el mundo siempre ha sabido cambiar. En un momento de la historia de los Estados Unidos, aproximadamente el 79 por ciento de los trabajadores de nuestro país estuvieron directamente implicados en la producción de la agricultura. Hoy en día ese número es inferior al 3%. ¿A dónde se ha ido el otro 76 por ciento? Cuando un Eli Whitney invento el Cotton Gin (desmotadora de algodón), ¿A dónde se fueron los trabajadores agrícolas que han sido reemplazados? Cuando un robot sustituye a 16 hombres en una línea de ensamblaje, ¿a dónde irían estos trabajadores? Cuando todos los empleados de su empresa son sustituidos por trabajadores en otro lugar en el mundo a la mitad del costo, ¿es su futuro totalmente sombrío? ¿Está usted realmente desplazado al desempleo y a una vida insatisfactoria, o puede este cambio estimular una transición a un nivel de éxito superior y más satisfactorio?

Hemos visto estos cambios y transformaciones a medida que pasamos de la era agrícola a la era industrial a la era tecnológica y ahora a la edad de servicio de información. Con cada cambio, existen las semillas de nuevas oportunidades. Ese es uno de los postulados básicos del libro clásico *Think and Grow Rich* de Napoleon Hill's: "toda adversidad trae consigo la semilla de una ventaja equivalente."[2]

Como sucedió en nuestra historia, hoy en día necesitamos gente creativa que vea las necesidades, que vea las oportunidades en lugar de los obstáculos y crear el futuro. Es bastante malo para que la persona común se confunda. Pero seguramente aquellos de nosotros con intuición espiritual y principios a nuestra disposición deberíamos tener más claridad de dirección. Y, sin embargo, sabemos que hoy, como en cada etapa del desarrollo de nuestro país, las mejores oportunidades pueden no parecerse a las de ayer. Las mejores oportunidades de hoy en día pueden no incluir

> *"El que rechaza el cambio es el arquitecto de la decadencia. La única institución humana que rechaza el progreso es el cementerio."*
> **–Harold Wilson**

marcar tarjeta, tener un carro de la compañía, o que se le proporcione seguro de salud y un plan de jubilación. Pueden no incluir un horario de 8 a 5 o incluso la necesidad de ir a una oficina.

Estirando su pensamiento

Muchas veces al explorar nuevas direcciones, estamos limitados por nuestras experiencias del pasado. Tendemos a ver límites que pueden no existir realmente.

Aquí están unos pocos retos mentales para ayudarle a pensar en maneras inesperadas (véanse las respuestas al final del capítulo):

- Un autobús con 15 pasajeros se estrelló y todos menos nueve personas resultaron muertas. ¿Cuantos sobrevivientes hubo?
- ¿Cuántos animales de cada especie metió Moisés en el arca?
- Tengo dos monedas que suman $ 0.35 en valor. Una no es un cuarto. ¿Cuáles son las dos monedas?
- EL señor Jones estaba conduciendo a lo largo del camino con su hijo en el asiento delantero. El camino estaba resbaloso. Cuando el señor Jones volteo en una curva, su carro patino y golpeo un poste de teléfono. El señor Jones resultó ileso pero el hijo se rompió v arias costillas. Una ambulancia llevo al niño al hospital más cercano. Él fue llevado en camilla al quirófano de emergencia. El cirujano mira al paciente y dijo, "no puedo operar a este chico. ¡Él es mi hijo!" ¿Cómo puede ser esto?

"Muéstreme un hombre completamente satisfecho y yo le mostraré un fracaso. Creo que la inquietud es el descontento y el descontento es simplemente la primera necesidad de progreso."
–Thomas Edison

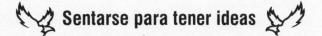

Sentarse para tener ideas

Henry Ford dijo una vez que no quería ejecutivos que tuvieran que trabajar todo el tiempo. Insistió en que aquellos que siempre estaban en un frenesí de actividad en sus escritorios no eran los más productivos. Él quería personas que limpiaran sus escritorios, levantaran los pies y soñaran nuevos sueños. Su filosofía era que sólo quien tiene el lujo de tiempo puede originar un pensamiento creativo. ¡Guau! ¿Cuándo fue la última vez que su jefe le dijo que dejara de trabajar y soñara más? Desafortunadamente, nuestra cultura glamoriza el estar bajo presión. Tener mucho que hacer en muy poco tiempo es una insignia de éxito. ¿Lo es?

El apóstol Pablo tuvo largas caminatas entre ciudades, usando el tiempo para pensar y hablar. Andrew Carnegie iría a una sala vacía durante horas mientras se sentaba para generar "ideas".

Thoreau vagó por los bosques alrededor de Walden Pond, reconociendo que el tiempo libre crea un terreno fértil para el pensamiento original. Yo crecí en una granja en Ohio, donde nos levantábamos de madrugada y nos íbamos a la cama en algún momento después del atardecer.

Un cambio en el clima podría crear un inesperado tiempo de ocio o sueños. Los vecinos tenían tiempo para sentarse y conversar y llegar a cualquier cita "directamente", que podría ser en diez minutos o un par de horas.

Si usted se siente atrapado, su solución puede no ser en hacer más, sino en tomar un descanso del ajetreo de la vida. Trate un poco el "sentarse para obtener ideas."

Usted realmente puede amar a su trabajo, pero eso puede significar tomar una parte activa en crear el trabajo que le gusta, en lugar de sólo mirar alrededor para ver qué trabajos están disponibles. El aprovechar nuevas oportunidades y responder al cambio inesperado no requiere conformarse con menos. Usted puede tener una vida llena de aventura y satisfacción. El escritor ruso Maxim Gorki dijo, "¡Cuando el trabajo es un placer, la vida es una alegría! Cuando el trabajo es un deber, la vida es una esclavitud."[3] Nuestra satisfacción en el trabajo afecta nuestra satisfacción con la vida. La felicidad es amar lo que usted hace y saber que está marcando una diferencia. Si su vida no es una alegría, tal vez es hora de mirar otras opciones.

Joyce estaba frustrada en su trabajo en ventas médicas. Hacía cinco años había invertido todo su dinero en la apertura de una tienda especializada en la panadería. Sus creaciones inusuales tuvieron una aceptación inmediata, y los clientes acudían en masa mientras las coberturas de los medios de comunicación alcanzaron revistas de negocios a nivel nacional. Ocho meses más tarde, ella estaba en la quiebra. Aunque la gente amaba sus productos deliciosos y atractivos, los detalles de administrar el negocio, con arrendamientos, firma de permisos, empleados y compras de equipo, resultó ser demasiado abrumador. Sin embargo, esa sensación de "tener algo propio" no desaparecía. Hoy Joyce tiene un pequeño carro de perros caliente que ella y su hijo operan. El total de la compra fue de 3.800 dólares. Ella tiene derechos exclusivos para ubicarse en la parte delantera de la tienda Home Depot local de viernes a Domingo. Joyce y su hijo disfrutan de la interacción con los muchos empleados y clientes minoristas repetitivos y llevarse a casa un beneficio neto de aproximadamente $1,500 cada fin de semana. Ella

> *"Aprenda a pausar...o nada que valga la pena le alcanzará."*
> **-Doug King, poeta**

todavía tiene su trabajo en ventas médicas. La solución no era ni lo uno ni lo otro sino una combinación de los beneficios de ambos.

Pero él no tiene un título universitario

Recientemente me reuní con mi jardinero (Noe) para planificar nuestras plantaciones de primavera y el tratamiento de la yarda. Entonces él me dio una actualización sobre la pequeña empresa que comenzó en su ciudad natal en México. Hace seis años me dijo que quería empezar algo para que su papa hiciera —con eso papá no dependería solo de los ingresos de su hijo. Noe compró tres o cuatro congeladores de Home Depot aquí en Franklin, Tennessee, viajo a México y los coloco en pequeños mercados allí. Luego llenó los congeladores con paletas que ellos mismos hacían. Los mercados no pagaban nada por adelantado, simplemente daban el 60 por ciento de todo el dinero generado de la venta de paletas —quedándose con el 40 por ciento. Ese modelo ha demostrado que funciona muy bien.

Sí, la gente le dijo que no funcionaría. Sí, sus amigos bien intencionados le dijeron que estaba loco por querer intentar hacer esto. Le dijeron que tendría problemas para encontrar gente para trabajar y que los mercaderes le harían trampa. Pero Noe siguió adelante—tratando a las personas con respeto y esperando lo mismo. No, él no tiene un título en negocios—de hecho, terminó el sexto grado y se dedicó a ejecutar sus propios negocios.

Hoy en día él tiene 820 congeladores en el lugar, con la meta de llegar a mil en los próximos meses. Se compró una máquina que puede producir diez mil paletas cada ocho horas. Actualmente, él está vendiendo aproximadamente nueve mil diarias por un equivalente de $0.70 cada una. Noe también involucro a su primo para que se hiciera cargo del negocio en México mientras él continúa operando su exitoso negocio de jardinería aquí. Él nunca pidió prestado un centavo y asiste a seminarios para aprender a hacer mejores negocios.

Obviamente, este no es un negocio de alta tecnología. Noe todavía tiene un teléfono con tapa y no envía texto o usa Twitter, Facebook o LinkedIn. Él sólo proporciona un buen producto a un precio justo y mantiene la lucha para que su negocio crezca. Él nunca esperó que alguien le diera un trabajo o le garantizara un salario y beneficios. Él simplemente vio oportunidades y tomo medidas de acción.

¿Qué lo está deteniendo a usted para que haga algo parecido? Noe tenía bastantes razones para no tener éxito. Pero él tomó lo que otros veían como desventajas y avanzó hacia el éxito de todos modos. ¿Qué oportunidades ha visto usted que le abrirían la puerta a este tipo de éxito?

El Rostro Cambiante de "los negocios"

Yo opero un "almacén virtual" para los productos en 48 días. No tenemos ninguna ubicación física, no hay contrato de arriendo de edificio, no hay permisos firmados, sin empleados, y no hay horas de operación. Los clientes visitan nuestro "almacén" 168 horas a la semana y son libres de navegar mientras estoy durmiendo, viajando con mi esposa, o jugando con mis nietos. De hecho, yo le digo a la gente frecuentemente que soy muy aficionado a los dólares SWISS (Sales While I Sleep Soundly en inglés) que significa Vender Mientras Yo Duermo Profundamente.

Cada mañana le doy un vistazo rápido a los depósitos que se han realizado en mi cuenta bancaria desde que me fui a dormir la noche anterior. No tengo que estar preocupado acerca de la apertura del almacén o si hay una persona, cincuenta, o ninguna en el almacén.

No tengo ninguna factura de electricidad y no es necesario hacer reparaciones en los estantes o pasillos. No tengo ningún propietario de edificio y no debo preocuparme por las malas condiciones meteorológicas o la construcción de la calle que pueda frenar las ventas. Y mientras que una librería tradicional tiene alrededor de un radio de cinco millas de clientes, yo tengo clientes semanales de cada estado en el país, así como de cientos de ciudades de todo el mundo.

Sólo necesito una pequeña fracción de las compras del mercado potencial para que me vaya muy bien, mientras que las librerías tradicionales están luchando más y más. Más del 50 por ciento de los productos que entrego son recibidos electrónicamente. No tengo costos de impresión, empaque, o cargos de envío. Este no es un asunto de bueno o malo, correcto o incorrecto; es simplemente una forma diferente de hacer negocios. Siéntase libre de navegar en cualquier momento. Adelante; usted no me molesta en lo absoluto en www.48Days.com/store.

Por cierto, nosotros enviamos una buena cantidad de libros y CDs reales cada día. Estos son manejados por mi hija en su propio horario. Ella no es una "empleada"—sino yo soy un cliente de su negocio de servicios. Ella saca los pedidos de Internet, empaca los productos, imprime las etiquetas de UPS o FedEx, y las deja a un lado para la recogida diaria. Si necesita tomar un descanso para atender a las necesidades de su marido y sus tres hijas, no debe marcar tarjeta de salida, no hay un jefe al que deba pedir permiso, y no hay interferencia en asistir a las muchas actividades que tiene como esposa y madre. Ella trabaja con frecuencia con la misma ropa que lleva a la fiesta de cumpleaños de un niño, asistiendo a nuestros clientes con cuidado y consideración, pero sin el gasto añadido o la necesidad de un vestuario elegante. Ella no gasta el tiempo en trayecto al trabajo y tiene la libertad de trabajar a las 10:00 p.m. o 7:00 a.m. Mi negocio ha crecido de manera espectacular a través de este tipo de "alianza estratégica" con proveedores de servicios profesionales, que se encuentran aquí en mi comunidad y en todo el país. Es una nueva forma de hacer negocios para todos nosotros.

La alta tecnología fomenta oportunidades con el alto contacto

Como personas creativas, compasivas, y sensibles, podemos aumentar la comprensión y el aprecio de las nuevas ideas, de otras personas, y del mundo en general. Un enfoque creativo desbloquea la mente y hace que el espíritu se dispare. Dios nos da la creatividad y el ingenio para hacernos sentir vivos. Debemos ser líderes, no víctimas, a medida que el mundo se vuelve más complejo y nuestros problemas sociales se vuelven cada vez más difíciles de resolver.

Nuestras escuelas, familias, iglesias y comunidades nos están presentando problemas nuevos que exigen nuevas soluciones. Muchas de estas cuestiones están sufriendo las consecuencias de una falta de originalidad, y necesitan la creatividad y la visión espiritual de cada persona responsable. Las soluciones no son probablemente más información y más tecnología, pero si soluciones que sólo pueden provenir del toque humano y la sensibilidad espiritual.

Incluso, en el ámbito profesional, no tiene que ser un genio tecnológico para sobrevivir y prosperar. La oficina de Estadísticas del Trabajo de los Estados Unidos prevé que 50 millones de nuevos puestos de trabajo se abrirán en los próximos cinco años, con una explosión de oportunidades para las personas que son *artífices de paz, narradores y sanadores*. 14 de los 31 puestos de trabajo de más rápido crecimiento en la próxima década son para los curanderos y estos no son solamente los médicos y enfermeros. El número de masajistas terapeutas certificados se ha cuadruplicado en los últimos diez años, así como 77 millones de "baby boomers", personas que nacieron durante la explosión de la natalidad de la posguerra, sufren una creciente carga de leves dolores y tensiones. La necesidad de terapeutas de consejería crecerá dramáticamente ya que estas personas confrontaran depresión y cambios dramáticos al entrar la segunda etapa de sus vidas.

Universalmente, las personas están expresando más interés en asuntos espirituales, dando lugar al crecimiento de directores actividades y educación religiosas. Se esperan más de cien mil nuevos empleos para el clero y los directores religiosos en los próximos diez años.

La demanda de forma más sencillas y humanas de resolver disputas ampliara las oportunidades para la mediación de controversias y el arbitraje. Hace diez años, había alrededor de ciento cincuenta centros de mediación de disputas a nivel nacional; hoy, existen alrededor de quinientos.

Myron comenzó a asistir a un seminario de carrera semanal que yo ofrecí en Nashville, Tennessee. Después de varlas semanas, él se acercó a mí con su frustración de sentirse atrapado y limitado. Él no tenía un título universitario y estaba atrapado haciendo la única cosa que siempre había hecho—trabajos de construcción. Estaba aburrido y cansado de trabajar para alguien más. El pregunto acerca de volver a la escuela para obtener entrenamiento en computadores ya que veía ésta como un área con oportunidades. Cuando le pregunté acerca de áreas especiales de competencia o disfrute incluso en la construcción, menciono una cosa que encontró agradable —un nuevo proceso para estampar cemento y hacerlo ver como si tuviera piedras cuidadosamente colocadas. Le pedí que viniera a mi casa la siguiente semana.

"Si Dios le ha dotado para contar una Buena historia,
escribir un buen libro, o dirigir una buena obra, habrá
oportunidades para usted. No se puede gastar la creatividad.
Cuanto más se use, más se tiene. Lamentablemente, muy a
menudo, la creatividad es asfixiada, en lugar de fomentada.
Tiene que haber un clima en el cual se promuevan nuevas
formas de pensar, percibir, y cuestionar."
–Maya Angelou

Cuando Myron llegó, le mostré un área donde quería una acera curva que llegara a nuestra puerta principal. Yo quería una acera de cinco pies de ancho para curvar alrededor de nuestra planeada cascada. Se entusiasmó con la solución a cada situación que presenté y sobre cómo se vería el producto terminado. Basado en su emoción, me comprometí en ese mismo momento para que él hiciera el trabajo. Como no tenía capital inicial, le di la mitad del dinero por adelantado para sus materiales iniciales. El trabajó duro en la creación de un hermoso camino curvado que inmediatamente genero comentarios por parte de clientes y amigos en nuestra casa.

A partir de ese sencillo comienzo pudimos referirlo a varios amigos adicionales y ellos hicieron lo mismo. El decidió en ponerle el nombre, Lasting Impresions (Impresiones de perduran), y llegó a generar más de $100,000 en ventas en su primer año de negocio. Es su negocio, él está haciendo lo que ama, y se basa en todos esos años de trabajo, cuando él pensaba que estaba solo ganándose la vida.

En los últimos años he visto una señora que personaliza los empaques de barras de dulce, un joven que recoge la ropa de la lavandería de las empresas, una pareja que corta telas defectuosas y las convierte en trapos comerciales, un bombero que repara máquinas vendedoras de perfume en sus días libres, un hombre que compra cámaras discontinuadas a granel y luego las vende individualmente en eBay, un artista que usando un árbol muerto de nuestra propiedad esculpió el águila increíble, y una señora que hace tortas de queso para restaurantes locales. Todas estas personas están experimentando el tiempo libre y los niveles de ingreso sólo esperado por la mayoría de la gente. Y, sin embargo, estas grandes ideas de negocio no son nuevas y revolucionarias. Son simples pero hechas por alguien que ¡solo hizo algo! Una buena idea no pone dinero en el bolsillo de alguien, pero cuando se combina con un plan de acción esa idea puede darle control de tiempo e ingresos ilimitados. Para una guía de planificación de negocios, vea nuestra lista de recursos a www.48days. com/worksheets.

"Lo que me falta es tener claro en mi mente lo que voy a hacer, no lo que voy a saber... La cosa es entenderme a mí mismo, el ver que es lo que Dios realmente desea que yo haga... Para encontrar la idea por la cual puedo vivir y morir."
—Søren Kierkegaard

Conclusión y lanzamiento

No mire a cualquier circunstancia o la historia del pasado con pesar, sino simplemente aprenda de ellas en cuanto crea un plan claro para el futuro. Todos los acontecimientos que han contribuido a hacer de nosotros qué y quiénes somos. Simplemente debe mirar donde está y luego crear un plan claro para el futuro que desea. Ese proceso de ver cinco años hacia adelante y aclarar lo que usted quiere que sea, comienza a disminuir la incertidumbre sobre cualquier situación actual. Como se ha señalado repetidamente, este es un proceso muy individualizado. Clarifique qué características únicas trae a la mesa. Incluso cuando se enfrenta con las realidades de ganarse la vida, aún no está bloqueado en repetir lo que ha hecho. Dios lo ha equipado con habilidades únicas. Clasifique los aspectos positivos y espere encontrar aplicaciones que se basen en sus habilidades conocidas pero que también aborden la misión en su vida. Queremos opciones que complementen los múltiples objetivos de su vida—yendo más allá de solo el trabajo o la carrera.

Entienda sus áreas de fortaleza y cómo afectan el enfoque organizacional y liderazgo. Si usted tiene una gran capacidad financiera y administrativa, estas deben ser exploradas en lo que se refiere a posibles nuevas alternativas. Si usted tiene la capacidad para organizar, planificar, desarrollar sistemas y auto-iniciar proyectos, entonces abarque estas en el proceso de selección. El reconocer que la aptitud en habilidades técnica, analítica, y el detalle pueden ser integradas incluso si está creando su propio negocio. Estas características le ayudarán a crear un modelo de ventas/marketing para su negocio que no dependen de la venta cara a cara sino, más bien, de los sistemas establecidos. Su disfrute al participar en la iglesia, su pasión por la fotografía, su deseo de incrementar sus ingresos, y su deseo de participar en causas nobles y valiosas pueden todas ser consideradas en la identificación de una nueva dirección. (Recuerde Eric Liddle en *Carros de Fuego*-"Dios me hizo rápido, y cuando corro siento su placer.") No crea que este es el momento de ignorar sus verdaderas pasiones, incluso si las aplicaciones normales no parecen producir los resultados en ingresos. Y recuerden la historia de los diez talentos. Si usted tiene la capacidad de aumentar sus responsabilidades e ingresos y canalizarlos sabiamente, entonces no hacerlo puede ser mala administración. Su deseo de ayudar, de servir a la gente, de hacer algo que perdure en la vida de las personas, y de hacer una diferencia ayudarán en la selección de la dirección correcta.

Como a menudo me refiero, las águilas construyen un nido utilizando mechones de espinas de arbustos para juntarlo y asegurarlo, Luego cubren esas espinas con hojas y plumas para hacer el nido suave y cómodo. Sin embargo, cuando las pequeñas águilas tienen alrededor de doce semanas de edad, la mamá y el papá águilas comienzan a retirar la protección de las espinas. Muy pronto las pequeñas águilas están en el borde del nido para evitar el dolor y la incomodidad. A continuación, la mamá y papá águila vuelan con sabrosos bocados de alimentos justo fuera de su alcance. El pequeño aguilucho ve que, si él deja el nido, se va a caer y se estrella en las rocas. Sin embargo, en la medida que la incomodidad persiste la pequeña águila finalmente se decide a arriesgar incluso el hecho de caer dado que esto no puede ser peor que el dolor y el hambre que siente. Y, por supuesto, usted sabe lo que sucede. En lugar de estrellarse en las rocas, la pequeña águila descubre que puede volar—y experimenta un nivel de éxito más allá de lo que podía haber imaginado. Sólo requería tomar ese gran paso de fe. Yo creo que Dios a veces permite circunstancias en nuestras vidas, no para dejarnos en el dolor y el hambre, sino para conducirnos a mayores niveles de éxito que de otro modo no podríamos explorar. Vea las espinas en su situación como una forma de explorar nuevas opciones.

"No haga planes pequeños; no tienen la magia para agitar las almas de los hombres y ellos mismos no se realizarán. Haga planes grandes; apunte alto en la esperanza y el trabajo, recordando que un noble, diagrama lógico una vez grabado no se morirá."
–Daniel Burnham, arquitecto de Chicago

Yo amo la característica simbólica de las águilas. Ellas son animales distintivas y poderosas. Capaz de elevarse por encima del resto del mundo, como adultas pueden fácilmente convertirse en conformes, desenfocadas, y perezosas. Y, sin embargo, ellas instintivamente conscientes de que, para mantener la solo supervivencia, deben ser conscientes y tomar la iniciativa para nuevos métodos, estrategias e información. Nosotros, también, debemos seguir su ejemplo.

En el entorno cambiante de hoy en día, la falta de crecimiento o la satisfacción con las cosas como están puede poner a una persona en peligro—y probablemente en el dolor y el hambre. Las empresas particulares, los individuos e incluso las iglesias que no están buscando nuevas formas de hacer las cosas están quedando atrás.

Estamos en la era del trabajador del conocimiento donde el nuevo aprendizaje es esencial. Siga aprendiendo; no terminan su educación cuando termine la escuela. Títulos y formación recibida hace diez pueden no ser pertinentes en la actualidad. Industrias y tecnología que antes tenían entre 40 y 50 años para convertirse en obsoletos son ahora obsoletos en cuatro a cinco años. Los computadores están sustituyendo a las personas, la información está reemplazando a la tecnología, y los resultados están sustituyendo el tiempo y el esfuerzo. El crecimiento constante es un requisito absoluto para mantener simplemente un lugar valorado en el mundo de hoy.

El cambio es inevitable; ¿cómo responderá usted? Usted puede elegir exprimir sus manos como una víctima, o utilizar su creatividad dada por Dios para ver dónde lo lleva. A cada uno de nosotros se nos ha dado habilidades únicas, tendencias de la personalidad, valores, sueños y pasiones. Debemos estar a la vanguardia como innovadores e inventores, reluciendo ejemplos de excelencia y logros en todo lo que hacemos. Creando una ruta individual de la misión y vocación, no podemos ser víctimas de cualquier reducción corporativa o cualesquiera otros efectos del cambio de lugar de trabajo. Más bien, vamos a aprovechar las oportunidades y a dirigir el camino a mayores niveles de cumplimiento, ingresos y métodos de bendecir a quienes nos rodean.

¡Después de examinar sus mejores opciones, usted está listo para crear su propio plan de 48 días! Consulte todos los recursos www.48Days.com para obtener ayuda adicional y recursos actualizados y, a continuación, comenzar a trabajar a través de las etapas de su plan. Usted puede hacer esto. *Usted puede lograr el éxito que está buscando.* Haga un inventario, enfóquese, cree un plan, y actúe.

Cuenta regresiva hacia el trabajo que ama

1. ¿Qué medidas puede tomar en los próximos 48 días para ponerle en el camino para lo que desea lograr?
2. ¿Qué idea has recibido mientras está en la playa o cortando su pasto que podría valer más de una vida de trabajo duro?
3. ¿Qué semilla planto en su mente hace cinco años que le llevó a donde estás hoy?
4. ¿Qué habilidades únicas tiene que pueden ser la base para un negocio creativo (escritura, dibujo, construcción, análisis, el canto, la conducción, pensamiento, etc.)?
5. ¿Tiene alguna idea que caiga dentro de la categoría de "pacificadores, narradores y curadores"
6. ¿Puede pensar en una idea que crearía SWISS dólares para usted?
7. ¿Alguna vez se da tiempo para "sentarse para producir ideas"
8. ¿Cómo puede su cultura, el medio ambiente, y la experiencia su poder de ver nuevas oportunidades?

Respuestas a "estirar su pensamiento"

- Todos, pero nueve personas murieron; así que hubo nueve sobrevivientes—¡no seis!

- ¿Cuántos de cada especie metió Moisés en el arca? Compruebe la Biblia. No fue Moisés; ¡fue Noé!
- Las dos monedas son una moneda de diez centavos y un cuarto. Sí, me dijo que uno no es un cuarto, y eso es cierto: una es de diez centavos, no un cuarto.
- El cirujano fue la madre del niño. Nuestra hipótesis es que un cirujano es un hombre.

APÉNDICE

Estos recursos y más se pueden encontrar solamente en inglés en www.48Days.com/worksheets.

- Agenda de 48 Días—De día 1 a día 48 (48 Days Schedule)
- Ejemplos de Hojas de Vida (Sample Résumés)
- Ejemplo de carta de introducción (Sample Introduction Letter)
- Ejemplo de hoja de portada (Sample Cover Letter)
- Ejemplo de carta de seguimiento (Sample Follow-Up Letter)
- Hojas de trabajo para los ejercicios listados (Worksheets for Exercises Listed)
- Páginas web para ayuda de ubicación de trabajo (Helpful Internet Sites for Job-Hunting)
- Páginas web para ayuda de pequeños negocios (Helpful Internet Sites for Small Businesses)
- Páginas web de ayuda para mujeres (Helpful Internet Sites for Women)
- Páginas web relacionadas con universidades (College-Related Internet Sites)
- Acceso a información del facilitador (Access to Facilitator Information)

- Revisión general de seminario de 48 Días (Overview of Six-Week 48 Days Seminar)
- Para una lista de lecturas sugeridas enviar e-mail a Reading@48days.com

NOTAS

Capítulo 1

1. Oxford Dictionaries.com, "work," accessed June 9, 2014, http://www.oxforddictionaries.com/us/definition/american_english/work?q=work.
2. Merriam-webster .com, "leisure," accessed June 11, 2014, http://www.merriam-webster.com/dictionary/leisure.
3. Merriam-webster .com, "retire," accessed June 11, 2014, http://www.merriam-webster.com/dictionary/retire.
4. Thomas Stanley, *The Millionaire Mind* (Kansas City, MO: Andrews McMeel Publishing, 2001), 186.
5. Merriam-webster .com, "spiritual," accessed June 11, 2014, http://www.merriam-webster.com/dictionary/spiritual.
6. Richard Foster, *Prayer: Finding the Heart's True Home* (New York: Harper One, 2002), 158.
7. Kahlil Gibran, *The Prophet* (New York: Alfred A. Knopf, Inc., 1923), 28.
8. H. Maslow, (1943). A theory of human motivation. *Psychological Review*, 50(4), 370–96. Retrieved from http://psychclassics.yorku.ca/Maslow/motivation .htm.

Capítulo 2

1. Dale Carnegie, *How to Win Friends and Influence People* (New York: Simon and Schuster, 1936), 103.
2. Robert J. Kriegel, *If It Ain't Broke...Break It! and Other Unconventional Wisdom for a Changing Business World* (Little, Brown & Company: 1991), 187.
3. As quoted in William S. Walsh, *International Encyclopedia of Prose and Poetical Quotations* (1951), 85.
4. As quoted from The Napoleon Hill Foundation (http://www.naphill.org/posts/tftd/thought-for-the-day-friday-august-17-2012).
5. As quoted in Successories Douglas MacArthur Quotes (http://www.successories.com/iquote/author/1713/douglas-macarthur-quotes/2).
6. Hannah More quoted by Robert Allen, *Multiple Streams of Income* (Hoboken, NJ: John Wiley & Sons, Inc., 2000), 174.
7. Viktor Frankl, *Man's Search for Meaning* (New York: Washington Square Press Publication, 1959), 86–87.

Capítulo 3

1. Dictionary.com, "education," accessed May 30, 2014, http://dictionary.reference.com/browse/education?s=t.
2. Earl Nightingale, *The Strangest Secret*, first recorded in 1956, http://www.nightingale.com/products/strangest-secret.
3. See http://www.searchquotes.com/quotation/The_man_who_is_too_old_to_learn_was_probably_always_too_old_to_learn./400879.
4. See http://www.nextbigwhat.com/sir-ken-robinson-on-creativity-297/TEDvideo.
5. See http://www.henry-ford.net/english/quotes.html.

6. Joseph A. Schumpeter, *Capitalism, Socialism and Democracy* (London and New York: Routledge, 1943), 152.
7. Sir Ken Robinson, Bring on the Learning Revolution!, TED talk, February 2010, video. http://www.ted.com/talks/sir_ken_robinson_bring_on_the_revolution.
8. See http://www.nytimes.com/2009/05/24/magazine/24labor-t.html?pagewanted=all&_r=0. Quote attributed to Alan Binder, accessed June 14, 2014.

Capítulo 4
1. See http://thinkexist.com/quotation/there_are_certain_things_that_are_fundamental_to/346905.html.
2. See http://dictionary.reference .com/browse/vocatlon.
3. Thomas Merton, *New Seeds of Contemplation* (New York: New Directions Publishing Company, 1961), 29.
4. See http://www.searchquotes.com/quotation/Where_the_spirit_does_not_work_with_the_hand_there_is_no_art/11638/
5. See Dictionary.com, accessed June 14, 2014, http://dictionary.reference.com/browse/career?s=t.
6. Accessed June 14, 2014, http://dictionary.reference.com/browse/job?s=t.
7. See http://en.wikipedia.org/wiki/Avodah.
8. Irving Stone, quoted in Pat Williams and Jim Denny, *Go for the Magic* (Nashville: Thomas Nelson, 1995), 175–76.

Capítulo 5
1. See http://frederickbuechner.me/content/place-where-god-calls-you.
2. See http://www.appleseeds.org/rohn_face-enemy.htm.

3. Napoleon Hill, *Think and Grow Rich* (Meriden, CT: The Ralston Society, 1944), 327.

4. James Allen, *As a Man Thinketh*, essay originally published 1903, public domain.

5. Peter Drucker, *Drucker on Asia* (Oxford: Butterworth-Heinemann 1997), 186.

6. See http://www.people.com/people/archive/article/0,,20133675,00.html, accessed June 11, 2014.

Capítulo 6

1. See https://www.walden.org/Library/Quotations/The_Henry_D._Thoreau_Mis-Quotation_Page, accessed June 14, 2014.

2. See http://www.emersoncentral.com/selfreliance.htm, accessed June 14, 2014.

3. Laurence F. Peter, *The Peter Principle* (New York: William Morrow & Company, Inc., 1969), 27.

4. See http://www.social-sciences-and-humanities.com/PDF/seven_pillars_of_wisdom.pdf, accessed June 14, 2014.

Capítulo 7

1. See http://www.nytimes.com/2007/01/03/technology/03google.html?pagewanted=all&_r=0, accessed June 14, 2014.

Capítulo 8

1. As quoted in Fast Company, Richard Bolles, *What Color Is Your Parachute?* (New York: Ten Speed Press, 2002), http://www.fastcompany.com/46653/all-right-moves-dont-lose-hope.

2. As quoted in ABC News, Losing Your Job Can Make You Sick, http://abcnews.go.com/Business/story?id=86928.

Capítulo 9

1. See http://www.careerbuilder.com/jobposter/small-business/article.aspx?articleid=ATL_0174INTERVIEWBLUNDERS.
2. Bob Goff, *Love Does* (Nashville: Thomas Nelson, 2012), 204–5.
3. David J. Schwartz, *The Magic of Thinking Big* (Cornerstone Library, 1979), 51.

Capítulo 10

1. Jonathan Swift, *The Works of the Rev. Jonathan Swift, D.D.*, (John Nicols, F.A.S. Edinburgh & Perth, 1803), 86.
2. Thomas Stanley, The Millionaire Mind (Kansas City, MO: Andrews McMeel Publishing, 2000), 10.

Capítulo 11

1. Daniel Goleman, *Emotional Intelligence* (New York: A Bantam Book, 1995), 34.

Capítulo 12

1. Alvin Toffler, *Future Shock* (A Bantam Book, 1971), 9.
2. Napoleon Hill, *Think and Grow Rich* (Meriden, CT: The Ralston Society, 1944), 55.
3. See http://thinkexist.com/quotation/when-work-is-a-pleasure-life-is-joy-when-work-is/535083.html, accessed June 14, 2014.

Morgan James
Speakers Group

We connect Morgan James published
authors with live and online events
and audiences who will benefit
from their expertise.

Morgan James makes all of our titles available
through the Library for All Charity Organization.

www.LibraryForAll.org

CPSIA information can be obtained
at www.ICGtesting.com
Printed in the USA
BVHW03s0609131018
530109BV00001B/1/P